KB092952

골든벨타임

"중대재해 감축 로드맵의 핵심 전략!!"

# 중대재해처벌法
# 관계법령총람

**Hj** 골든벨타임

★ 불법복사는 지적재산을 훔치는 범죄행위입니다.
저작권법 제97조의 5(권리의 침해죄)에 따라 위반자는 5년 이하의
징역 또는 5천만원 이하의 벌금에 처하거나 이를 병과할 수 있습니다.

중대재해처벌법은 '22년 시행부터 시행하고 있으며, 유예되었던 50인 미만 전체 사업장에도 '24년 1월 27일부터 확대 적용되었습니다.

'모든 국민은 인간으로서의 존엄과 가치를 가지며, 행복을 추구할 권리가 있다'고 헌법 제10조는 명시하고 있습니다.

사업장 종사자 한 생명(生命, Life)은 지구 하나와 동일한 가치를 지닙니다. 사업주의 안전·보건이행책임은 막중하며, 종사자 역시 존엄한 생명의 중요성을 재인식해야 할 것입니다.

사업장은 안전·보건경영체계 구축 및 실행, 기술 과학적인 안전기술 개발, 근로자의 안전의식 향상 등 안전문화 정착에 최선의 노력을 기울여야 합니다. 또한, 복잡한 작업환경과 상황 속에서도 사업주·종사자 모두 중대재해처벌법의 취지를 재인식하고 안전·보건 활동에 적극적인 협력과 지원을 기대합니다.

❖ 안전 · 보건 주요 이슈

- ■ 50인 미만 사업장에도 시행 원년
- ■ 사업주, 경영책임자 등의 안전 · 보건 관리 체계 구축과 확보
- ■ 종사자 등의 안전 · 보건 기준 참여 및 준수
- ■ 사업장 안전 및 보건 경영 리스크와 ESG기반 임팩트

### 이 책의 활용 방안

1. 중대재해처벌법 제4조(안전 및 보건 확보의무) 실행력 향상을 중심으로 일목요연하게 조정하였다.
2. 산안법 등과 처벌법을 동기화하여 상호활동을 적용할 수 있도록 구성하였으며, 이행점검, 진단평가에 초점을 두었다.
3. 법에 관련된 해석이나 설명은 고용노동부 등 자료를 원안대로 정리하였다.
4. 사업장의 특성, 규모에 따라 유해·위험요인 확인, 개선 및 이행활동을 실행력 중심으로 압축·정리하였다.

중대재해처벌법 시행에 따라 「중대재해처벌법 관계법령총람」을 연계하여 중대재해예방에 최적화할 수 있도록 자료를 지속적으로 제공(HARA!)하겠습니다. 또한 생명 존중, 생명 제일의 원칙이 실현되기를 기원합니다.

2024. 2.
편성위원

## 제1편 중대재해처벌법 개론

제4편　안전·보건관계법령에 따른 **의무이행의 관리상의 조치**

**제5편** 도급인 및 발주자의 안전·보건확보 의무

## 제6편　유해위험요인 확인·개선

## 제7편 중대시민재해

제1편

# 중대재해처벌법 개론

# 제1장

# 중대재해처벌법의 목적

## 중대재해처벌법의 목적
중대재해처벌법 제1조

이 법은 사업 또는 사업장·공중이용시설 및 공중교통수단을 운영하거나, 인체에 해로운 원료나 제조물을 취급하면서 안전·보건 조치 의무를 위반하여 인명피해를 발생하게 한 사업주·경영책임자·공무원 및 법인의 처벌 등을 규정함으로써 중대재해를 예방하고 시민과 종사자의 생명과 신체를 보호함을 목적으로 한다.

── 시행령 제1조 **목적** ──
이 영은 「중대재해 처벌 등에 관한 법률」에서 위임된 사항과 그 시행에 필요한 사항을 규정함을 목적으로 한다.

＊ **중대산업재해예방**

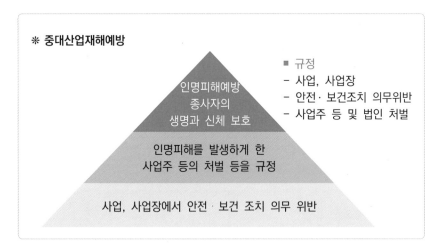

인명피해예방
종사자의
생명과 신체 보호

인명피해를 발생하게 한
사업주 등의 처벌 등을 규정

사업, 사업장에서 안전 · 보건 조치 의무 위반

■ 규정
- 사업, 사업장
- 안전 · 보건조치 의무위반
- 사업주 등 및 법인 처벌

## 01  법의 목적

**(1)** 「중대재해 처벌 등에 관한 법률」 (이하 "중대재해처벌법"이라 함)은 사업 또는 사업장·공중이용시설 및 공중교통수단을 운영하거나, 인체에 해로운 원료나 제조물을 취급하면서 안전·보건 확보하여야 한다. 이에 조치의무를 이행하지 않음으로써 인명 피해를 발생하게 한 사업주·경영책임자·공무원 및 법인의 처벌 등을 규정함으로써 중대재해를 예방하고 시민과 종사자의 생명과 신체를 보호함을 목적으로 한다.

**(2) 사업주 또는 경영책임자 등에 대한 처벌 규정**

① 근로자를 포함한 종사자와 일반 시민의 생명과 신체를 보호하기 위한 불가피한 수단이다.

② 이 법을 통해 사업주 또는 경영책임자 등이 사업 또는 사업장의 안전보건관리체계 구축 등 안전 및 보건 확보의무를 이행하여야 한다. 안전·보건조치를 통한 중대재해를 예방하는 데 궁극적인 목적이 있다.

## 02  산업안전보건법과의 관계

**(1)** 산업안전보건법은 사업 또는 사업장의 산업 안전 및 보건에 관한 기준을 확립하고, 그 책임의 소재를 명확하게 하여 산업재해를 예방하는 데 주된 목적이 있다.

① 이에 따라, 산업안전보건법은 사업장에 대한 구체적인 안전 보건에 관한 기준 및 그에 따른 사업주의 조치의무 그리고 해당 사업장의 산업재해 예방에 대한 책임자 등에 관하여 규정한다.

**(2)** 반면에, 중대재해처벌법은 사업 또는 사업장의 개인사업주 또는 사업주가 법인이나 기관인 경우, 그 경영책임자 등이 준수하여야 할 안전 및 보건 확보의무이다.

① 안전보건관리체계 구축 및 운영, 안전·보건 관계 법령에 따른 의무이행에 필요한 관리상의 조치 등을 규정하고 있다.

## [중대재해처벌법과 산업안전보건법 비교]

| 구 분 | 중대재해처벌법(중대산업재해) | 산업안전보건법 |
|---|---|---|
| 의무<br>주체 | 개인사업주 · 경영책임자 등 | 사업주(법인사업주 + 개인사업주) |
| 보호<br>대상 | 근로자 · 노무제공자 · 수급인,<br>수급인의 근로자 및 노무제공자 | 근로자 · 수급인의 근로자,<br>특수형태근로종사자 |
| 적용<br>범위 | 5인 미만 사업장 적용 제외 | 전 사업장 적용 |
| 재해<br>정의 | ✦ **중대산업재해 : 산업안전보건법상<br>산업재해 중**<br>① 사망자 1명 이상<br>② 동일한 사고로 6개월 이상 치료가 필<br>요한 부상자 2명 이상<br>③ 동일한 유해요인으로 급성중독 등<br>작업성 질병자 1년 내 3명 이상 | ✦ **중대재해 : 산업재해 중**<br>① 사망자 1명 이상<br>② 3개월 이상 요양이 필요한 부상자<br>동시 2명 이상<br>③ 부상자 또는 직업성 질병자 동시<br>10명 이상<br>•산업재해: 노무를 제공하는 자가 업무와 관<br>계되는 건설물 · 설비 등에 의하거나, 작업<br>또는 업무로 인하여 사망·부상·질병 |
| 의무<br>내용 | ✦ **개인사업주 또는 경영책임자 등의<br>종사자에 대한 안전·보건 확보 의무**<br>① 안전보건관리체계의 구축 및 이행에<br>관한 조치<br>② 재해 재발방지 대책의 수립 및 이행에<br>관한 조치<br>③ 중앙행정기관 등이 관계 법령에 따라<br>시정 등을 명한 사항 이행에 관한 조<br>치<br>④ 안전·보건 관계 법령상 의무 이행에<br>필요한 관리상의 조치<br>－①~④의 구체적인 사항은 시행령에<br>위임 | ✦ **사업주의 안전조치**<br>① 프레스 공작기계 등 위험기계나 폭발<br>성 물질 등 위험물질 사용 시<br>② 굴착·발파 등 위험한 작업 시<br>③ 추락하거나 붕괴할 우려가 있는 등<br>위험한 장소에서 작업 시<br>- - - - - - - - - - - - - - - - - - - - - - - -<br>✦ **사업주의 보건조치**<br>① 유해가스나 병원체 등 위험물질<br>② 신체에 부담을 주는 등 위험한 작업<br>③ 환기·청결 등 적정기준 유지<br>－ 산업안전보건기준에 관한 규칙에서<br>구체적으로 규정(630개 조문) |
| 처벌<br>수준 | ✦ **자연인**<br>`사망` 1년 이상 징역 또는<br>10억원 이하 벌금(병과가능)<br>`부상·질병` 7년 이하 징역 또는<br>1억원 이하 벌금<br>✦ **법인**<br>`사망` 50억원 이하 벌금<br>`부상·질병` 10억원 이하 벌금 | ✦ **자연인**<br>`사망` 7년 이하 징역 또는<br>1억원 이하 벌금<br>`안전·보건조치위반` 5년 이하 징역 또는<br>5천만 이하 벌금<br>✦ **법인**<br>`사망` 10억원 이하 벌금<br>`안전·보건조치위반` 5천만원 이하 벌금 |

**[중대재해처벌법과 산업안전보건법의 조직 체계(제조업)]**

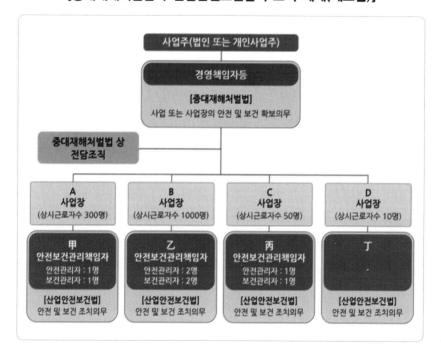

**산업재해보상보험법과의 관계**

① 산업재해보상보험법은 근로자의 업무상의 재해를 신속하고 공정하게
   보상하며 재해근로자의 재활 및 사회 복귀를 촉진하는데 그 목적이
   있다.
   이에 따라, 사용자의 귀책사유 유무와 관계없이 업무상 사유에 따른
   근로자의 부상·질병·장해 또는 사망(업무상 재해)을 적용대상으로
   한다.
② 반면에, 중대재해처벌법은 종사자의 중대산업재해를 예방하기 위해
   개인사업주·경영책임자 등에게 안전 및 보건 확보의무를 부과한다.
   안전 및 보건 확보의무를 이행하지 아니하거나 방치함으로써 중대산업
   재해가 발생하는 경우에는 형사처벌을 한다는 점에서 산재보험법과
   차이가 있다.

① 중대재해처벌법 제4조에서 사업주는 안전보건 경영체계를 구축하고 그 이행을 의무화 하고 있다.

② 또한, ESG경영의 사회적 요구에서도 종사자의 보건안전을 최우선적으로 확보하도록 한다.

③ 안전보건리스크에 대한 대응은 중대재해법과 ESG경영에서 가치/수익과 밀접한 상호의존성을 피력하고 있다.

④ 사업장에서 종사자의 생명보전은 첫번째 책임이다. 적극적인 안전보건 활동을 통한 중대재해가 발생하지 않도록 지속적인 노력이 필요하다. 사업주는 안전리더십을 발휘하여 사업장의 지속가능경영을 추구해야 한다.

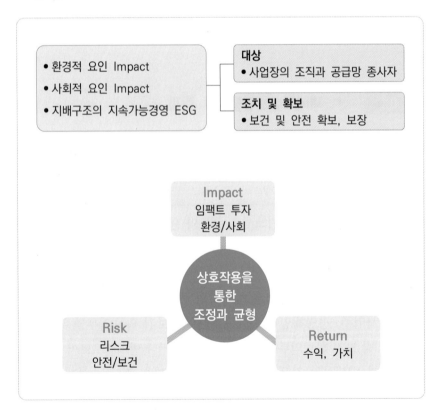

# 제2장

# 중대산업재해

중대재해처벌법 제2조

### 중대산업재해의 정의

"중대산업재해"란 「산업안전보건법」 제2조제1호에 따른 산업재해 중 다음 각 목의 어느 하나에 해당하는 결과를 야기한 재해를 말한다.

가. 사망자가 1명 이상 발생

나. 동일한 사고로 6개월 이상 치료가 필요한 부상자가 2명 이상 발생

다. 동일한 유해요인으로 급성중독 등 대통령령으로 정하는 직업성 질병자가 1년 이내에 3명 이상 발생

## 01 중대산업재해 및 산업재해의 정의

### 가. 중대산업재해

① 중대재해처벌법에서 중대재해[1]란 중대산업재해와 중대시민재해를 말한다.

② 중대재해 중 중대산업재해란,

산업안전보건법 제2조제1호에 따른 산업재해 중

㉮ 사망자가 1명 이상

㉯ 동일한 사고로 6개월 이상 치료가 필요한 부상자가 2명 이상 또는

㉰ 동일한 유해요인으로 급성 중독 등 대통령령으로 정하는 직업성 질병자가 1년 이내에 3명 이상 발생한 경우

---

1) 산업안전보건법에 따른 중대재해는 ① 사망자가 1명 이상 발생한 재해 ② 3개월 이상의 요양이 필요한 부상자가 동시에 2명 이상 발생한 재해 ③ 부상자 또는 직업성 질병자가 동시에 10명 이상 발생한 재해를 말한다(산업안전보건법 제2조제2호, 같은 법 시행규칙 제3조).

③ 중대재해처벌법의 중대산업재해는 산업안전보건법의 산업재해를 전제로 한다. 산업안전보건법의 산업재해 개념에 적용되지 않는다면, 중대재해처벌법의 중대산업재해에 해당할 수 없다.

## 나. 산업재해

① 산업안전보건법의 산업재해란,

㉮ 노무를 제공하는 사람이 업무에 관계되는 건설물·설비·원재료·가스·증기·분진 등에 의하거나 작업 또는 그 밖의 업무로 인하여 사망 또는 부상하거나 질병에 걸리는 것을 말한다.

(산업안전보건법 제2조제1호).

㉯ 즉, 산업재해는

• 업무와 관련성을 가지는 건설물이나 설비, 원재료, 가스, 증기, 분진 등 유해하거나 위험한 물적 요인 등 작업환경

• 작업내용, 작업방식 등에 따른 위험 또는

• 업무 그 자체에 내재하고 있는 위험 등으로 인해 노무제공자에게 발생한 사망, 부상 또는 질병을 말한다.

② 한편, 산재보험법의 업무상의 재해는 업무상의 사유에 따른 부상, 질병, 사망만이 아니라 부상 또는 질병이 치유되었으나, 정신적 또는 육체적 훼손으로 인하여 노동능력이 상실되거나 감소된 상태인 장해와 출퇴근 재해도 포함된다.

– 따라서, 사업주의 예방가능성을 전제로 한 산업안전보건법의 산업재해를 개념요소로 한 중대재해처벌법의 중대산업재해에는 해당하지 않는 경우에도 산재보험법의 업무상재해에는 해당할 수 있다.

## 가. 사망자 1명 이상 발생한 경우

사망의 경우, 그 원인 등 중대산업재해에 해당하기 위한 다른 요건을 규정하고 있지 않으므로 산업안전보건법상 산업재해에 해당한다면 사고에 의한 사망뿐만 아니라 직업성 질병에 의한 사망도 중대산업재해에 포함된다.

### (1) 전제 조건

① 직업성 질병은 산업안전보건법의 산업재해에 해당되어야 하므로 업무에 관계되는 유해·위험요인에 의하거나 작업 또는 그 밖의 업무로 인하여 발생하였음이 명확한 것이어야 한다.

② 질병으로 인한 사망의 경우, 종사자 개인의 고혈압이나 당뇨·생활 습관 등 다양한 요인이 영향을 미칠 수 있는 바, 질병의 원인이 업무로 인한 것인지 여부 등에 대해서는 구체적인 사정을 종합적으로 고려하여 판단하게 될 것이다.

사망은 부상 또는 질병이 발생한 날부터 일정한 시간이 경과한 이후에 발생하는 경우가 있을 수 있다. 이 경우 중대산업재해는 종사자의 사망 시에 발생한 것으로 보아야 한다. 다만, 이 경우 종사자의 사망은 당초 부상 또는 질병과 직접적인 인과관계가 있는 경우에 한한다.

## 나. 동일한 사고로 6개월 이상 치료가 필요한 부상자 2명 이상 발생

### (1) 동일한 사고

① 동일한 사고로 6개월 이상 치료가 필요한 부상자 2명 이상 발생한 경우란 하나의 사고 또는 장소적·시간적으로 근접성을 갖는 일련의 과정에서 발생한 사고로 인하여 6개월 이상 치료가 필요한 부상자가 2명 이상 발생한 경우를 말한다.

예시 화재·폭발 사고 시 직접적으로 화상을 입은 경우 외에 폭발압 충격으로 인한 추락·파편으로 인한 충돌 등을 포함한다.

만약, 사고가 발생하게 된 유해·위험요인 등 그 원인이 같은 경우라도 시간적·장소적 근접성이 없는 경우에는 각각의 사고가 별개의 사고에 해당할 뿐 동일한 사고에 해당하지 않는다.

예시 같은 업체로부터 구매 또는 대여 등을 한 기계, 기구, 설비 등을 사용하는 2개 이상의 사업장에서 그 기계, 기구, 설비 등의 동일한 결함으로 발생한 사고라 하더라도 그 원인이 동일한 것일 뿐, 동일한 사고는 아니다.

## (2) 6개월 이상 치료가 필요한 부상

① 6개월 이상 치료가 필요한 기간이란 해당 부상과 그로 인한 합병증 등에 대한 직접적 치료 행위가 6개월 이상 필요한 경우를 의미하며, 재활에 필요한 기간 등은 원칙적으로 포함하지 않는다.

② 치료의 기간은 재해 조사의 신속성과 법적 명확성 차원에서 원칙적으로 의사의 진단 소견서등 객관적 자료에 의해 판단한다.

③ 치료 기간이 최초 진단일에는 6개월 미만이었다면 치료과정에서 기간이 늘어남으로 인해 개월 이상 치료가 필요한 부상자가 2명 이상 발생하게 된 경우에는 그 진단한 시점에서 중대산업재해가 발생한 것으로 판단한다.

## 다. 동일한 유해요인으로 직업성 질병자가 1년 이내에 3명 이상 발생

## (1) 동일한 유해요인

① 유해요인이란, 중대재해처벌법 시행령 별표1에서 급성중독 등 직업성 질병의 원인으로 열거하고 있는 각종 화학적 유해인자 ·유해 작업 등을 말한다.

예시 • 염화비닐·유기주석·메틸브로마이드(bromomethane)·일산화탄소
• 납 또는 그 화합물·수은 또는 그 화합물·크롬 또는 그 화합물·벤젠·이산화질소 등

예시 • 보건의료 종사자의 종사 작업(혈액 관련)
• 건강장해를 일으킬 수 있는 습한 상태에서 하는 작업
• 오염된 냉각수에 노출된 장소에서 하는 작업
• 공기 중 산소농도가 부족한 장소에서 하는 작업
• 고열작업 또는 폭염에 노출되는 장소에서 하는 작업

② 유해요인의 동일성이란 노출된 각 유해인자와 유해물질의 성분, 작업의 양태 등의 측면에서 객관적으로 동일성이 인정되는 경우를 말한다.

③ 다수의 종사자에게 발생한 급성중독 등 직업성 질병의 발생 원인이 동일하다고 객관적으로 증명되는 경우라면 각 종사자 간에 유해요인 노출 시기나 장소가 다르고 직업성 질병의 발병 시기가 상이하더라도 동일한 유해요인으로 판단될 수 있다.

## (2) 직업성 질병

1. 염화비닐·유기주석·메틸브로마이드(bromomethane)·일산화탄소에 노출되어 발생한 중추신경계장해 등의 급성중독

2. 납이나 그 화합물(유기납은 제외한다)에 노출되어 발생한 납 창백(蒼白), 복부 산통(産痛), 관절통 등의 급성중독

3. 수은이나 그 화합물에 노출되어 발생한 급성중독

4. 크롬이나 그 화합물에 노출되어 발생한 세뇨관 기능 손상, 급성 세뇨관 괴사, 급성신부전 등의 급성중독

5. 벤젠에 노출되어 발생한 경련, 급성 기질성 뇌증후군, 혼수상태 등의 급성중독

6. 톨루엔(toluene)·크실렌(xylene)·스티렌(styrene)·시클로헥산(cyclohexane)·노말헥산(n-hexane)·트리클로로에틸렌(trichloroethylene) 등 유기화합물에 노출되어 발생한 의식장해, 경련, 급성 기질성 뇌증후군, 부정맥 등의 급성중독

7. 이산화질소에 노출되어 발생한 메트헤모글로빈혈증(methemoglobinemia), 청색증(靑色症) 등의 급성중독

8. 황화수소에 노출되어 발생한 의식 소실(消失), 무호흡, 폐부종, 후각신경마비 등의 급성중독

9. 시안화수소나 그 화합물에 노출되어 발생한 급성중독

10. 불화수소·불산에 노출되어 발생한 화학적 화상, 청색증, 폐수종, 부정맥 등의 급성중독

11. 인[백린(白燐), 황린(黃燐) 등 금지물질에 해당하는 동소체(同素體)로 한정한다]이나 그 화합물에 노출되어 발생한 급성중독

12. 카드뮴이나 그 화합물에 노출되어 발생한 급성중독

13. 다음 각 목의 화학적 인자에 노출되어 발생한 급성중독

　가. 「산업안전보건법」 제125조제1항에 따른 작업환경측정 대상 유해인자 중 화학적 인자

　나. 「산업안전보건법」 제130조제1항제1호에 따른 특수건강진단 대상 유해인자 중 화학적 인자

14. 디이소시아네이트(diisocyanate), 염소, 염화수소 또는 염산에 노출되어 발생한 반응성 기도과민증후군

15. 트리클로로에틸렌에 노출(해당 물질에 노출되는 업무에 종사하지 않게 된 후 3개월이 지난 경우는 제외한다)되어 발생한 스티븐스존슨 증후군(stevens-johnson syndrome). 다만, 약물, 감염, 후천성면역 결핍증, 악성 종양 등 다른 원인으로 발생한 스티븐스존슨 증후군은 제외한다.

16. 트리클로로에틸렌 또는 디메틸포름아미드(dimethylformamide)에 노출(해당 물질에 노출되는 업무에 종사하지 않게 된 후 3개월이 지난 경우는 제외한다)되어 발생한 독성 간염. 다만, 약물, 알코올, 과체중, 당뇨병 등 다른 원인으로 발생하거나 다른 질병이 원인이 되어 발생한 간염은 제외한다.

17. 보건의료 종사자에게 발생한 B형 간염, C형 간염, 매독 또는 후천성 면역결핍증의 혈액전파성 질병

18. 근로자에게 건강장해를 일으킬 수 있는 습한 상태에서 하는 작업으로 발생한 렙토스피라증(leptospirosis)

19. 동물이나 그 사체, 짐승의 털·가죽, 그 밖의 동물성 물체를 취급하여 발생한 탄저, 단독(erysipelas) 또는 브루셀라증(brucellosis)

20. 오염된 냉각수로 발생한 레지오넬라증(legionellosis)

21. 고기압 또는 저기압에 노출되거나 중추신경계 산소 독성으로 발생한 건강장해, 감압병(잠수병) 또는 공기색전증(기포가 동맥이나 정맥을 따라 순환하다가 혈관을 막는 것)

22. 공기 중 산소농도가 부족한 장소에서 발생한 산소결핍증
23. 전리방사선(물질을 통과할 때 이온화를 일으키는 방사선)에 노출되어 발생한 급성 방사선증 또는 무형성 빈혈
24. 고열작업 또는 폭염에 노출되는 장소에서 하는 작업으로 발생한 심부 체온 체온상승을 동반하는 열사병

① **직업성 질병**이란 작업환경 및 일과 관련한 활동에 기인한 건강장해를 의미한다.

작업환경 및 일과 관련한 활동이 유일한 발병 원인이거나, 그 원인이 되었을 것이 유력한 질병

- 중금속·유기용제 중독
- 생물체에 의한 감염질환
- 기온·기압 등에 기인한 질병 등

"광의의 직업성 질병"에는 직업적 요인이 개인적 소인(素因)에 부가되어 발생하는 작업관련성 질병이 포함될 수 있으며, 이 또한 예방을 위해 최대한 유해요인을 억제하기 위한 노력은 필요하나, 인과관계, 예방가능성 등을 종합적으로 고려 할 때 "동일한 유해요인으로 급성중독 등 대통령령으로 정하는 직업성 질병"에 포함하기 어렵다.

② 중대재해처벌법에서 급성중독을 예시로 들며 직업성 질병의 범위를 대통령령으로 위임한 입법취지 등을 고려한다.

**동일한 유해요인으로 급성중독 등 대통령령으로 정하는 직업성 질병자**

시행령은 제2조 별표1에서

㉮ 인과관계의 명확성,
㉯ 사업주의 예방 가능성 및
㉰ 피해의 심각성을 주된 고려 요소로 삼아 직업성 질병을 24가지로 규정(참고)

- 중추신경계장해 등의 급성중독
- 의식장해, 경련, 급성 기질성 뇌증후군, 부정맥 등의 급성중독
- B형 간염, C형 간염, 매독 또는 후천성면역결핍증 등 혈액전파성 질병
- 렙토스피라증·레지오넬라증·열사병 등 24가지 질병

## (3) 1년 이내에 3명 이상 발생

① 동일한 유해요인으로 직업성 질병자가 1년 이내에 3명이 발생한 시점에 중대산업재해가 발생한 것으로 판단한다.

② 발생한 시점과 관련하여 중대재해처벌법의 직업성 질병은 급성중독 등 사고성 재해와 유사하여 직업성 질병 여부 및 인과관계 등의 판단이 상대적으로 용이한 질병이므로 유해·위험요인에 노출된 날을 특정할 수 있는 경우는 노출된 날을 그 발생일로, 특정할 수 없는 경우에는 의사의 최초 소견일(진단일)을 발생일로 판단한다.

아울러 1년 이내를 판단하는 기산점은 세 번째 직업성 질병자가 발생한 시점부터 역산하여 산정한다.

③ 동일한 유해요인으로 직업성 질병이 발생한 종사자들이 하나의 사업에 소속되어 있다면 사업장이나 발생 시점을 달리하는 경우라도 중대재해처벌법의 적용대상인 중대산업재해에 해당한다고 보아야 한다.

> 예시 ① 폭염 경보가 발령된 여러 사업장에서 폭염에 노출되는 장소에서 작업을 한 경우
> ② 사업장이 여러 곳에 분포하였더라도 각 사업장의 용광로에서 광물을 제련하는 동일·유사한 공정의 고열작업을 한 경우

# 제3장

# 종사자

> **종사자**　　　　　　　　　　　　　중대재해처벌법 제2조 7
>
> "종사자"란 다음 각 목의 어느 하나에 해당하는 자를 말한다.
> 가. 「근로기준법」 상의 근로자
> 나. 도급·용역·위탁 등 계약의 형식에 관계없이 그 사업의 수행을 위하여 대가를 목적으로 노무를 제공하는 자
> 다. 사업이 여러 차례의 도급에 따라 행하여지는 경우에는 각 단계의 수급인 및 수급인과 가목 또는 나목의 관계가 있는 자

## 01 개념

「중대재해처벌법」 상 종사자란

① 「근로기준법」 상의 근로자

② 도급, 용역, 위탁 등 계약의 형식에 관계없이 그 사업의 수행을 위하여 대가를 목적으로 노무를 제공하는 자

③ 사업이 여러 차례의 도급에 따라 행하여지는 경우에는 각 단계의 수급인 및 수급인과 ①, ②의 관계에 있는 자

## 02 근로기준법 상의 근로자

① 근로자란 직업의 종류와 관계없이 임금을 목적으로 사업이나 사업장에 근로를 제공하는 사람을 말한다(근로기준법 제 2조제1항제1호).

② 근로기준법상 근로자에 해당하는지 여부는 고용계약인지 도급계약인지 관계없이 그 실질에 있어 근로자가 사업 또는 사업장에

임금을 목적으로 종속적인 관계에서 사용자 에게 근로를 제공하였
는지 여부에 따라 판단하여야 한다(대법원 2006. 12. 7. 선고 2004다29736
판결).

③ 공무원도 임금을 목적으로 근로를 제공하는 사람으로서 근로기준
법상 근로자이므로, 중대재해처벌법 제2조제7호가목의 종사자에
해당한다.

## 03 대가를 목적으로 노무를 제공하는 자

① 근로자 외에 도급, 용역, 위탁 등 계약의 형식에 관계없이 그
사업의 수행을 위하여 대가를 목적으로 노무를 제공하는 자도
종사자에 포함된다.

② 그 사업의 수행을 위하여 대가를 목적으로 노무를 제공하는 자란,
산업안전보건법의 특수형태근로종사자는 물론이고 직종과 무관
하게 다수의 사업에 노무를 제공하거나 타인을 사용하는 경우라
하더라도 이와 상관없이 대가를 목적으로 노무를 제공하는 자이기
만 하면 중대재해처벌법의 종사자에 해당한다.

---

### 산업안전보건법의 특수형태근로종사자 (산업안전보건법 제77조)

'계약의 형식에 관계없이 근로자와 유사하게 노무를 제공하여 업무상의 재해로부터
보호할 필요가 있다'에도 「근로기준법」 등이 적용되지 아니하는 사람으로서 다음 각
호의 요건을 모두 충족하는 사람을 말한다.
1. 대통령령으로 정하는 직종*에 종사할 것
   * 보험모집인, 건설기계운전자, 학습지 교사, 골프장 캐디, 택배원, 퀵서비스 기사, 대출모집
     인, 신용카드회원 모집인, 대리운전기사, 방문판매원, 방문 점검원, 가전제품 수리원,
     화물차주(수출입 컨테이너 운송자, 시멘트 운송자, 철강재 운송자, 위험물질 운송자),
     소프트웨어 기술자
2. 주로 하나의 사업에 노무를 상시적으로 제공하고 보수를 받아 생활할 것
3. 노무를 제공할 때 타인을 사용하지 아니할 것

---

③ 다만, 노무를 제공하는 자로서 종사자는 대가를 목적으로 하므로
호기심이나 취미로 노무를 제공하는 자, 해당 사업장에 일시적으
로 방문한 일반 방문자는 포함되지 않는다.

## 04 수급인 및 수급인과 근로관계 또는 노무를 제공하는 관계에 있는 자

사업이 여러 차례의 도급에 따라 행하여지는 경우에 각 단계의 수급인, 각 단계의 수급인과 근로계약 관계에 있는 사람, 각 단계의 수급인에게 대가를 목적으로 노무를 제공하는 사람도 종사자에 포함된다.

도급계약이 여러 단계에 걸쳐 체결된 경우에 각 단계별로 모든 수급인 및 수급인의 모든 종사자를 포함한다.

# 제4장

# 사업주 및 경영책임자 등

## 01 사업주

> **사업주** 　　　　　　　　　　　　중대재해처벌법 제2조 8
>
> "사업주"란 자신의 사업을 영위하는 자, 타인의 노무를 제공받아 사업을 하는 자를 말한다.

### 가. 사업주의 개념

① 사업주란 자신의 사업을 영위하는 자, 타인의 노무를 제공받아 사업을 하는 자를 말한다.

② 자신의 사업을 영위하는 자란 타인의 노무를 제공 받음이 없이 자신의 사업을 영위하는 자를 말하므로, 중대재해처벌법에 따른 사업주는 근로자를 사용하여 사업을 하는 자로 한정하고 있는 산업안전보건법에 따른 사업주보다 넓은 개념이다.

### 나. 중대재해처벌법의 수범자로서 "개인사업주"

① 중대재해처벌법이 산업안전보건법과 달리 제반 의무를 개인으로서의 사업주와 경영책임자 등에게 부과하고 개인사업주가 아닌 사업주를 경영책임자 등과 구분하여 법인 또는 기관으로 표현하고 있는 점에 비추어 볼 때 중대재해처벌법 제3조 이하에서 규정하는 사업주는 행위자로서 개인사업주만을 의미한다.

> **제3조(적용범위)** 상시 근로자가 5명 미만인 사업 또는 사업장의 사업주(개인 사업주에 한정한다. 이하 같다) 또는 경영책임자 등에게는 이 장의 규정을 적용하지 아니한다.

**경영책임자**         중대재해처벌법 제2조 9

"경영책임자 등"이란 다음 각 목의 어느 하나에 해당하는 자를 말한다.
가. 사업을 대표하고 사업을 총괄하는 권한과 책임이 있는 사람 또는 이에 준하여
안전보건에 관한 업무를 담당하는 사람
나. 중앙행정기관의 장, 지방자치단체의 장, 「지방공기업법」에 따른 지방공기업
의 장, 「공공기관의 운영에 관한 법률」 제4조부터 제6조 까지의 규정에
따라 지정된 공공기관의 장

## 가. 경영책임자의 개념

① 경영책임자 등이란

㉮ 사업을 대표하고 사업을 총괄하는 권한과 책임이 있는 사람
또는 이에 준하여 안전보건에 관한 업무를 담당하는 사람

㉯ 중앙행정기관의 장, 지방자치단체의 장, 「지방공기업법」에
따른 지방공기업의 장, 「공공기관의 운영에 관한 법률」 제4조
부터 제6조까지의 규정에 따라 지정된 공공기관의 장

② 중대재해처벌법은 사업의 대표자이자 사업 경영의 총괄책임자에
게 종사자의 중대산업재해를 예방하도록 안전 및 보건확보 의무를
부여하고 있다.

## 나. 사업을 대표하고 사업을 총괄하는 권한과 책임이 있는 사람

① 사업을 대표하고 사업을 총괄하는 권한과 책임이 있는 사람이란
대외적으로 해당 사업을 대표하고, 대내적으로 해당 사업의 사무
를 총괄하여 집행할 권한과 책임이 있는 사람을 말한다.

② 경영책임자 등은 사업을 대표하고 사업을 총괄하는 권한과 책임이
있는 사람이라는 점에서 통상적으로 기업의 경우에는 상법상 주식
회사의 경우 그 대표이사, 중앙행정기관이나 공공기관의 경우에
는 해당 기관의 장을 말한다.

**상법 제389조(대표이사)** ① 회사는 이사회의 결의로 회사를 대표할 이사를 선정하여야 한다.

㉮ 다만, 형식상의 직위나 명칭에 관계없이 실질적으로 사업을 대표하고 사업을 총괄하는 권한과 책임이 있는 사람이 안전·보건 확보의무 이행에 관한 최종적인 의사결정권을 가진다고 볼 수 있는 경우에는 그가 경영책임자에 해당할 수 있다.

㉯ 따라서, 해당 사업에서의 직무, 책임과 권한 및 기업의 의사결정 구조 등을 종합적으로 고려하여 최종적으로 경영책임자 등에 해당하는지를 판단하여야 한다.

㉰ 또한, 경영책임자 등과 현장소장, 공장장 등 대표이사의 지시를 받아 개별 사업장에서 생산활동을 총괄하는 자는 개념상 구별되어야 한다.

## 다. 사업을 대표하고 사업을 총괄하는 권한과 책임이 있는 사람에 준하여 안전보건에 관한 업무를 담당하는 사람

① 이에 준하여 안전보건에 관한 업무를 담당하는 사람이란 사업 또는 사업장 전반의 안전 및 보건에 관한 조직·인력·예산 등에 관하여 대표이사 등 경영책임자에 준하여 총괄 하는 권한과 책임을 가지는 등 최종 결정권을 가진 사람을 의미한다.

따라서 안전보건 업무를 전담하는 최고책임자라 하더라도 사업 경영대표자 등으로부터 사업 또는 사업장 전반의 안전·보건에 관한 조직, 인력, 예산에 관한 총괄 관리 및 최종 의사 결정권을 위임받은 경우로 평가될 수 있는 경우가 아니라면 이에 준하여 안전보건에 관한 업무를 담당하는 사람으로 볼 수 없다.

## 라. 경영책임자 등의 특징

① 중대재해처벌법은 원칙적으로 사업을 대표하고 사업을 총괄하는 권한과 책임이 있는 자, 즉 경영을 대표하는 자의 안전 및 보건에 관한 의무와 역할을 규정한 것으로 중대재해처벌법상 의무와 책임의 귀속 주체는 원칙적으로 사업을 대표하고 사업을 총괄하는 권한과 책임이 있는 자이다.

② 사업을 대표하고 사업을 총괄하는 권한과 책임이 있는 자 외에 안전 및 보건에 관한 업무를 담당하면서 그에 관한 최종적인 의사결정권을 행사할 수 있는 사람이 있다면 그 역시 경영책임자 등에 해당할 수 있으므로 제4조 또는 제5조의 안전 및 보건 확보의무 이행의 주체가 될 수 있고 동 의무불이행에 대한 책임도 부담할 수 있다.

③ 이에 준하여 안전보건에 관한 업무를 담당하는 사람이 선임되어 있다는 사실만으로 사업을 대표하고 사업을 총괄하는 권한과 책임이 있는 사람의 의무가 면제된다고는 볼 수 없다.

④ 경영책임자에 해당하는 사람이 여러 명이 있는 경우, 개별 사안마다 안전 및 보건 확보의무 불이행에 관한 최종적 의사결정권의 행사나 그 결정에 관여한 정도를 구체적으로 고려하여 형사책임이 부과되어야 한다.

**1 사업을 대표하고 사업을 총괄 관리하는 사람이 2명 이상인 경우(공동대표)**

- 사업을 대표하고 사업을 총괄하는 권한과 책임이 있는 사람이 2명 이상 있다면 2명 모두 경영책임자가 될 수 있으며, 안전 및 보건 확보의무도 역시 공동으로 부여된 것으로 볼 수도 있다

- 특히 복수의 대표이사가 있는 경우 회사 내에서의 ❶직무, ❷책임과 권한 및 ❸기업의 의사결정 구조 등을 종합적으로 고려하여 실질적으로 해당 사업에서 최종 경영책임자 가 누구인지를 판단할 수 있을 것이다

**2 하나의 법인에 복수의 사업 부문을 두는 경우**

- 하나의 법인에 두 개 이상의 사업이 있고 각각의 사업을 대표하고 총괄 히는 권한과 책임이 있는 자가 있고, 각 사업 부문이 독립성을 가지고 분리되어 있어 별개의 사업으로서 평가될 수 있는 경우에는 각 사업을 대표하고 총괄하는 권한과 책임이 있는 사람이 각자 해당 사업 부문의 경영책임자에 해당할 수 있다

**3 복수의 사업 부문의 대표가 있으면서, 법인을 대표하고 사업 전체를 총괄하는 대표가 별도로 있는 경우**

- 사업 부문별 대표가 각 사업 부문의 조직, 인력, 예산 등 경영의 독립성을 가지고 별개의 사업으로서 운영되는 경우에 원칙적으로는 각 사업 부문별 대표가 경영책임자 에 해당함

  - 다만 여러 사업 부문들을 총괄하는 차원에서 해당 사업 부문의 경영상의 중요한 의사 결정을 총괄대표가 하거나 부문별 대표와 공동으로 하는 경우에는 법인 내에서 의 직위나 직무, 해당 사업 부문에서 실질적인 권한 행사 등 기업의 의사결정 구조에 따른 영향력 등을 종합적으로 고려하여 사업을 총괄하는 대표가 경영책임자에 해당 하는지 여부를 판단하여야 할 것이다.

## 개념상의 비교

### 1 경영책임자 등 vs 안전보건관리책임자 vs 사업경영담당자

- 중대재해처벌법의 **"경영책임자 등"**은 사업 전체를 대표하고 사업을 총괄하는 권한과 책임이 있는 자 또는 이에 준하여 안전보건에 관하여 업무를 담당하는 자임
- 산업안전보건법의 **"안전보건관리책임자"**는 '하나의 사업장을 단위'로 하여 산업안전 보건법 제15조제1호부터 제9호까지의 업무를 총괄하는 자를 말한다.

※ 산업안전보건법 제15조(안전보건관리책임자) ①사업주는 사업장을 실질적으로 총괄하여 관리하는 사람에게 해당 사업장의 다음 각 호의 업무를 총괄하여 관리하도록 하여야 한다. 1. 사업장의 산업재해 예방계획의 수립에 관한 사항

- 안전보건관리책임자는 ❶하나의 사업 '장'을 관리 단위로, ❷산업재해 예방에 관한 사항들에 대한 사업주의 업무를 총괄관리하고, 안전관리자, 보건 관리자를 지휘·감독하며, ❸산업안전보건법의 안전보건관리체제 하에서 그 역할이 의무화되어 있는 자를 의미함
- 다만, 특정 법인사업주가 운영하는 사업장이 하나이거나 복수이더라도 법인의 대표자가 특정 사업 또는 사업장의 안전보건관리책임자에 해당하는 경우에는 안전보건관리책임자임과 동시에 중대재해처벌법상 경영책임자 등에 해당할 수 있다
- 근로기준법의 **"사업경영담당자"**는 사업주가 아니면서도 사업 경영 일반에 관하여 책임을 지는 자로서, 사업 경영의 전부 또는 일부에 대하여 포괄적 위임을 받아 대외적으로 사업을 대표하거나 대리하는 자를 말한다.

※ 근로기준법 제2조(정의) 2. "사용자"란 사업주 또는 사업 경영 담당자, 그 밖에 근로자에 관한 사항에 대하여 사업주를 위하여 행위하는 자를 말한다.
* 【예시】 법인등기부상 대표이사직에서 사임했으나 실제로는 회장으로서 회사를 사실상 경영하여 온 경우 법상 사용자에 해당 (대법원 1997.11.11. 선고 97도813 판결)

- 사업경영담당자의 중대재해처벌법상 지위는
- 사업경영담당자로서 사업주로부터 사업 경영의 전부를 위임받은 사람은 중대재해처벌법 제2조제9호가목의 "사업을 대표하고 사업을 총괄하는 권한과 책임이 있는 사람"에 해당할 수 있다.

### 2 중대재해처벌법의 경영책임자 vs 산업안전보건법의 대표이사

- 중대재해처벌법의 경영책임자는 사업을 대표하고 사업을 총괄하는 권한과 책임이 있는 자로서 예산, 인력, 조직 등 사업 경영에 '실질적인 결정 권한'을 가지는 자를 말한다.
- 산업안전보건법상 회사의 정관에서 정한 절차에 따라 매년 안전 및 보건에 관한 계획을 수립하여 이사회에 보고하고 승인을 받아야 할 의무가 있는 대표이사란, 그 의무 이행의 주체로서 법률상의 지위를 의미함
- 구체적으로, 산업안전보건법 제14조에 따르면 ❶상법상 주식회사 중 ❷상시 근로자 500명 이상을 사용하는 회사이거나 시공능력 순위 1,000위 이내의 건설회사의 대표이사에게 안전 및 보건에 관한 사항에 관하여 이사회 보고 의무를 부과하는 것으로서 '대표이사'라는 회사 내 '직위'에 기초한 의무이며 대표이사에 갈음하여 대표집행임원을 둔 주식회사의 경우에는 대표집행임원이 이를 담당하도록 하고 있다.
- 상법상의 대표이사는 원칙적으로 사업을 대표하고 사업을 총괄하는 권한과 책임이 있으므로 중대재해처벌법에 따른 경영책임자에 해당함

## 마. 공공부문의 경영책임자 등

### (1) 정부부처 및 지방자치단체·공공기관·지방공기업 등

① 중앙행정기관의 장은 정부조직법(제2조제2항)에 따라 설치된 부·처·청과 방송통신위원회, 공정거래위원회, 국민권익위원회, 금융위원회, 개인정보보호위원회, 원자력안전위원회 등 행정기관의 장을 의미한다.

정부조직법에서 중앙행정기관으로 규정하지 않는 대법원, 국회, 감사원 등 헌법기관 등의 경우에는 제2조제9호가목에 따라 경영책임자를 판단하여야 한다.

> 사업을 대표하고 사업을 총괄하는 권한과 책임이 있는 사람 또는 이에 준하여 안전보건에 관한 업무를 담당하는 사람

② 지방자치단체의 장은 지방자치법 제2조제1항의 특별시 광역시 특별자치시, 도, 특별 자치도 및 시·군·구의 장을 의미한다.

③ 공공기관의 경우, 지방공기업법에 따른 지방공기업의 장, 공공기관의 운영에 관한 법률 제4조부 터 제6조까지의 규정에 따라 지정된 공공기관의 장이 경영책임자에 해당한다.

공공기관의 운영에 관한 법률 제4조부터 제6조까지의 규정에 따라 지정된 공공기관 이외의 공공기관의 경우에는 제2조제9호가목에 따라 경영책임자를 판단하여야 한다.

### (2) 학교의 경우

> 고등교육법 제3조(국립·공립·사립학교의 구분) 학교는 국가가 설립·경영하거나 국가가 국립대학 법인으로 설립하는 국립학교, 지방자치단체가 설립·경영하는 공립학교(설립주체에 따라 시립학교·도립학교로 구분할 수 있다), 학교법인이 설립·경영하는 사립학교로 구분한다.

#### 1) 국립학교

① 국가가 설립·경영하는 국립학교 중 국립대학: 국립대학 총장 국립대학을 대표하며 국립대학의 경영을 총괄하는 권한과 책임이

총장에게 있으므로 총장이 경영책임자에 해당한다.

② 개별 법률에 따라 법인으로 설립된 국립대학법인인 서울대학교, 인천대학교 총장

총장이 국립대학 법인을 대표하며 국립대학 법인의 업무를 총괄하므로 각 국립대학의 총장이 경영책임자에 해당한다.

> 국립대학법인 서울대학교 설립·운영에 관한 법률 제6조(총장)
> ① 국립대학법인 서울대학교에 학교의 장으로서 총장을 둔다.

③ 그 외 국립 초·중·고등학교: 각 중앙행정기관의 장

관련 법령에 따라 각 해당 학교를 설립·· 운영하는 중앙행정 기관의 장이 사업을 대표하고 사업을 총괄하는 권한과 책임이 있는 사람이므로 각 중앙행정기관의 장이 경영책임자에 해당한다.

> 예시 ① 국립국악고등학교: 문화체육관광부(국립 국악·전통예술학교 설치령)
> ② 구미전자공업고등학교: 중소기업벤처부(국립공업고등학교 설치령)
> ③ 부산해사고등학교: 해양수산부(국립해사고등학교 설치령)
> ④ 선진학교, 한국우진학교: 교육부(국립학교 설치령)

## 2) 공립학교: 교육감

① 지방자치단체의 교육·과학·기술·체육 그 밖의 학예에 관한 사무는 특별시·광역시 및 도의 자치사무이다 (교육자치법 제2조).

② 교육자치법은 지방자치단체의 교육·학예에 관한 자치사무의 집행기관으로 교육감을 두고 있으며 지방자치단체의 장이 지방자치단체를 대표하고 그 사무를 총괄하듯이, 교육·학예에 관한 사항에 대해서는 교육감이 지방자치 단체를 대표하고, 그 사무를 총괄하는 자에 해당한다 (지방자치법 제121조 교육자치법 제3조).

따라서 지방자치단체의 교육·학예에 관한 사무(공립학교)를 대표하고 해당 사무를 총괄하는 권한과 책임이 있는 교육감이 경영책임자에 해당한다.

### 3) 사립학교: 학교법인의 이사장

① 사립학교란 학교법인, 공공단체 외의 법인 또는 그 밖의 사인이 설치하는 유아교육법 제2조제2호 초·중등교육법 제2조 및 고등교육법 제2조에 따른 학교를 말한다(사립학교법 제2조제1호).

학교법인이란 사립학교만을 설치·경영할 목적으로 이 법에 따라 설립되는 법인을 말하며 학교법인이 아닌 자는 사립학교를 설치·경영할 수 없다.

② 사립학교는 이사장이 학교법인을 대표하고 사립학교법과 각 법인의 정관에 따라 규정된 직무를 수행하며 학교법인 내부의 사무를 총괄하므로 사립학교를 설치·운영하는 학교법인의 이사장이 학교법인의 운영을 대표하고, 학교의 운영을 총괄하는 권한과 책임이 있는 경영책임자에 해당한다.

### 4) 국립대학병원: 국립대학병원 원장

① 서울대학교를 제외한 국립대학병원은 국립대학병원 설치법에 법인으로 설치하도록 하고 대학병원에 원장 1명을 두며, 원장이 대학병원을 대표하고 대학병원의 업무를 총괄하도록 규정하고 있다(국립대학병원 설치법 제2조 제14조).

따라서 국립대학병원의 경우 병원장이 사업을 대표하고 사업을 총괄하는 권한과 책임이 있는 사람으로서 경영책임자에 해당한다.

② 서울대학교병원 설치법에 따라 설립된 서울대학교병원은 법인으로 하고(동법 제2조) 대학병원에 원장 1명을 두되, 원장이 대학병원을 대표하며 대학 병원의 업무를 총괄하도록 규정하고 있으므로(동법 제10조제2항) 원장이 경영책임자에 해당한다.

# 제5장

# 중대산업재해가 발생한 사업주와 경영책임자 등의 처벌

**중중대산업재해가 발생한 사업주와 경영책임자 등의 처벌** 중대재해처벌법 제6조

① 제4조 또는 제5조를 위반하여 제2조 제2호 가목의 중대산업재해에 이르게 한 사업주 또는 경영책임자 등은 1년 이상의 징역 또는 10억원 이하의 벌금에 처한다. 이 경우 징역과 벌금을 병과할 수 있다.

② 제4조 또는 제5조를 위반하여 제2조 제2호 나목 또는 다목의 중대산업재해에 이르게 한 사업주 또는 경영책임자 등은 7년 이하의 징역 또는 1억 원 이하의 벌금에 처한다.

③ 제1항 또는 제2항의 죄로 형을 선고받고 그 형이 확정된 후 5년 이내에 다시 제1항 또는 제2항의 죄를 저지른 자는 각 항에서 정한 형의 2분의 1까지 가중한다.

## 01 법 위반과 법적 처벌

① 중대재해처벌법은 개인사업주 또는 경영책임자 등이 법 제4조 또는 제5조에 따른 안전·보건 확보의무를 위반한 경우에 바로 처벌하는 것은 아니다.

개인사업주 또는 경영책임자 등이 제4조 또는 제5조의 안전 및 보건 확보의무를 위반하여 중대산업재해에 이르게 한 경우에 처벌한다.

> ① **사망**: 1년 이상의 징역 또는 10억 원 이하의 벌금, 징역과 벌금을 병과할 수 있다
> ② **부상 또는 직업성 질병 재해**: 7년 이하의 징역 또는 1억 원 이하의 벌금
> ③ 중대산업재해로 선고받은 형이 확정된 후 5년 이내에 다시 위 죄를 저지른 경우 각 형의 2분의 1까지 가중처벌

② 중대재해처벌법은 사업주인 법인에 대한 처벌이 아닌 개인사업주 또는 경영책임자에게 직접적으로 의무를 부과하고, 그 의무를 위반하여 발생한 중대산업재해에 대하여 법 위반 주체로서 처벌하는 것이다.

① 제4조 또는 제5조 위반으로 중대산업재해에 이르게 한 죄는 개인사업주 또는 경영책임자 등이라는 신분이 있어야 범죄가 성립하는 신분범이다.

② 결과적 가중범과 유사한 형식이나 안전보건 확보의무 위반에 대해서는 기본범죄로 규정하지 않고, 사망이라는 중한 결과가 발생한 경우만 범죄가 성립하는 것으로 규정한다.

> • 고의에 의한 기본범죄에 의하여 행위자가 예견하지 않았던 중한 결과가 발생한 경우 그 형이 가중되는 범죄이다.
> • 산업안전보건법의 경우 안전보건조치 의무 위반으로 근로자가 사망한 안전조치위반 치사죄, 보건조치위반치사죄(산업안전보건법 제167조 제1항)는 안전조치위반죄 또는 보건조치위반죄(산업안전보건법 제168조 제1항)라는 기본범죄에 대한 결과적 가중범 이다.

① 종사자가 사망하는 경우 성립하는 안전보건확보의무위반치사죄는 개인 사업주 또는 경영책임자 등이 법 제4조 또는 제5조에 따른 안전·보건 확보의무를 위반하여 종사자를 사망(결과 발생)에 이르게 한 경우에 성립한다.

② 종사자에게 부상 또는 직업성 질병이 발생한 경우 성립하는 안전보건확 보의무위반치상죄는 개인사업주 또는 경영책임자 등이 법 제4조 또는 제5조에 따른 안전·보건 확보 의무를 위반하여 종사자 중 동일한 사고 로 6개월 이상 치료가 필요한 부상자가 2명 이상 발생하거나 동일한 유해요인으로 급성중독 등 대통령령으로 정하는 직업성 질병자가 1년 이내 3명 이상 발생한 경우에 성립한다.

③ 개인사업주 또는 경영책임자 등의

　㉮ 법 제4조 또는 제5조 의무 위반

　㉯ 법 제4조 또는 제5조 의무 불이행에 대한 고의(미필적 고의를 포함함)

㉘ 사망이나 부상 또는 질병이라는 결과의 발생

㉙ 법 제4조 또는 제5조 의무위반과 결과 발생 사이에 인과관계가 인정

④ 안전보건확보의무위반치사죄 및 안전보건확보의무위반치상죄는 법 제4조 또는 제5조의 의무를 고의로 위반한 경우에 성립한다.

한편, 판례는 사업주가 사업장에서 안전조치가 취해지지 않은 상태에서의 작업이 이루어지고 있고, 향후 그러한 작업이 계속될 것이라는 사정을 미필적으로 인식하고서도 이를 그대로 방치한 경우 고의를 인정한다 (대법원 2010. 11. 25. 선고 2009도11906 판결 등).

## 04 가중 처벌

① 안전보건확보의무위반치사죄 또는 안전보건확보의무위반치상죄로 형을 선고받고 그 형이 확정된 후 5년 이내에 다시 안전보건확보의무위반치사죄 또는 안전보건확보의무위반치상죄를 저지른 자는 각 형에서 정한 형의 2분의 1까지 가중한다.

② 여기서 재범의 판단 시점은 해당 범죄의 성립 시기인 사망·부상 또는 직업성 질병이 발생한 날로 본다.

## 05 중대사업재해의 양벌규정 (중대재해처벌법 제7조)

① 법인 또는 기관의 경영책임자등이 그 법인 또는 기관의 업무에 관하여 제6조에 해당하는 위반행위를 하면, 그 행위자를 벌하는 외에 그 법인 또는 기관에 다음 각 호의 구분에 따른 벌금형을 과(科)한다. 다만, 법인 또는 기관이 그 위반행위를 방지하기 위하여 해당 업무에 관하여 상당한 주의와 감독을 게을리하지 아니한 경우에는 그러하지 아니하다.

  1. 제6조 제1항의 경우: 50억원 이하의 벌금
  2. 제6조 제2항의 경우: 10억원 이하의 벌금

## (1) 경영책임자 등의 안전보건교육 (중대재해처벌법 제8조)

① 중대산업재해가 발생한 법인 또는 기관의 경영책임자 등은 대통령
령으로 정하는 바에 따라 안전보건교육을 이수하여야 한다.

② 제1항의 안전보건교육을 정당한 사유 없이 이행하지 아니한 경우
에는 5천만원 이하의 과태료를 부과한다.

(과태료의 부과기준은 시행령 별표 4)

③ 제2항에 따른 과태료는 대통령령으로 정하는 바에 따라 고용노동
부장관이 부과·징수한다.

## (2) 경영책임자 등의 안전보건교육 실시 등 (중대재해처벌법 시행령 제6조)

① 법 제8조 제1항에 따른 안전보건교육(이하 "안전보건교육"이라 한다)은
총 20시간의 범위에서 고용노동부장관이 정하는 바에 따라 이수해
야 한다.

② 안전보건교육에는 다음 각 호의 사항이 포함되어야 한다.

  1. 안전보건관리체계의 구축 등 안전·보건에 관한 경영 방안

  2. 중대산업재해의 원인 분석과 재발 방지 방안

③ 고용노동부장관은 「한국산업안전보건공단법」에 따른 한국산업
안전보건공단이나 「산업안전보건법」 제33조에 따라 등록된 안
전보건교육기관(이하 "안전보건교육기관등"이라 한다)에 안전보건교
육을 의뢰하여 실시할 수 있다.

④ 고용노동부장관은 분기별로 중대산업재해가 발생한 법인 또는
기관을 대상으로 안전보건교육을 이수해야 할 교육대상자를 확정
하고 안전보건교육 실시일 30일 전까지 다음 각 호의 사항을 해당
교육대상자에게 통보해야 한다.

  1. 안전보건교육을 실시하는 안전보건교육기관 등

  2. 교육일정

  3. 그 밖에 안전보건교육의 실시에 필요한 사항

⑤ 제4항에 따른 통보를 받은 교육대상자는 해당 교육일정에 참여할 수 없는 정당한 사유가 있는 경우에는 안전보건교육 실시일 7일 전까지 고용노동부장관에게 안전보건교육의 연기를 한 번만 요청할 수 있다.

⑥ 고용노동부장관은 제5항에 따른 연기 요청을 받은 날부터 3일 이내에 연기 가능 여부를 교육대상자에게 통보해야 한다.

⑦ 안전보건교육을 연기하는 경우 교육일정 등의 통보에 관하여는 제4항을 준용한다.

⑧ 안전보건교육에 드는 비용은 안전보건교육기관 등에서 수강하는 교육 대상자가 부담한다.

⑨ 안전보건교육기관등은 안전보건교육을 실시한 경우에는 지체 없이 안전보건교육 이수자 명단을 고용노동부장관에게 통보해야 한다.

⑩ 안전보건교육을 이수한 교육대상자는 필요한 경우 안전보건교육 이수 확인서를 발급해 줄 것을 고용노동부장관에게 요청할 수 있다.

⑪ 제10항에 따른 요청을 받은 고용노동부장관은고용노동부장관이 정하는바에 따라 안전보건교육이수확인서를 지체 없이 내주어야 한다.

# 제6장

# 중대산업재해 발생사실 공표

## 형 확정 사실의 통보
중대재해처벌법 제12조

법무부장관은 제6조, 제7조, 제10조 또는 제11조에 따른 범죄의 형이 확정되면 그 범죄사실을 관계 행정기관의 장에게 통보하여야 한다.

## 중대산업재해 발생사실 공표
중대재해처벌법 제13조

① 고용노동부장관은 제4조에 따른 의무를 위반하여 발생한 중대산업재해에 대하여 사업장의 명칭, 발생 일시와 장소, 재해의 내용 및 원인 등 그 발생사실을 공표할 수 있다.
② 제1항에 따른 공표의 방법, 기준 및 절차 등은 대통령령으로 정한다.

### 시행령 제12조 중대산업재해 발생사실의 공표

① 법 제13조제1항에 따른 공표(이하 이 조에서 "공표"라 한다)는 법 제4조에 따른 의무를 위반하여 발생한 중대산업재해로 법 제12조에 따라 범죄의 형이 확정되어 통보된 사업장을 대상으로 한다.
② 공표 내용은 다음 각 호의 사항으로 한다.
  1. "중대산업재해 발생사실의 공표"라는 공표의 제목
  2. 해당 사업장의 명칭
  3. 중대산업재해가 발생한 일시·장소
  4. 중대산업재해를 입은 사람의 수
  5. 중대산업재해의 내용과 그 원인(사업주 또는 경영책임자 등의 위반사항을 포함한다)
  6. 해당 사업장에서 최근 5년 내 중대산업재해의 발생 여부
③ 고용노동부장관은 공표하기 전에 해당 사업장의 사업주 또는 경영책임자 등에게 공표하려는 내용을 통지하고 30일 이상의 기간을 정하여 그에 대해 소명자료를 제출하게 하거나 의견을 진술할 수 있는 기회를 주어야 한다.
④ 공표는 관보, 고용노동부나 「한국산업안전보건공단법」에 따른 한국산업안전보건공단의 홈페이지에 게시하는 방법으로 한다.
⑤ 제4항에 따라 홈페이지에 게시하는 방법으로 공표하는 경우 공표기간은 1년으로 한다.

## 01 공표의 의의 및 목적

① **공표**란 행정법상 의무위반 또는 의무불이행이 있는 경우, 행정기관이 그 의무위반자 또는 불이행자의 명단과 그 위반 또는 불이행한 사실을 국민에게 알려 여론의 압력을 통해 간접적으로 의무 이행을 확보하는 것을 의미한다. 이는 그 위반사실에 대한 국민의 알 권리를 충족하는데 기여하고, 해당 기업에 대한 사회적 평가를 가능하게 하는 수단이다.

② 중대재해처벌법은 경영책임자가 법 제4조에 따른 안전·보건 확보의무를 위반하여 발생한 중대산업재해에 대하여 그 발생사실을 공표함으로써 해당 경영책임자의 명예나 신용의 침해 위협을 통해 종사자에 대한 안전·보건 확보의무를 이행하도록 간접적으로 강제하는 것에 그 목적이 있다.

## 02 공표 대상

① 안전 보건 확보의무를 위반하여 발생한 중대산업재해가 요건이므로 해당 범죄의 형이 확정되어야 한다.

> (비교) 법 제8조에 따른 안전보건교육의 수강은 안전·보건 확보 의무의 위반 여부를 요건으로 하지 않는다.

법 제12조에 따라 범죄의 형이 확정되어 법무부장관으로부터 고용노동부장관에게 그 범죄사실이 통보된 사업장을 대상으로 한다 (시행령 제12조 제1항).

② 한편, 산업안전보건법은 산업재해를 예방하기 위해 대통령령으로 정하는 사업장의 근로자 산업재해 발생건수, 재해율 또는 그 순위 등을 공표하도록 규정하고 있다(산업안전보건법 시행령 제10조).

> ① 사망재해자 연간 2명 이상 발생
> ② 사망만인율이 규모별 같은 업종 평균 이상
> ③ 중대산업사고 발생
> ④ 산업재해 발생사실 은폐
> ⑤ 산업재해 발생 보고를 최근 3년 이내에 2회 이상 하지 않은 사업장

산업안전보건법의 공표 대상 사업장과 중대재해처벌법의 공표 대상은 내용 등이 상이하고, 각 법률에 따른 공표 제도가 별도로 규정되어 있으므로, 중대재해처벌법의 중대산업재해 발생 사실은 범죄의 형확정 및 통보에 따라 별도의 절차를 거쳐 공표한다.

## 03 중대재해처벌법의 공표 내용

공표 내용은 다음 각 호의 사항으로 한다.(중대재해처벌법 시행령 제12조 2항)

① 중대신업재해 발생사실의 공표라는 공표의 제목
② 해당 사업장의 명칭
③ 중대산업재해가 발생한 일시·장소
④ 중대산업재해를 입은 사람의 수
⑤ 중대산업재해의 내용과 그 원인(사업주 또는 경영책임자 등의 위반 사항을 포함)
⑥ 해당 사업장에서 최근 5년 내 중대산업재해의 발생 여부

## 04 공표 절차 (중대재해처벌법 시행령 제12조 3항)

고용노동부장관은 공표하기 전에 해당 사업장의 사업주 또는 경영책임자 등에게 공표하려는 내용을 통지하고 30일 이상의 기간을 정하여 그에 대해 소명자료를 제출하게 하거나 의견을 진술할 수 있는 기회를 주어야 한다.

## 05 공표 방법 (중대재해처벌법 시행령 제12조 4항 및 5항)

관보 고용노동부나 한국산업안전보건공단법 에 따른 한국산업안전보건공단의 홈페이지에 게시하는 방법으로 하고, 공표 기간은 1년으로 한다.

# 제7장

# 정부의 사업주 등에 대한 지원 및 보고

## 정부의 사업주 등에 대한 지원 및 보고　　중대재해처벌법 제16조

① 정부는 중대재해를 예방하여 시민과 종사자의 안전과 건강을 확보하기 위하여 다음 각 호의 사항을 이행하여야 한다.
　1. 중대재해의 종합적인 예방대책의 수립·시행과 발생원인 분석
　2. 사업주, 법인 및 기관의 안전보건관리체계 구축을 위한 지원
　3. 사업주·법인 및 기관의 중대재해 예방을 위한 기술 지원 및 지도
　4. 이 법의 목적 달성을 위한 교육 및 홍보의 시행
② 정부는 사업주·법인 및 기관에 대하여 유해·위험 시설의 개선과 보호 장비의 구매·종사자 건강진단 및 관리 등 중대재해 예방사업에 소요되는 비용의 전부 또는 일부를 예산의 범위에서 지원할 수 있다.
③ 정부는 제1항 및 제2항에 따른 중대재해 예방을 위한 조치 이행 등 상황 및 중대재해 예방사업 지원 현황을 반기별로 국회 소관 상임위원회에 보고하여야 한다.

## 01　정부의 중대재해 예방을 위한 조치

　정부가 중대재해를 예방하여 시민과 종사자의 안전과 건강을 확보하기 위해 이행해야 할 사항은 다음과 같다.

　① 중대재해의 종합적인 예방대책의 수립 시행과 발생원인 분석
　② 사업주, 법인 및 기관의 안전보건관리체계 구축을 위한 지원
　③ 사업주, 법인 및 기관의 중대재해 예방을 위한 기술 지원 및 지도
　④ 이 법 목적 달성을 위한 교육 및 홍보의 시행

① 정부가 사업주, 법인 및 기관에 대해 중대재해 예방사업에 소요되는 비용의 전부 또는 일부를 예산으로 지원할 수 있는 근거를 규정함. 중대재해 예방사업의 예시로서 유해 위험 시설의 개선과 보호 장비의 구매, 종사자 건강진단 및 관리 등을 규정

② 한편, 산업안전보건법은 법의 목적을 달성하기 위한 정부의 책무와 한국산업안전보건공단 등 기관에 행정적·재정적 지원을 할 수 있는 근거를 규정하고 있다(산업안전보건법 제4조).

> ① 안전보건정책의 수립·집행
> ② 산업재해 예방 지원·지도
> ③ 직장 내 괴롭힘 예방조치기준 마련, 지도 및 지원
> ④ 사업주의 자율적인 안전보건경영체제 확립 지원
> ⑤ 안전보건 홍보·교육 등 안전문화 확산 추진,
> ⑥ 안전보건 기술의 연구·개발 등
> ⑦ 산업재해 조사 및 통계 관리
> ⑧ 안전보건 관련 단체 지원 및 지도·감독
> ⑨ 노무제공자의 안전·건강 보호 증진

아울러 산업재해 예방을 위한 지방자치단체의 책무와 산업재해 예방 활동 및 이에 대한 정부의 행정적 재정적 지원 근거를 규정한다.

> • 정부 정책에 적극 협조 및 관할 지역의 산업재해 예방을 위한 대책 수립·시행
> • 산업재해 예방을 위한 자체 계획의 수립, 교육, 홍보 및 안전한 작업환경 조성을 지원하기 위한 사업장 지도 등 필요한 조치

③ 이에 따라, 중대재해처벌법과 산업안전보건법에 따른 각종 지원제도를 종합적으로 추진함으로써 종전 산업안전보건법상 사업주뿐만 아니라 경영책임자 등도 안전보건관리체계 등 산업재해를 근본적으로 예방할 수 있는 시스템을 만들 수 있도록 한다.

**03**    **국회에 대한 보고** (중대재해처벌법 제16조 3항)

정부는 중대재해 예방을 위한 조치 이행 등 상황 및 중대재해 예방사업 지원 현황을 반기별로 국회 소관 상임위원회에 보고하여야 한다.

**(1) 보고 내용**

① 중대재해 예방을 위한 조치 이행 등 상황

② 중대재해 예방사업 지원 현황

**(2) 보고 주기와 대상**

반기별로 국회 소관 상임위원회에 보고해야 하므로, 고용노동부는 고용노동부 소관 사항에 대한 보고내용을 소관 상임위원회인 환경노동위원회에 보고하여야 한다.

**(3) 시행일**

법 제16조에 따른 정부의 사업주 등에 대한 지원 및 보고 규정은 공포한 날('21.1.27)부터 시행 (법 부칙 제1조 제2항)

> 고용노동부는 최초로 「21년 상반기 중대재해 예방지원 사업 추진실적」을 환경노동위원회에 보고하였으며('21.7.6.), 매 반기별 보고 의무를 이행할 계획이다.

# 제8장

# 적용범위 및 시행일

## 01 적용 범위

적용 범위      중대재해처벌법 제3조

상시 근로자가 5명 미만인 사업 또는 사업장의 사업주(개인사업주에 한정한다.) 또는 경영책임자 등에게는 이 장의 규정을 적용하지 아니한다.

### 가. 상시 근로자 수에 따른 적용

① 중대재해처벌법은 중대산업재해에 관한 규정이 적용되는 사업 또는 사업장의 범위를 상시 근로자 수를 기준으로 정하도록 한다.

② 중대산업재해는 원칙적으로 상시 근로자가 5명 이상인 사업 또는 사업장의 경영책임자 등(개인사업주를 포함함)에게 적용된다.

### 나. 사업 또는 사업장의 개념

① 중대재해처벌법은 기업의 안전보건관리체계 미비로 인해 일어나는 중대재해 사고를 사전에 방지하기 위하여 사업을 대표하는 경영 책임자등에 대한 처벌규정을 두고 있다.

이러한 입법취지 등을 고려할 때, 법 제3조에서 말하는 사업 또는 사업장이란 경영상 일체를 이루면서 유기적으로 운영되는 기업 등 조직 그 자체를 의미하며, 사업장이 장소적으로 인접할 것을 요하지 않는다.

② 따라서, 장소적 개념에 따라 사업장 단위로 법의 적용 범위를 판단하여서는 안된다. 원칙적으로 본사와 생산업무를 담당하는

공장·학교법인 산하의 대학교와 그 부속병원은 하나의 사업 또는 사업장으로 보아야 한다.

③ 또한, 사업의 종류 영리·비영리 여부를 불문한다. 아울러 사업이 일회적이거나 사업 기간이 일시적인 경우에도 법의 적용 대상이다 (대법원 1994.10.25. 선고 94다21979 판결).

## 다. 상시 근로자 기준

### (1) 상시 근로자에 포함되는 근로자 범위

① 사업 또는 사업장의 상시 근로자란 근로기준법상 근로자를 말한다. 개인사업주나 법인 또는 기관과 기간의 정함이 없는 근로계약을 체결한 근로자, 기간제 근로자뿐만 아니라 일용근로자도 포함된다.

② 다만, 도급·용역·위탁 등 계약의 형식에 관계없이, 그 사업의 수행을 위하여 대가를 목적으로 노무를 제공하는 자, 도급·용역·위탁 등을 행한 제3자의 근로자는 안전 및 보건 확보의무 대상은 되지만, 해당 사업 또는 사업장의 상시 근로자에는 포함되지 않는다.

따라서, 상시 근로자가 5명 미만인 개인사업주나 법인 또는 기관에서 노무를 제공하는 특수형태근로종사자, 플랫폼종사자 등이 5명 이상인 경우에도 해당 사업 또는 사업장은 법의 적용대상이 아니다.

③ 도급인 소속의 상시 근로자가 5명 이상인 경우에는, 수급인 소속의 상시 근로자가 5명 미만으로 수급인이 이 법의 적용을 받지 아니하되, 도급인은 수급인과 수급인의 근로자 및 노무를 제공하는 자에 대해 안전 및 보건 확보의무를 부담해야 한다.

반대로 도급인 소속 상시 근로자는 5명 미만이지만, 수급인 소속 근로자는 5명 이상인 경우, 도급인인 개인사업주나 법인 또는 기관은 법의 적용대상이 아니지만, 수급인은 법의 적용대상이다.

④ 파견근로자는 파견 중인 근로자의 파견근로에 관하여는 사용 사업주를 산업안전보건법 제2조제4호의 사업주로 본다(파견법 제35조).

산업안전보건법 제2조(정의)
4. "사업주"란 근로자를 사용하여 사업을 하는 자를 말한다.

도급·용역·위탁 등의 관계에서만 적용되는 안전 및 보건 확보 의무를 별도로 규정하고 있는 체계 등을 고려할 때, 파견근로자는 개인사업주나 법인 또는 기관의 상시 근로자에 포함된다.

- **파견법 34조(「근로기준법」의 적용에 관한 특례)**
  ① 파견 중인 근로자의 파견근로에 관하여는 파견사업주 및 사용사업주를 「근로기준법」 제2조 제1항 제2호의 사용자로 보아 같은 법을 적용한다. 다만, 「근로기준법」 제15조부터 제36조까지, 제39조, 제41조부터 제43조까지, 제43조의2, 제43조의3, 제44조, 제44조의2, 제44조의3, 제45조부터 제48조까지, 제56조, 제60조, 제64조, 제66조부터 제68조까지 및 제78조부터 제92조까지의 규정을 적용할 때에는 파견사업주를 사용자로 보고, 같은 법 제50조부터 제55조까지, 제58조, 제59조, 제62조, 제63조, 제69조부터 제74조까지, 제74조의2 및 제75조를 적용할 때에는 사용사업주를 사용자로 본다.
- **제35조(「산업안전보건법」의 적용에 관한 특례)**
  ① 파견 중인 근로자의 파견근로에 관하여는 사용사업주를 「산업안전보건법」 제2조 제4호의 사업주로 보아 같은 법을 적용한다. 이 경우 「산업안전보건법」 제29조 제2항을 적용할 때에는 "근로자를 채용 할 때"를 "근로자파견의 역무를 제공받은 경우"로 본다.

⑤ 사무직 근로자

직무의 종류에 따른 법의 적용 제외 여부를 규정하고 있지 않으므로 해당 사업 또는 사업장의 상시 근로자가 모두 사무직인 사업 또는 사업장에도 중대재해처벌법이 적용된다.

⑥ 공무원

공무원이라는 사정만으로 근로자에 해당되지 않는 것은 아니므로, 법에서 적용을 배제하는 규정이 없는 한 상시 근로자에 포함된다.

⑦ 외국인 근로자

우리나라 사업 또는 사업장에서 노무를 제공하는 외국인의 근로계약에 대한 준거법은 우리나라 법이므로 상시 근로자 수를 산성할 때, 해당 외국인 근로자를 포함한다.

외국인 근로자가 불법으로 입국하였거나 체류자격이 만료된 불법 체류자인지 여부는 상시 근로자 여부 판단과 관계없다.

## (2) 상시 근로자 수 산정방법

① 먼저 **상시**라는 말의 의미는 **상태**(常態)라고 하는 의미로서 근로자의 수가 때때로 5명 미만이 되는 경우가 있어도 사회통념에 의하여 객관적으로 판단하여 상태적으로 5명 이상이 되는 경우에는 상시 근로자가 5명 이상 사업 또는 사업장에 해당한다.

여기의 근로자에는 해당 사업장에 계속 근무하는 근로자뿐만 아니라 그때그때의 필요에 의하여 사용하는 일용근로자를 포함한다.

(대법원 2000. 3. 14. 선고 99도1243 판결)

② '22.1.27. 법 시행 후 개인사업주나 법인 또는 기관의 상시 근로자 수가 5명 이상이 된 날부터 법이 적용되어 개인사업주나 법인 또는 기관의 경영책임자 등에게는 법 제4조 및 제5조에 따른 안전 및 보건 확보의무가 발생한다.

다만, 법 제6조의 적용에서는 개인사업주 또는 경영책임자가 법 제4조 또는 제 5조를 위반하여 중대산업재해가 발생하여야 하므로 중대산업재해가 발생한 날에도 상시 근로자 수가 5명 이상이어야 한다.

> ─ 부칙 제1조 **시행일** ─
>
> 이 법은 공포 후 1년이 경과한 날부터 시행한다. 다만, 이 법 시행 당시 개인사업자 또는 상시 근로자가 50명 미만인 사업 또는 사업장(건설업의 경우에는 공사금액 50억원 미만의 공사)에 대해서는 공포 후 3년이 경과한 날부터 시행한다.

## 가. 원칙

이 법은 공포 후 1년이 경과한 날인 '22.1.27.부터 시행한다.

## 나. 예외

다만, 이 법 시행 당시(2022.1.27.)

① 개인사업주

② 상시 근로자가 50명 미만인 사업 또는 사업장

③ 건설업의 공사금액 50억원 미만의 공사

① ② ③의 사항은 법 공포 후 3년이 경과한 '24.1.27.부터 시행 '24.1.26.까지의 기간 동안, 상시 근로자 수가 50명 이상이 된 법인 또는 기관의 경우 그 시점부터 법의 적용대상에 해당한다. 개인사업주에 대해서는 부칙 제1조 단서에 따라 상시 근로자 수에 관계없이 '24.1.27.부터 법이 적용된다. 법인 또는 기관에 대해서는 '22.1.27.이후부터 '24.1.26.까지의 기간 동안 상시 근로자가 50명 이상이 되는 날부터 법이 적용된다.

건설업의 경우는, 예외적으로 사업 또는 사업장에 갈음하여 개별 건설공사를 단위로 시행일을 규정하였으므로, 상시 근로자 수에 관계없이 금액이 50억원 이상인 건설공사에 대해서는 '22.1.27.부터, 50억원 미만인 건설공사는 '24.1.27.부터 이 법이 적용되어 경영책임자의 안전 및 보건 확보의무가 발생한다.

## 다. 구체적인 사례 판단

### (1) 개인사업주가 법인 또는 기관으로 전환한 경우

개인사업주가 '22.1.27.이후 상시 근로자가 50명 이상인 법인 또는 기관으로 전환한 경우: 그 전환한 날부터 해당 법인 또는 기관에 대해 법이 적용된다.

### (2) '22.1.27. 이후 새롭게 사업을 영위하거나 타인의 노무를 제공받아 사업을 하는 개인사업주 또는 법인 또는 기관인 경우

개인사업주는 '24.1.27.부터, 법인 또는 기관은 상시 근로자가 50명 이상이 된 때부터 법의 적용대상이다.

### (3) 법인 또는 기관의 상시 근로자 규모가 변하는 경우

① 법인 또는 기관이 '22.1.27. 딩시에는 상시 근로자가 50명 미만이 었으나, '22. 1. 27. 이후 상시 근로자가 50명 이상이 된 경우: 상시 근로자가 50명 이상이 된 때부터 법의 적용대상이다.

② '22.1.27. 당시에 상시 근로자가 50명 이상이었다가 이후 상시 근로자가 50명 미만이 된 경우에는 '22.1.27. 당시에 상시 근로자가 50명 이상인 경우 법의 적용 대상이지만, 중대산업재해 발생일에 상시 근로자가 50명 미만인 경우 법 제6조의 적용대상에는 해당되지 않으며, '24.1.27.부터 법의 적용대상이다.

# 제9장

# 중대산업재해 등 질의 회시

[출처 : 중대재해처벌법 중대산업재해 질의회시집-고용노동부 산업안전보건본부]

※ 세부 내용은 고용노동부 산업안전본부에서 2023년 5월에 발간한 중대재해처벌법 중대산업재해 질의 회시집을 활용바람.

## 중대산업재해 관련 질의 회시

1. 「중대재해처벌법」 제2조제2호나목 "동일한 사고" 판단 기준
2. 치료기간에 물리치료기간도 포함되는 여부
3. 장해가 발생한 경우 "6개월 이상 치료가 필요"경우에 해당되는지 여부
4. 근로복지공단의 "업무상 질병 사망"인정 시 중대산업재해 인정 여부
5. 직업성 질병자 "1년 이내에 3명 이상 발생"에 대한 판단 기준
6. 건설회사의 여러 현장에서 직업성 질병자가 발생한 경우 3명 이상 발생 여부에 대한 판단 기준
7. 직업성 질병자가 발생한 경우 유발물질의 사용기간이 「중대재해처벌법」의 위반 여부에 영향을 미치는지 여부
8. 직업성 질병자 발생과 관련하여 "동일한 유해요인"에 대한 판단 기준
9. 교통사고도 중대산업재해에 해당하는지 여부
10. 과로사가 중대산업재해에 해당하는지 여부

## 종사자 관련 질의 회시

1. 도급계약이 여러 단계에 걸쳐 체결된 경우 최종단계의 하수급인에 대한 안전 및 보건 확보의무가 있는지 여부
2. 수급인데 대한 도급인의 안전 및 보건 확보의무 여부
3. 수급인과 계약한 종사자 사망 시 도급인에게도 책임이 있는지 여부
4. 시설을 유지관리 · 운영하는 사업자도 종사자인지 여부
5. 임대인과 시설 유지 · 보수 계약을 체결한 관리업체의 종사자에 대하여 임차인에게 안전 및 보건 확보의무가 있는지 여부
6. 지입차량(개인사업자) 운전기사의 운송 중 사망사고에 대한 적용 여부
7. 환경지킴이가 종사자에 해당하는지 여부
8. 선원의 사망에 대한 「중대재해처벌법」 상 경영책임자 판단

## 경영책임자 관련 질의 회시

1. 사업장에서 중대산업재해 발생 시 「중대재해처벌법」상 경영책임자 판단
2. 지방의회 소속 종사자에 대한 경영책임자 판단
3. 지방공기업의 경영책임자 판단
4. 공기업의 장이 안전보건관리책임자로 선임되어야 하는지 여부
5. 상수도사업소 경영책임자 판단
6. 중앙행정기관이 발주한 건설공사에서 경영책임자 판단
7. 건설공사를 공동도급하는 경우 경영책임자 판단
8. 건물 관리업무를 위탁받은 업체의 종사자에 대한 경영책임자 판단
9. 하나의 법인에 사업부별 대표이사가 선임된 경우 경영책임자 판단
10. 합작회사의 경우 경영책임자 판단
11. 독립채산 사업소 소장이 경영책임자인지 여부
12. 임대인과 임차인 중 수급인 종사자에 대한 경영책임자 판단
13. 국가 행정재산을 사용허가 받아 운영하는 경우 경영책임자 판다.
14. 국유재산을 사용허가 받아 사용·수익하고 있는 사업장의 경영책임자 판단
15. 대학 내 산학협력단의 경영책임자 판단
16. 지방자치단체 학교안전공제회의 경영책임자 판단
17. 재단 신하 부설유치원의 경영책임자 판단
18. 부설 학교의 경영책임자 판단
19. 공동수급계약으로 사업을 운영하는 경우 경영책임자 판단
20. 별도 법인 계열사의 경영책임자 판단

## 적용 범위 관련 질의 회시 [사업 또는 사업장]

1. 사립대학교도 법 적용 대상인지 여부
2. 항공기사용사업에 대한 「중대재해처벌법」 적용 여부

## 상시 근로자 산정 관련 질의 회시

1. 2개 법인의 대표이사가 같은 경우 상시 근로자 판단
2. 수급인의 상시 근로자가 5명 미만인 경우 도급인의 법 적용 판단
3. 상시 근로자 산정 시 골프장 캐디 포함 여부
4. 싱시 근로자 산정 시 국외에서 승·하선하는 외국 선원 포함 여부
5. 상시 근로자 산정 시 사내 협력업체 인원은 제외되는지 여부

## 중대산업 재해 사업주와 경영책임자 등의 처벌 관련 질의 회시

1. 건설공사 분리 발주 현장에서 「중대재해처벌법」 제6조의 대상
2. 건설공사 공동도급(공동이행방식) 시 「중대재해처벌법」 제6조의 대상
3. 건설공사 공동도급(공동이행방식, 분담이행방식) 시 「중대재해처벌법」 제6조의 대상
4. 사업을 대표하고 사업을 총괄 관리하는 사람이 2명 이상인 경우 「중대재해처벌법」 제6조의 대상 판단
5. 해외 사업장에서의 「중대재해처벌법」의 적용 여부
6. 해외출장 직원 등에게 중대산업재해 발생시 「중대재해처벌법」 상 처벌 여부
7. K-테스트베드사업에 대한 「중대재해처벌법」 제6조의 대상 판단

## 교육 및 서류·문서 등 관리

1. 경영책임자 안전보건교육의 구체적인 내용
2. 「중대재해처벌법」 상 서류 보존기한과 타 법령상 서류 보존기한이 다를 때 서류 보존기한 판단
3. 모바일 앱으로 의무를 이행해도 되는지 여부
4. 대표이사의 서명이 반드시 있어야하는지 여부
5. 의무 이행과 관련된 서류를 별도로 작성해야 하는지 여부

## 부칙 관련 질의 회시 내용

1. 법인회사가 제조업과 건설업을 모두 운영하는 경우 법 시행시기 판단 기준
2. 「중대재해처벌법」 부칙 제1조의"건설업"의 범위
3. 「중대재해처벌법」 부칙 제1조의 상시 근로자 산정 방식
4. 상시 근로자 산정 시 병가자 포함 여부
5. 「중대재해처벌법」 부칙 제1조에 따른 공사금액 계산 기준
6. 「중대재해처벌법」 부칙 제1조 공사금액 판단 기준일
7. 현장 1개소만 50억원 이상이면 모든 현장이 법 적용 대상인지 여부
8. 장기계속공사의 경우 공사금액 판단 기준
9. 분리발주 된 공사에서 공사금액 판단 기준
10. 단가계약 공사의 경우 공사금액 산정방식

## 그 밖의 질의 회시 내용

1. "공사금액" 판단시 관급자재비 포함 여부에 관한 검토
2. 「중대재해처벌법」 부칙 조항의"건설업" 적용 관련 검토
3. 건설공사에서 "「중대재해처벌법」 상 시설·장비·장소 등에 대한 실질적인 지배·운영·관리하는 책임이 있는 경우"에 대한 해석
4. 건설공동수급체 「산업안전보건법」 및 「중대재해처벌법」 적용 검토
5. 지입차주(개인사업주) 사망 시 중대산업재해에 해당하는지 여부

# 제1장

# 사업주 및 경영책임자 등의 안전·보건 의무

## 01 안전·보건 확보 의무 개요

### (1) 법적 근거

**안전·보건확보 의무** 　　　　　　　　　중대재해처벌법 제4조

① 사업주 또는 경영책임자 등은 사업주나 법인 또는 기관이 실질적으로 지배·운영·관리하는 사업 또는 사업장에서 종사자의 안전·보건상 유해 또는 위험을 방지하기 위하여 그 사업 또는 사업장의 특성 및 규모 등을 고려하여 다음 각 호에 따른 조치를 하여야 한다.

　1. 재해예방에 필요한 인력 및 예산 등 안전보건관리체계의 구축 및 그 이행에 관한 조치 [제3편]
　2. 재해 발생 시 재발방지 대책의 수립 및 그 이행에 관한 조치 [제2편]
　3. 중앙행정기관·지방자치단체가 관계 법령에 따라 개선, 시정 등을 명한 사항의 이행에 관한 조치 [제2편]
　4. 안전·보건 관계 법령에 따른 의무이행에 필요한 관리상의 조치 [제4편]

② 제1항제1호·제4호의 조치에 관한 구체적인 사항은 대통령령으로 정한다.

---

**안전·보건 활동 시 고려사항**

① 원칙 : 사업주나 법인 또는 기관이 제3자에게 도급·용역·위탁 등을 행한 경우에 제3자에 대해 법 제4조의 안전보건확보 조치의무 있음(사업주 또는 경영책임자 등)
② 예외 : 사업주나 법인 또는 기관이 도급 등을 한 시설·장비·장소 등에 대하여 실질적으로 지배·운영·관리하는 책임이 없는 경우
③ 관리 대상 : 평상 시와 비상 시 관리
④ 관리 대상작업 : 정형 작업(일상작업)과 비정형작업(긴급·비정형·간헐적 작업)

## (2) 안전·보건 확보 의무 관련 법령 체계 (법 제4조)

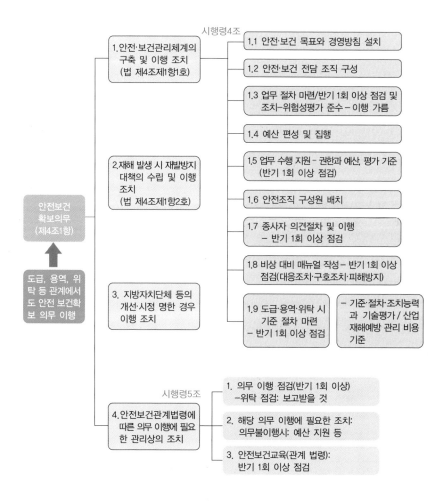

시행령4조

**1.안전·보건관리체계의 구축 및 이행 조치 (법 제4조제1항1호)**
- 1.1 안전·보건 목표와 경영방침 설치
- 1.2 안전·보건 전담 조직 구성
- 1.3 업무 절차 마련/반기 1회 이상 점검 및 조치-위험성평가 준수 - 이행 가름
- 1.4 예산 편성 및 집행
- 1.5 업무 수행 지원 - 권한과 예산, 평가 기준 (반기 1회 이상 점검)
- 1.6 안전조직 구성원 배치
- 1.7 종사자 의견절차 및 이행 – 반기 1회 이상 점검
- 1.8 비상 대비 매뉴얼 작성 – 반기 1회 이상 점검(대응조치·구호조치·피해방지)
- 1.9 도급·용역·위탁 시 기준 절차 마련 – 반기 1회 이상 점검 — 기준·절차·조치능력과 기술평가 / 산업재해예방 관리 비용 기준

**2.재해 발생 시 재발방지 대책의 수립 및 이행 조치 (법 제4조제1항2호)**

**3. 지방자치단체 등의 개선·시정 명한 경우 이행 조치**

안전보건 확보의무 (제4조1항)

도급, 용역, 위탁 등 관계에서도 안전 보건확보 의무 이행

시행령5조

**4.안전보건관계법령에 따른 의무 이행에 필요한 관리상의 조치**
- 1. 의무 이행 점검(반기 1회 이상) –위탁 점검: 보고받을 것
- 2. 해당 의무 이행에 필요한 조치: 의무불이행시: 예산 지원 등
- 3. 안전보건교육(관계 법령): 반기 1회 이상 점검

① 중대재해처벌법은 개인사업주 또는 경영책임자 등에게 개인사업주나 법인 또는 기관이 실질적으로 지배·운영·관리하는 사업 또는 사업장에서 일하는 모든 종사자에 대한 안전 및 보건 확보의무를 부과한다.

② 법 제6조는 개인사업주 또는 경영책임자 등이 법 제4조 및 제5조에 따른 안전 및 보건 확보의무를 위반하여 중대산업재해에 이르게 한 경우 처벌하므로 안전 및 보건 확보의무는 중대재해처벌법의 핵심사항이다.

③ 사업 또는 사업장에서 종사자의 안전·보건상 유해 또는 위험을 방지하기 위해 사업 또는 사업의 특성 및 규모 등을 고려하여 조치해야 하는 안전 및 보건 확보의무는 다음과 같다.

   ㉮ 재해예방에 필요한 안전보건관리체계의 구축 및 이행

   ㉯ 재해 발생 시 재발 방지 대책의 수립 및 이행

   ㉰ 중앙행정기관 지방자치단체가 관계 법령에 따라 개선·시정 등을 명한 사항의 이행

   ㉱ 안전·보건 관계 법령에 따른 의무이행에 필요한 관리상 조치

**03** 보호 대상

안전·보건상 유해 또는 위험의 방지는 종사자를 대상으로 하며 종사자는

   ① 개인사업주나 법인 또는 기관이 직접 고용한 근로자

   ② 도급, 용역, 위탁 등 계약의 형식에 관계없이 대가를 목적으로 노무를 제공하는 자

   ③ 각 단계별 수급인, 수급인의 근로자와 수급인에게 대가를 목적으로 노무를 제공하는 자 모두를 포함하는 개념

## 개인사업주나 법인 또는 기관이 실질적으로 지배·운영·관리하는 사업 또는 사업장

① 개인사업주나 법인 또는 기관이란, 사업주로서 자신의 사업을 영위하는 자, 타인의 노무를 제공받아 사업을 하는 자로 사업 운영에 따른 경영상 이익의 귀속 주체를 의미한다.

② 실질적으로 지배 · 운영 · 관리하는이란, 하나의 사업 목적 하에 해당 사업 또는 사업장의 조직 인력 예산 등에 대한 결정을 총괄하여 행사하는 경우를 의미한다.

③ 개인사업주 또는 경영책임자 등은 개인사업주나 법인 또는 기관이 실질적으로 지배·운영·관리하는 사업 또는 사업장의 종사자라면 계약의 형식에 관계없이 대가를 목적으로 노무를 제공하는 자, 각 단계별 수급인 그리고 수급인의 근로자와 수급인에게 대가를 목적으로 노무를 제공하는 자 모두의 안전과 건강을 위하여 안전 및 보건 확보의무를 이행하여야 한다.

---

### [산안법 시행령 제13조] 이사회 보고·승인 대상 회사 등

① 법 제14조제1항에서 "대통령령으로 정하는 회사"란 다음 각 호의 어느 하나에 해당하는 회사를 말한다.
  1. 상시근로자 500명 이상을 사용하는 회사
  2. 「건설산업기본법」 제23조에 따라 평가하여 공시된 시공능력(같은 법 시행령 별표 1의 종합공사를 시공하는 업종의 건설업종란 제3호에 따른 토목건축공사업에 대한 평가 및 공시로 한정한다)의 순위 상위 1천위 이내의 건설회사

② 법 제14조제1항에 따른 회사의 대표이사(「상법」 제408조의2제1항 후단에 따라 대표이사를 두지 못하는 회사의 경우에는 같은 법 제408조의5에 따른 대표집행임원을 말한다)는 회사의 정관에서 정하는 바에 따라 다음 각 호의 내용을 포함한 회사의 안전 및 보건에 관한 계획을 수립해야 한다.
  1. 안전 및 보건에 관한 경영방침
  2. 안전·보건관리 조직의 구성·인원 및 역할
  3. 안전·보건 관련 예산 및 시설 현황
  4. 안전 및 보건에 관한 전년도 활동실적 및 다음 연도 활동계획

# 제2장

# 재해 발생 시 재발방지 대책의 수립 및 이행 조치

## 01 재발방지대책의 수립 및 이행 개요

① 개인사업주 또는 경영책임자 등은  재해 발생 시 사업 또는 사업장의 특성 및 규모 등을 고려하여 재발방지 대책을 수립하고 이행될 수 있도록 하여야 한다.

② 개인사업주 또는 경영책임자 등은 사업 또는 사업장에 재해가 발생하면 그 원인을 조사함은 물론 그 결과를 분석하고 보고받아야 하며, 향후 재발 방지를 위한 현장실무자와 안전·보건에 관한 전문가 등의 의견을 듣는 등의 절차를 거쳐 재해 원인의 근본적 해소를 위한 체계적 대응조치를 마련하여 실행하여야 한다.

## 02 재해의 해석 : 재해 vs 중대재해 vs 중대산업재해

이때 재해는 반드시 중대산업재해만을 의미하는 것은 아니고 경미하더라도 반복되는 산업재해도 포함하는 개념이다.

사소한 사고도 반복되면 큰 사고로 이어질 위험이 있으므로 경미한 산업재해라 하더라도 그 원인 분석 및 재발방지 조치를 통해 중대 산업재해를 초기에 예방할 필요가 있다.

> \* **하인리히 법칙**(1 : 29 : 300의 법칙)
> - 어떤 대형사고가 발생하기 전에는 그와 관련된 수십 차례의 경미한 사고와 수백번의 징후들이 반드시 나타난다는 것을 뜻하는 통계적 법칙
> - 큰 재해는 항상 사소한 것들을 방치할 때 발생하므로 문제나 오류를 초기에 신속히 발견해 대처해야 한다는 의미로 사용

**※ 스위스 치즈 이론(Swiss Cheese Model)**

- 보통 사고는 사고 이전에 오래전부터 사고 발생과 관련한 전조가 있게 마련이다. 사고방지를 위한 안전장치 등 방지체계가 잘 작동하면 휴먼 에러와 사고는 방지될 수 있지만 방지체계나 인간은 완벽하지 않기에 결함(치즈의 구멍)이 있게 마련이고, 그것이 최종적인 사고로 이어지게 된다.
- 사고의 방지를 위해서는 안전장치와 방치체계(시스템)들의 결함을 최소화하여, 인간이 에러 발생을 최소화하는 것을 목표로 한다.

## 03 재발방지 대책의 수립 및 그 이행에 관한 조치

① 개인사업주 또는 경영책임자 등은 재해가 발생한 경우, 이를 보고받을 수 있는 절차를 마련하고, 재해발생 사실을 보고받은 경우에는, 재해의 재발방지 대책을 수립하도록 지시하거나 이를 제도화 하여야 한다.

② 재해 발생 시 재발방지 대책 수립은 이미 발생한 재해에 관한 사후 조치를 전제로 하는 것으로서 발생한 재해에 대한 조사와 결과 분석, 현장 담당자 및 전문가의 의견 수렴 등을 통해 유해·위험요인과 발생 원인을 파악하고, 동일·유사한 재해가 발생하지 않도록 파악된 유해·위험요인별 제거·대체 및 통제 방안을 검토하여 종합적인 개선 대책을 수립하는 일련의 조치를 말한다.

③ 재발방지 대책의 수립 및 그 이행은 재해의 규모·위험도, 사업 또는 사업장의 특성 및 규모 등을 고려하여 이루어져야 하며 시행령 제4조제3호의 유해 위험요인의 확인·개선 절차 등에 반영될 수 있도록 설계되어야 한다.

### 재발방지 대책 관련 질의 회시 (중대산업재해감독과-3228, 2022.08.22.)

1. 특히, 재해의 성격이 사망사고로 이어질 수 있는 높은 위험성을 가지고 있으나 이를 근본적으로 해결하기 위해서는 상당한 기간과 예산이 투입되는 경우라면, 근본적인 해결책을 마련하는 절차를 진행함과 동시에 당장에 발생할 수 있는 사고를 막기 위한 임시적 조치(출입제한조치, 작업허가제 등)를 시행하여 중대산업재해로 이어질 수 있는 가능성을 통제해야 할 것임.

2. 「중대재해처벌법」 제4조제1항제2호에서의 재해는 반드시 중대산업재해만을 의미하는 것은 아니고 경미하더라도 반복되는 산업재해도 포함하는 개념임.

## 04 사고 요인의 위험성평가 대상에 포함 사항

[사업장 위험성평가에 관한 지침/ 고용노동부 고시 제2023-19호]

### 위험성평가의 대상

제5조의 2

② 사업주는 사업장 내 부상 또는 질병으로 이어질 가능성이 있었던 상황(이하 "아차사고"라 한다)을 확인한 경우에는 해당 사고를 일으킨 유해·위험요인을 위험성평가의 대상에 포함시켜야 한다.

③ 사업주는 사업장 내에서 법 제2조제2호의 중대재해가 발생한 때에는 지체 없이 중대재해의 원인이 되는 유해·위험요인에 대해 제15조제2항의 위험성평가를 실시하고, 그 밖의 사업장 내 유해·위험요인에 대해서는 제15조제3항의 위험성평가 재검토를 실시하여야 한다.

### 위험성평가의 실시 시기

제15조

- 제2항 단서 조항:
  다만, 제5호에 해당하는 경우에는 재해발생 작업을 대상으로 작업을 재개하기 전에 실시하여야 한다.
5호 : 중대산업사고 또는 산업재해(휴업 이상의 요양을 요하는 경우에 한정한다) 발생

### 안전보건관리체계 구축 컨설팅 실무

▫ 컨설턴트는 1회차 사업장 컨설팅 시에 사업장의 산업재해 발생 여부를 파악하여, 재해재발 방지대책 수립 및 위험성 평가에 반영 여부를 확인하고, 미이행 시에는 해당 사고를 일으킨 유해·위험요인을 포함하여 위험성평가를 실시하는 컨설팅을 수행해야 함.

▫ 또한, 현장의 작업점에서 각종 기계·기구·설비·물질·유해 작업 환경 등에 밀착작업 근로자의 아차사고 사례를 적극 도출하여 위험성평가 실시한 후, 위험성평가 내용을 공유하는 근로자 참여가 중요함.

---

시행규칙 제72조  **산업재해 기록 등 - 재해 재발방지 대책 관련**

사업주는 산업재해가 발생한 때에는 법 제57조 제2항에 따라 다음 각 호의 사항을 기록·보존해야 한다. 다만, 제73조 제1항에 따른 산업재해조사표의 사본을 보존하거나 제73조 제5항에 따른 요양신청서의 사본에 재해 재발방지 계획을 첨부하여 보존한 경우에는 그렇지 않다.
1. 사업장의 개요 및 근로자의 인적사항
2. 재해 발생의 일시 및 장소
3. 재해 발생의 원인 및 과정
4. 재해 재발방지 계획

---

[참조] 중대산업사고 등 공표대상 사업장(시행령 제10조)

① 법 제10조제1항에서 "**대통령령으로 정하는 사업장**"이란 다음 각 호의 어느 하나에 해당하는 사업장을 말한다.
1. 산업재해로 인한 사망자(이하 "사망재해자"라 한다)가 연간 2명 이상 발생한 사업장
2. 사망만인율(死亡萬人率: 연간 상시근로자 1만명당 발생하는 사망재해자 수의 비율을 말한다)이 규모별 같은 업종의 평균 사망만인율 이상인 사업장
3. 법 제44조제1항 전단에 따른 중대산업사고가 발생한 사업장
4. 법 제57조제1항을 위반하여 산업재해 발생 사실을 은폐한 사업장
5. 법 제57조제3항에 따른 산업재해의 발생에 관한 보고를 최근 3년 이내 2회 이상 하지 않은 사업장

② 제1항제1호부터 제3호까지의 규정에 해당하는 사업장은 해당 사업장이 관계수급인의 사업장으로서 법 제63조에 따른 도급인이 관계수급인 근로자의 산업재해 예방을 위한 조치의무를 위반하여 관계수급인 근로자가 산업재해를 입은 경우에는 도급인의 사업장(도급인이 제공하거나 지정한 경우로서 도급인이 지배·관리하는 제11조 각 호에 해당하는 장소를 포함한다. 이하 같다)의 법 제10조제1항에 따른 산업재해발생건수 등을 함께 공표한다.

# 중앙행정기관·지방자치단체가 관계 법령에 따라 개선·시정 등을 명한 사항의 이행에 관한 조치

## 01 개요

① 개인사업주 또는 경영책임자 등은 중앙행정기관, 지방자치단체가 종사자의 안전·보건상 유해 또는 위험을 방지하기 위해 관계 법령상의 개선 또는 시정을 명하였다면 이를 이행하여야 한다.

② 중앙행정기관, 지방자치단체가 개선 또는 시정을 명한 사항이 이행되지 않은 경우에는 해당 법령에 따른 처분과는 별개로 개선·시행명령의 미이행으로 인해 중대산업재해가 발생하였다면 법 제6조에 따른 처벌 대상이 될 수 있다.

## 02 중앙행정기관 및 지방자치단체가 개선·시정 명령

① 중앙행정기관 또는 지방자치단체가 관계 법령에 따라 시행한 개선 시정명령을 의미하며 원칙적으로 서면으로 시행 되어야 한다.

> [행정절차법 제24조] 행정청이 처분을 할 때에는 다른 법령 등에 특별한 규정이 있는 경우를 제외하고는 문서로 하여야 한다.

② 개선 또는 시정명령은 행정처분을 의미하고, 행정지도나 권고, 조언은 포함되지 않는다. 아울러 중앙행정기관 또는 지방자치단체가 안전 및 보건 확보와 무관한 내용에 대해 개선, 시정 등을 명한 사항도 중대재해처벌법의 규율대상으로 보기 어렵다.

③ 중앙행정기관, 지방자치단체의 행정처분이 이루어진다면, 그 사실은 물론 그 구체적인 내용에 대하여 개인사업주 또는 경영책임자 등에게 보고되는 시스템을 구축하여야 한다.

## 고용노동부장관의 시정조치 등     산업안전보건법 제53조

① 고용노동부장관은 사업주가 사업장의 건설물 또는 그 부속건설물 및 기계·기구·설비·원재료(이하 "기계·설비등"이라 한다)에 대하여 안전 및 보건에 관하여 고용노동부령으로 정하는 필요한 조치를 하지 아니하여 근로자에게 현저한 유해·위험이 초래될 우려가 있다고 판단될 때에는 해당 기계·설비등에 대하여 사용중지·대체·제거 또는 시설의 개선, 그 밖에 안전 및 보건에 관하여 고용노동부령으로 정하는 필요한 조치(이하 "시정조치"라 한다)를 명할 수 있다.

② 제1항에 따라 시정조치 명령을 받은 사업주는 해당 기계·설비 등에 대하여 시정조치를 완료할 때까지 시정조치 명령 사항을 사업장 내에 근로자가 쉽게 볼 수 있는 장소에 게시하여야 한다.

③ 고용노동부장관은 사업주가 해당 기계·설비 등에 대한 시정조치 명령을 이행하지 아니하여 유해·위험 상태가 해소 또는 개선되지 아니하거나 근로자에 대한 유해·위험이 현저히 높아질 우려가 있는 경우에는 해당 기계·설비등과 관련된 작업의 전부 또는 일부의 중지를 명할 수 있다.

④ 제1항에 따른 사용중지 명령 또는 제3항에 따른 작업중지 명령을 받은 사업주는 그 시정조치를 완료한 경우에는 고용노동부장관에게 제1항에 따른 사용중지 또는 제3항에 따른 작업중지의 해제를 요청할 수 있다.

⑤ 고용노동부장관은 제4항에 따른 해제 요청에 대하여 시정조치가 완료되었다고 판단될 때에는 제1항에 따른 사용중지 또는 제3항에 따른 작업중지를 해제하여야 한다.

## 중대재해 원인조사 등     산업안전보건법 제56조

① 고용노동부장관은 중대재해가 발생하였을 때에는 그 원인 규명 또는 산업재해 예방대책 수립을 위하여 그 발생 원인을 조사할 수 있다.

② 고용노동부장관은 중대재해가 발생한 사업장의 사업주에게 안전보건개선 계획의 수립·시행, 그 밖에 필요한 조치를 명할 수 있다.

[경기도 안전보건조례 제9조]

① 환경분야 공공시설 공사의 산업재해 예방을 위한 정책
② 산업재해 예방과 노동안전보건을 위한 지방정책연구
③ 산업재해 예방을 위한 사업주 및 노동자 교육
④ 안전의식을 높이기 위한 민간 노동안전지킴이 운영
⑤ 중소기업의 안전보건관리에 관한 현장지도 및 점검
⑥ 위험성평가, 유해위험요인 관리대장의 작성 등 취약사업장에 대한
　안전보건 컨설팅 지원 사업
⑦ 노동안전보건 인터넷 게시판 운영을 통한 유해화학물질 정보 및
　노동안전 보건 규정 등의 공개
⑧ 산업재해 관련 법규 위반행위의 신고, 법률 및 보건 상담 등에
　대한 지원
⑨ 산업재해 노동자의 치료와 재활 지원을 위한 유관기관과의 협력
⑩ 기타 도지사가 산업재해 예방과 감소 및 노동안전보건을 위해
　필요하다고 인정하는 사항

# 제4장

# 질의 회시 및 안전문화지수

## 01 안전보건관계 법령 등 관련 질의 회시

### 재발방지대책 수립 및 이행조치 관련 질의 회시

재해 발생 시 재발방지 대책의 수립 및 그 이행에 관한 조치의 구체적인 방법

### 안전보건관계 법령 관련 질의 회시

1. 「건설기술진흥법」이 안전·보건 관계 법령에 해당하는지 여부
2. 「건설산업기본법」이 안전·보건 관계 법령에 해당하는지 여부
3. 「근로기준법」이 안전·보건 관계 법령에 해당하는지 여부

### 관리상의 조치 관련 질의 회시

1. 경영책임자가 직접 의무 이행에 대한 점검을 해야 하는지 여부
2. 반기 1회 이상 점검의 주기
3. 안전·보건에 관한 교육의 위탁점검 가능성
4. 안전·보건 관계 법령에 따른 관리상의 조치 이행의 구체적인 방법
5. 「중대재해처벌법」 제4조의 안전 및 보건 확보 의무를 위탁할 수 있는지 여부

◎ 다음 빈칸에 들어갈 수 있는 적절한 표현을 선택하시고, 동의하는 정도에 따라 점수에 **체크(v)** 해주세요

| 문 항 | | | | | | |
|---|---|---|---|---|---|---|
| 1. 우리 회사는 생산성만큼 안전을 중요하다고 "_____." | | | | | | |
| 생각하지 않는다 | 매우 ① | 대체로 ② | 중립 ③ | 대체로 ④ | 매우 ⑤ | 생각한다 |
| 2. 우리 회사는 안전을 위해 필요한 인력과 장비, 예산 투입에 "_____." | | | | | | |
| 소극적이다 | 매우 ① | 대체로 ② | 중립 ③ | 대체로 ④ | 매우 ⑤ | 적극적이다 |
| 3. 우리 회사는 생산 일정이 촉박할 때에도 작업 전 안전점검회의와 안전조치를 "_____." | | | | | | |
| 시행하지 않는다 | 매우 ① | 대체로 ② | 중립 ③ | 대체로 ④ | 매우 ⑤ | 시행한다 |
| 4. 다수의 작업자는 작업 중 위험을 감지하였을 때 작업을 즉시 "_____." | | | | | | |
| 중지하지 않는다 | 항상 ① | 대부분 ② | 중립 ③ | 대부분 ④ | 항상 ⑤ | 중지한다 |
| 5. 우리 회사는 지난 해의 문제점을 분석하여 매년 새로운 안전목표를 수립하는데 "_____." | | | | | | |
| 형식적이다 | 매우 ① | 대체로 ② | 중립 ③ | 대체로 ④ | 매우 ⑤ | 체계적이다 |
| 6. 다수의 작업자는 작업 현장의 돌출부에 걸려 넘어졌으나 다치지 않았을 경우 사고로 "_____." | | | | | | |
| 보고하지 않는다 | 항상 ① | 대부분 ② | 중립 ③ | 대부분 ④ | 항상 ⑤ | 보고한다 |
| 7. 우리 회사는 작업표준에 기반하여 위험성을 평가하고 안전매뉴얼에 반영하는 활동이 "_____." | | | | | | |
| 부족한 편이다 | 항상 ① | 대부분 ② | 중립 ③ | 대부분 ④ | 항상 ⑤ | 잘 이루어지는 편이다 |
| 8. 우리 회사의 리더들은 안전에 대한 전문성을 가지고 안전 문제에 솔선수범 "_____." | | | | | | |
| 하지 않는다 | 매우 ① | 대체로 ② | 중립 ③ | 대체로 ④ | 매우 ⑤ | 한다 |
| 9. 우리 회사의 안전교육 내용은 "_____." | | | | | | |
| 형식적이고 현업에 활용이 어렵다 | 매우 ① | 대체로 ② | 중립 ③ | 대체로 ④ | 매우 ⑤ | 체계적이며 현장감이 있는 편이다 |
| 10. 다수의 작업자는 안전교육 시 "_____." | | | | | | |
| 형식적으로 참석하는 편이다 | 매우 ① | 대체로 ② | 중립 ③ | 대체로 ④ | 매우 ⑤ | 적극적으로 배우기 위해 노력하는 편이다 |
| 11. 우리 회사는 작업 중 발견되어 보고된 불안전 요소의 조치에 "_____." | | | | | | |
| 느리고 답변이 없을 수도 있다 | 매우 ① | 대체로 ② | 중립 ③ | 대체로 ④ | 매우 ⑤ | 빠르고 체계적이다 |
| 12. 우리 회사는 안전 관련 내용의 구성원 간 소통에 있어 "_____." | | | | | | |
| 자유롭지 않다 | 매우 ① | 대체로 ② | 중립 ③ | 대체로 ④ | 매우 ⑤ | 자유롭다 |
| 13. 우리 회사는 안전관련 소통을 위해 온/오프라인의 효율적인 창구가 "_____." | | | | | | |
| 부족하며 활용되지 않는다 | 매우 ① | 대체로 ② | 중립 ③ | 대체로 ④ | 매우 ⑤ | 다양하며 적극 활용되고 있다 |
| 14. 우리 회사는 안전 행동 증진을 위해 포상, 칭찬, 성과급 등의 적절한 동기부여가 "_____." | | | | | | |
| 없다 | 매우 ① | 대체로 ② | 중립 ③ | 대체로 ④ | 매우 ⑤ | 있다 |

# 제1장

# 안전·보건관리체계 구축과 이행

## ❑ 사업주와 경영책임자 등의 안전 및 보건 확보 의무

**사업주와 경영책임자 등의 안전 및 보건 확보의무** 중대재해처벌법 제4조

① 사업주 또는 경영책임자 등은 사업주나 법인 또는 기관이 실질적으로 지배·운영·관리하는 사업 또는 사업장에서 종사자의 안전·보건상 유해 또는 위험을 방지하기 위하여 그 사업 또는 사업장의 특성 및 규모 등을 고려하여 다음 각 호에 따른 조치를 하여야 한다.

1. 재해예방에 필요한 인력 및 예산 등 안전보건관리체계의 구축 및 그 이행에 관한 조치 [제3편]
2. 재해 발생 시 재발방지 대책의 수립 및 그 이행에 관한 조치[제2편]
3. 중앙행정기관·지방자치단체가 관계 법령에 따라 개선, 시정 등을 명한 사항의 이행에 관한 조치 [제2편]
4. 안전·보건 관계법령에 따른 의무이행에 필요한 관리상의 조치 [제4편]

② 제1항 제1호·제4호의 조치에 관한 구체적인 사항은 대통령령으로 정한다.

## ❑ 구체적인 안전·보건관리체계 구축 및 이행 조치

— 시행령 제4조 **안전보건관리체계의 구축 및 이행 조치** —

법 제4조 제1항 제1호에 따른 조치의 구체적인 사항은 다음 각 호와 같다.

1. 사업 또는 사업장의 안전·보건에 관한 목표와 경영방침을 설정할 것
2. 「산업안전보건법」 제17조부터 제19조까지 및 제22조에 따라 두어야 하는 인력이 총 3명 이상이고 다음 각 목의 어느 하나에 해당하는 사업 또는 사업장인 경우에는 안전·보건에 관한 업무를 총괄·관리하는 전담 조직을 둘 것. 이 경우 나목에 해당하지 않던 건설사업자가 나목에 해당하게 된 경우에는 공시한 연도의 다음 연도 1월 1일까지 해당 조직을 두어야 한다.
   가. 상시근로자 수가 500명 이상인 사업 또는 사업장

나. 「건설산업기본법」 제8조 및 같은 법 시행령 별표 1에 따른 토목건축공사업에 대해 같은 법 제23조에 따라 평가하여 공시된 시공능력의 순위가 상위 200위 이내인 건설사업자

3. 사업 또는 사업장의 특성에 따른 유해·위험요인을 확인하여 개선하는 업무절차를 마련하고, 해당 업무절차에 따라 유해·위험요인의 확인 및 개선이 이루어지는지를 반기 1회 이상 점검한 후 필요한 조치를 할 것. 다만, 「산업안전보건법」 제36조에 따른 위험성평가를 하는 절차를 마련하고, 그 절차에 따라 위험성평가를 직접 실시하거나 실시하도록 하여 실시 결과를 보고받은 경우에는 해당 업무절차에 따라 유해·위험요인의 확인 및 개선에 대한 점검을 한 것으로 본다.

4. 다음 각 목의 사항을 이행하는 데 필요한 예산을 편성하고 그 편성된 용도에 맞게 집행하도록 할 것
　　가. 재해 예방을 위해 필요한 안전·보건에 관한 인력, 시설 및 장비의 구비
　　나. 제3호에서 정한 유해·위험요인의 개선
　　다. 그 밖에 안전보건관리체계 구축 등을 위해 필요한 사항으로서 고용노동부장관이 정하여 고시하는 사항

5. 「산업안전보건법」 제15조, 제16조 및 제62조에 따른 안전보건관리책임자, 관리감독자 및 안전보건총괄책임자(이하 이 조에서 "안전보건관리책임자등"이라 한다)가 같은 조에서 규정한 각각의 업무를 각 사업장에서 충실히 수행할 수 있도록 다음 각 목의 조치를 할 것
　　가. 안전보건관리책임자등에게 해당 업무 수행에 필요한 권한과 예산을 줄 것
　　나. 안전보건관리책임자등이 해당 업무를 충실하게 수행하는지를 평가하는 기준을 마련하고, 그 기준에 따라 반기 1회 이상 평가·관리할 것

6. 「산업안전보건법」 제17조부터 제19조까지 및 제22조에 따라 정해진 수 이상의 안전관리자, 보건관리자, 안전보건관리담당자 및 산업보건의를 배치할 것. 다만, 다른 법령에서 해당 인력의 배치에 대해 달리 정하고 있는 경우에는 그에 따르고, 배치해야 할 인력이 다른 업무를 겸직하는 경우에는 고용노동부장관이 정하여 고시하는 기준에 따라 안전·보건에 관한 업무 수행시간을 보장해야 한다.

7. 사업 또는 사업장의 안전·보건에 관한 사항에 대해 종사자의 의견을 듣는 절차를 마련하고, 그 절차에 따라 의견을 들어 재해 예방에 필요하다고 인정하는 경우에는 그에 대한 개선방안을 마련하여 이행하는지를 반기 1회 이상 점검한 후 필요한 조치를 할 것. 다만, 「산업안전보건법」 제24조에 따른 산업안전보건위원회 및 같은 법 제64조·제75조에 따른 안전 및 보건에 관한 협의체에서 사업 또는 사업장의 안전·보건에 관하여 논의하거나 심의·의결한 경우에는 해당 종사자의 의견을 들은 것으로 본다.

8. 사업 또는 사업장에 중대산업재해가 발생하거나 발생할 급박한 위험이 있을 경우를 대비하여 다음 각 목의 조치에 관한 매뉴얼을 마련하고, 해당 매뉴얼에 따라 조치하는지를 반기 1회 이상 점검할 것
   가. 작업 중지, 근로자 대피, 위험요인 제거 등 대응조치
   나. 중대산업재해를 입은 사람에 대한 구호조치
   다. 추가 피해방지를 위한 조치
9. 제3자에게 업무의 도급, 용역, 위탁 등을 하는 경우에는 종사자의 안전·보건을 확보하기 위해 다음 각 목의 기준과 절차를 마련하고, 그 기준과 절차에 따라 도급, 용역, 위탁 등이 이루어지는지를 반기 1회 이상 점검할 것
   가. 도급, 용역, 위탁 등을 받는 자의 산업재해 예방을 위한 조치 능력과 기술에 관한 평가기준·절차
   나. 도급, 용역, 위탁 등을 받는 자의 안전·보건을 위한 관리비용에 관한 기준
   다. 건설업 및 조선업의 경우 도급, 용역, 위탁 등을 받는 자의 안전·보건을 위한 공사기간 또는 건조기간에 관한 기준

## 01 안전보건관리체계의 의의

### 가. 안전보건관리체계의 구축 및 이행의 의미

① 안전보건관리체계의 구축 및 이행이란 근로자를 비롯한 모든 일하는 사람의 안전과 건강을 보호하기 위해 기업 스스로 유해하거나 위험한 요인을 파악하여 제거·대체 및 통제 방안을 마련·이행하며, 이를 지속적으로 개선하는 일련의 활동을 의미한다.

② 중대재해처벌법의 안전보건관리체계는 산업안전보건법 제2장 제1절의 안전보건관리체제와는 구별된다.

㉮ 산업안전보건법에서 규정한 체제는 사업장의 안전보건관리에 관여하는 조직의 구성과 역할을 규정할 때 사용하는 용어이고, 체계는 조직 구성과 역할을 넘어서 사업장의 안전보건 전반의 운영 또는 경영을 정할 때 사용하는 용어이다.

ⓓ 따라서, 중대재해처벌법이 개인사업주 또는 경영책임자 등에게 요구하는 바는 단순히 조직의 구성과 역할 분담을 정하라는 의미에 한정되는 것이 아니라, 종사자의 안전과 보건이 유지되고 증진될 수 있도록 사업 전반을 운영하라는 의미로 이해해야 한다.

## 나. 중대재해처벌법 시행령(제4조)의 안전보건관리체계 구축 및 이행 요건

① 안전 보건 목표와 경영방침의 설정

② 안전·보건 업무를 총괄·관리하는 전담 조직 설치

③ 유해·위험요인 확인 개선 절차 마련, 점검 및 필요한 조치

④ 재해예방에 필요한 안전·보건에 관한 인력 시설 장비 구비와 유해·위험요인 개선에 필요한 예산 편성 및 집행

⑤ 안전보건관리책임자 등의 충실한 업무수행 지원(권한과 예산 부여, 평가기준 마련 및 평가·관리)

⑥ 산업안전보건법에 따른 안전관리자, 보건관리자 등 전문인력 배치

⑦ 종사자 의견 청취 절차 마련, 청취 및 개선방안 마련·이행 여부 점검

⑧ 중대산업재해 발생 시 등 조치 매뉴얼 마련 및 조치 여부 점검

⑨ 도급, 용역, 위탁 시 산재예방 조치 능력 및 기술에 관한 평가기준·절차 및 관리비용, 업무수행기관 관련 기준 마련·이행 여부 점검

## 다. 중대재해처벌법과 안전보건관리체계 구축

① 중대재해처벌법의 근본적인 목적은 중대재해의 예방이다.

   ㉮ 따라서, 1차적으로 사업 또는 사업장의 재해 이력, 현장 종사자의 의견 청취, 동종업계의 사고 발생 사례 및 전문가 진단 등을 통해 중대산업재해를 유발할 수 있는 유해·위험요인의 확인이 무엇보다도 중요하다.

   ㉯ 나아가 확인된 유해·위험요인을 원천적으로 제거하거나 지속적으로 통제하기 위한 수단 및 절차를 마련하고, 현장에서 안전조치 및 보건조치의 확실한 이행을 뒷받침할 수 있는 적정한 조직·인력·예산의 투입과 모니터링 체계를 갖추어야 한다.

② 안전보건관리체계 구축에 관한 9가지 의무사항의 이행은 면밀하게 파악된 유해·위험요인을 중심으로 유기적으로 연계되어야 한다.

   ㉮ 모든 기업 및 기관은 사업 또는 사업장의 규모·특성 등에 따른 각기 다른 유해·위험요인을 가지고 있고 인력 및 재정 사정 등도 다르므로, 유해·위험 요인을 통제하는 구체적 수단·방법을 일률적으로 정하기 어려우며 기업 여건에 맞게 자율적인 판단이 이루어져야 한다.

# 제2장

# 안전·보건관리체계 요소

## ❑ 안전·보건관리체계 구축

| 분야 | 관련 조항 | 관련 문서·서류·기록실무(활동) | 반기 1회 이상 점검하여 할 내용 |
|---|---|---|---|
| 1.<br>경영자<br>리더십 | 중대재해처벌법<br>시행령 제4조 제1호 | 1. 안전보건경영방침<br>2. 안전보건 목표<br>3. 세부추진계획/연간 교육계획 | – |
| | 중대재해처벌법<br>시행령 제4조 제2호 | 1. 본사 전담조직 설치(요건 해당 시)<br>2. 기타: 산업안전보건법 등에 따른 조직 구성<br>3. 자격·선임 서류 등 관리 | – |
| | 중대재해처벌법<br>시행령 제4조<br>제4호~제6호 | 1. 업무 분장(권한과 책임)<br>2. 안전보건 예산 수립 및 집행계획 | – |
| | 중대재해처벌법<br>시행령 제4조 제5호 | 1. 안전 조직 구성원의 평가표<br>2. 안전보건 예산 수립 및 집행 | ▶ 안전보건 관계자의<br>업무수행 평가기준 |
| 2.<br>근로자<br>참여 | 중대재해처벌법<br>시행령 제4조 제7호 | 1. 근로자 참여 절차서<br>2. 아차 사고 사례·제안·건의 사항 관리<br>대장/ 정보 제공<br>3. 관련 사항: 안전보건협의체·산업안전보<br>건위원회·TBM 등 | ▶ 종사자 의견<br>수렴 절차 |
| 3.<br>유해·<br>위험<br>요인<br>파악 | 중대재해처벌법<br>시행령 제4조 제3호 | 1. 위험성평가 준비: 사업장 위험성평가 실시<br>규정 제정/위험성평가 회의/ 교육일지<br>2. 점검(고위험체크리스트 등)/위험기계·<br>기구·설비 파악/ 유해 위험물질 파악/<br>작업별 유해위험 요인 관리 대장/아차<br>사고 보고서/ 재해 파악 및 재발방지대<br>책 등/관련 정보수집 등 | ▶ 유해위험요인을<br>확인하여 개선하는<br>업무절차<br><br>–실무 및 판결에서 안<br>전작업계획서 13종류<br>(예:중량물 취급/ 차<br>량계 하역 운반기계<br>사용 등)는 매우 중요<br>함. |
| 4.<br>유해·위험<br>요인 제거<br>대체 및 통제 | 중대재해처벌법<br>시행령 제4조 제3호 | 1. 위험성평가(최초· 정기· 수시 또는<br>상시 평가 선택)<br>2. 유해위험요인 제거 대체 통제 관리/<br>이행 점검 및 개선 | |
| 5.<br>비상조치<br>계획수립 | 중대재해처벌법<br>시행령 제4조 제8호 | 1. 사업장 비상조치 계획<br>2. 사업장 비상 대응 체계<br>3. 비상훈련 결과 보고서<br>4. 비상 훈련 시나리오 등 | ▶ 중대산업재해, 급박<br>한 위험이 있을 경우<br>매뉴얼 |
| 6.<br>도급·용역·<br>위탁 시<br>안전보건<br>확보 | 중대재해처벌법<br>시행령 제4조 제9호 | 1. 도급·용역· 위탁 준수사항<br>2. 도급·용역· 위탁의 안전보건 수준<br>평가서 | ▶도급·용역·위탁시 수급인<br>의 산업재해 예방조치 능<br>력에 관한 평가 기준, 안전<br>보건을 위한 적정관리 비<br>용 기준, 적정기간 기준 |
| 7.<br>평가 및 개선 | 중대재해처벌법<br>시행령 제5조 제2호 | 1. 개선조치 보고서<br>2. 이행 평가표 | – |

## ❖ 이 외의 안전보건확보 의무사항(법 제4조 제1항)

| 분야 | 관련 조항 | 관련 문서·서류·기록<br>실무 예시 | 반기 1회 이상<br>점검대상 여부 |
|---|---|---|---|
| 1. 재해재발방지<br>대책의 수립 및<br>이행조치 | 중대재해처벌법<br>시행령 제4조<br>제1항 제2호 | – 재해 재발방지대책 수립·<br>이행(작성하여 관리): 재<br>해 내용을 위험성평가에<br>반영하고, 근로자에 전파 | – |
| 2. 중앙행정기관,<br>지방자치단체가<br>명한 사항 조치 | 중대재해처벌법<br>시행령 제4조<br>제1항 제3호 | – 공문 접수·발송 대장<br>– 해당 사유 발생 시 관련<br>문서 관리 | – |
| 3. 안전보건관계<br>법령에 다른<br>의무이행 조치 | 중대재해처벌법<br>제4조 제1항 4호<br>/시행령 제5조<br>제1호~제4호 | – 안전보건관계 법령 이행<br>점검(반기 1회 이상): 보<br>고서 등 | 1. 시행령 제5조 안전<br>보건관계 법령에 따<br>른 의무 이행 점검<br>(제1호 내용) |
| | | – 제1호의 점검 후 해당 의<br>무 이행에 필요한 조치관<br>련 증빙 문서 등 | |
| | | – 안전보건관계 법령 관련<br>교육 실시 점검 보고서 | 2. 유해위험한 작업에<br>관한 안전보건교육<br>실시 점검<br>(제3호 내용) |
| | | – 안전보건관계 법령 관련<br>교육 미실시: 필요 조치<br>관련 증빙 내용 등 관리 | |

## ❖ 안전보건경영시스템(KOSHA-MS)

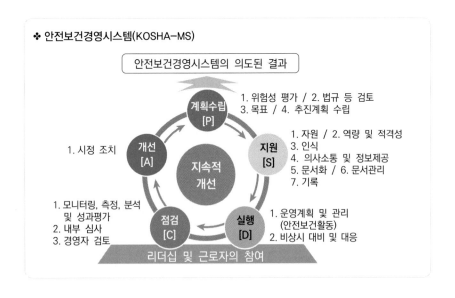

안전보건경영시스템의 의도된 결과

계획수립 [P]
1. 위험성 평가 / 2. 법규 등 검토
3. 목표 / 4. 추진계획 수립

개선 [A]
1. 시정 조치

지원 [S]
1. 자원 / 2. 역량 및 적격성
3. 인식
4. 의사소통 및 정보제공
5. 문서화 / 6. 문서관리
7. 기록

지속적 개선

점검 [C]
1. 모니터링, 측정, 분석 및 성과평가
2. 내부 심사
3. 경영자 검토

실행 [D]
1. 운영계획 및 관리 (안전보건활동)
2. 비상시 대비 및 대응

리더십 및 근로자의 참여

# 제3장

# 중대재해처벌법 제4조제1항/시행령 제4조

## 1.1 안전·보건에 관한 목표와 경영방침

> 중대재해처벌법 시행령 제4조제1호
>
> 사업 또는 사업장의 안전·보건에 관한 목표와 경영방침을 설정할 것

### 가. 개요

① 개인사업주 또는 경영책임자 등은 개인사업주나 법인 또는 기관이 실질적으로 지배·운영·관리하는 사업 또는 사업장의 특성 및 규모 등을 고려하여 종사자의 안전·보건상 유해 또는 위험을 방지하기 위한 안전·보건에 관한 목표와 경영방침을 설정하여야 한다.

② 개인사업주 또는 경영책임자 등의 안전과 보건에 관한 인식 및 정책에 관한 결정 방향에 따라 안전 및 보건에 관한 조직인력·예산 등 안전보건관리체계 구축 이와 연계된 각 사업장의 안전 조치 및 보건조치까지 종국적으로 영향을 받게 되는 구조이므로, 중대산업재해 예방을 위해서는 경영책임자 등의 안전·보건중심의 경영시스템 마련에 대한 전반적인 인식과 역할이 중요하다.

③ 안전·보건에 관한 목표와 경영방침은 산업안전보건법 제14조가 규정하는 대표이사의 안전 및 보건에 관한 계획과 상당 부분 중복될 수 있다.

다만, 대표이사가 수립하여 보고하는 안전보건계획은 매년 사업장의 상황을 고려한 안전보건 경영계획이라면, 중대재해처벌법이 요구하는 안전·보건에 관한 목표와 경영방침은 사업을 수행하면서 각 부문에서 항상 고려하여야 하는 안전보건에 관한 기본적인 경영철학과 의사결정의 일반적인 지침이 담겨 있어야 한다.

## 나. 안전·보건에 관한 목표와 경영방침

① 안전·보건에 관한 목표와 경영방침이란, 사업 또는 사업장의 안전·보건에 관한 지속적인 개선 및 실행 방향을 의미한다.

경영책임자의 안전·보건에 관한 목표와 의지 그리고 철학을 넘어서서 안전·보건에 관한 지속적인 개선 노력 등이 종사자에게 효과적으로 전달될 수 있다고 평가될 때, 비로소 안전·보건에 관한 목표와 이를 위한 경영방침 수립 등을 안전 및 보건 확보의무의 이행으로 평가할 수 있다.

② 안전·보건에 관한 목표와 경영방침은 사율적으로 설정하되 추상적이고 일반적인 내용에 그쳐서는 안 되고, 사업 내 개별사업 또는 사업장의 특성, 유해·위험요인, 규모 등을 고려한 실현 가능한 구체적인 내용을 담고 있어야 한다.

안전·보건에 관한 목표 중 단기적으로 달성될 수 없는 것이 있다면, 중장기적 관점에서의 시계열적 목표를 설정하고 그 구현을 위한 세부적인 로드맵을 담는 것이 바람직하다.

③ 안전·보건에 관한 목표와 경영방침은 종사자 등 구성원이 공감하고 인식할 수 있도록 하여야 하며, 목표실행을 위해 함께 노력하도록 하여야 한다.

따라서, 개인사업주 또는 경영책임자 등은 목표와 경영방침 수립 과정에서 종사자 등 구성원들과의 협의 등 의견수렴 절차를 거치는 것이 바람직하다.

또한, 안전·보건에 관한 목표와 경영방침을 수립하는 것에서 그치는 것이 아니라, 사업 또는 사업장의 종사자 모두가 그 목표와 경영방침을 인식하고 실천할 수 있도록 사업장 내 게시하는 등의 방법으로 알려야 한다.

④ 특히, 반복적인 재해 등에도 불구하고 이를 감소하기 위한 경영적 차원에서의 노력이나 구체적인 대책 방안 등을 반영한 목표나 경영방침을 수립하지 아니한 경우에는 안전 및 보건을 확보하기

위한 수단으로서의 목표나 경영방침 수립을 명백히 해태한 것이다.

### 안전·보건에 관한 목표와 경영방침 수립 시 고려할 사항

- 사업 또는 사업장의 유해·위험 요인 등 특성과 조직 규모에 적합한 것으로 수립하여야 한다.
- 달성 가능한 내용으로서 측정 가능하거나 성과평가가 가능한 것으로 수립하여야 한다.
- 안전·보건에 관한 목표와 경영방침 간에는 일관성이 있어야 한다.
- 종사자 및 이해관계자 등이 공감할 수 있어야 하며, 종사자와의 협의를 통해 수립하는 것이 바람직하며, 종사자가 인식하고 함께 노력하여야 한다.
- 목표를 수정할 필요가 생겼을 때는 필요에 따라 목표를 수정하여 추진하는 것이 합리적이다.

❖ **안전보건 방침** (KOSHA-MS 인증기준 5.2)
- 최고경영자는 조직에 적합한 안전·보건방침을 정하여야 하며, 이 방침에는 최고경영자의 정책과 목표·성과개선에 대한 의지를 제시하여야 한다.
- 안전·보건방침은 다음 사항을 만족하여야 한다.
  ① 작업장을 안전하고 쾌적한 작업환경으로 조성하려는 의지가 표현될 것
  ② 작업장의 유해위험요인을 제거하고 위험성을 감소시키기 위한 실행 및 안전·보건 경영시스템의 지속적인 개선 의지를 포함할 것
  ③ 조직의 규모와 여건에 적합할 것
  ④ 법적 요구사항 및 그 밖의 요구사항의 준수의지를 포함할 것
  ⑤ 최고경영자의 안전·보건 경영철학과 근로자의 참여 및 협의에 대한 의지를 포함할 것
- 최고경영자는 안전·보건방침을 간결하게 문서화하고 서명과 시행일을 명기하여 조직의 모든 구성원 및 이해관계자가 쉽게 접할 수 있도록 공개하여야 한다.
- 최고경영자는 안전·보건방침이 조직에 적합한지를 정기적으로 검토하여야 한다.

❖ **안전보건방침·목표 설정 시 고려사항**
(출처 : 안전보건관리체계 구축 컨설팅 안전보건공단)
- 리더십을 가질 것 ⇒ 노력의 입증
- 위험요소를 파악할 것 ⇒ 위험의 통제
- 목표를 정할 것 ⇒ 프로그램의 개발
- 안전보건시스템을 확립할 것 ⇒ 우수한 조직화
- 기계·장비·사업장의 안전보건을 확립할 것
- 능력을 개선할 것 ⇒ 역량의 계발
- 사람에 투자할 것 ⇒ 참여에 의한 동기부여
  - 리더는 좋은 리더십과 나쁜 리더십의 차이를 구분하여, 조직 구성원의 참여를 이끌어 회복력 있는 조직을 만들 수 있어야 한다.
  - 기업의 안전보건 성패를 결정하는 것은 리더의 행동이다.
  - 좋은 리더십은 예측가능성·일관성·세심한 배려를 통해 표출된다.

❑ **안전보건 전담 조직 구성**

┌─ 중대재해처벌법 시행령 제4조제2호 ─────────────────────

「산업안전보건법」 제17조(안전관리자)·제18조(보건관리자)·제19조(안전보
건관리담당자) 및 제22조(산업보건의)에 따라 두어야 하는 인력이 총 3명 이상이고,
다음 각 목의 어느 하나에 해당하는 사업 또는 사업장인 경우에는 안전·보건에
관한 업무를 총괄·관리하는 전담 조직을 둘 것. 이 경우 나목에 해당하지 않던
건설사업자가 나목에 해당하게 된 경우에는 공시한 연도의 다음 연도 1월 1일까지
해당 조직을 두어야 한다.

　가. 상시 근로자 수가 500명 이상인 사업 또는 사업장
　나. 「건설산업기본법」 제8조 및 같은 법 시행령 별표 1에 따른 토목·건축공사업
　　　에 대해서는 같은 법 제23조에 따라 평가하여 공시된 시공능력의 순위가
　　　상위 200위 이내인 건설사업자

└──────────────────────────────────────

## 가. 안전보건 업무의 전담 조직 구성요건

① 개인사업주나 법인 또는 기관이 산업안전보건법에 따라 안전관리
자·보건관리자·안전보건관리담당자·산업보건의를 두어야 하
는 인력이 총 3명 이상이다.

② 상시 근로자 수가 500명 이상인 사업 또는 사업장이거나 / 시공능
력 순위가 상위 200위 이내인 종합건설업체에 해당된다.

③ 즉, ① 요건+ ② 요건을 충족 시에, 안전·보건에 관한 업무를
총괄·관리하는 안전·보건 업무를 총괄·관리하는 전담 조직을
두어야 한다.

**나. 안전·보건에 관한 업무를 총괄·관리하는 전담 조직**

① 전담 조직은 경영책임자의 안전 및 보건 확보의무 이행을 위한
집행 조직으로서 실질적으로 중대재해처벌법 제4조 및 제5조에
따른 의무를 총괄하여 관리할 수 있어야 한다.

구체적으로는 사업 또는 사업장의 안전보건관리체계를 관리·감
독하는 등 개인사업주 또는 경영책임자 등을 보좌하고, 개인사업
주나 법인 또는 기관의 안전·보건에 관한 컨트롤타워로서의 역할
을 하는 조직을 의미한다.

② **안전·보건에 관한 업무를 총괄 관리한다**는 것의 의미는, 중대재해
처벌법령 및 안전 보건 관계 법령에 따른 종사자의 안전·보건상
유해·위험 방지 정책의 수립이나 안전·보건 전문인력의 배치,
안전·보건 관련 예산의 편성 및 집행관리 등 법령상 필요한 조치의
이행이 이루어지도록 하는 등 사업 또는 사업장의 안전 및 보건
확보의무의 이행을 총괄·관리하는 것을 말한다.

다만, 사업장의 모든 안전조치 및 보건조치 등 안전 및 보건에
관한 업무를 전담 조직에서 직접적으로 수행하라는 뜻은 아니다.

③ **전담 조직의 구성충족요건**

㉠ 전담 조직이란, 특정한 목적을 달성하기 위한 집단으로 다수인
의 결합체를 의미한다.

㉡ 안전·보건에 관한 업무를 총괄·관리하는 전담 조직의 구성원
은 **2명 이상**이어야 하되, 안전·보건에 관한 업무를 총괄·관리
하는 조직의 인원·자격 등 구성 방법에 관하여 규정하고 있지
않으므로, 사업 또는 사업장의 특성·규모 등을 고려하여, 중대
재해처벌법 제4조 및 제5조에 따른 안전·보건에 관한 업무를
총괄·관리할 수 있는 합리적인 인원으로 구성된 조직을 두어
야 한다.

㉢ 개인사업주 또는 경영책임자 등은 사업장이 여러 곳에 분산되
어 있는 경우에, 사업장 현장별로 두어야 하는 안전관리자

등 외에 개인사업주나 법인 또는 기관 단위에서 별도의 인력으로 조직을 구성하여야 한다.

㉣ 전담 조직의 구체적인 권한과 조직원의 자격 및 인원 등은 사업 또는 사업장의 특성과 규모 등을 종합적으로 고려하여 자율적으로 정할 수 있으나, 단지 형식적인 수준에 그쳐서는 안 된다.

④ 전담 안전보건 조직의 업무 범위

㉮ 전담 조직으로 두도록 규정하고 있으므로, 해당 조직은 부서장과 해당 부서원 모두 안전·보건에 관한 업무만 총괄·관리하여야 하며, 안전 보건과 무관하거나 생산관리 일반 행정 등 안전 보건과 목표의 상충이 일어날 수 있는 업무를 함께 수행할 수 없다.

㉯ 안전·보건에 관한 업무를 총괄·관리하는 전담 조직은 특정 사업장의 안전·보건이 아닌 전체 사업 또는 사업장을 총괄·관리하여야 한다.

㉰ 전담 조직은 안전보건관리책임자 등이 안전조치 및 보건조치 등 각 사업장의 안전·보건 관리를 제대로 하고 있는지를 확인함은 물론 이를 지원하는 등 총괄하고 관리하는 역할을 수행하여야 한다.

## 다. 안전·보건에 관한 업무를 총괄·관리하는 전담 조직을 두어야 하는 사업 또는 사업장의 범위

**(1) 개인사업주나 법인 또는 기관이 개별 사업장에 두어야 하는 안전관리자·보건관리자·안전보건관리담당자·산업보건의의 수를 개인 사업주나 법인 또는 기관 단위에서 합산하여 총 3명 이상인 사업 또는 사업장일 것**

- 안전관리자 : 「산업안전보건법」 제17조 및 「산업안전보건법 시행령」 별표3
- 보건관리자 : 「산업안전보건법」 제18조 및 「산업안전보건법 시행령」 별표5
- 안전보건관리담당자 : 「산업안전보건법」 제19조 및 「산업안전보건법 시행령」 제24조
- 산업보건의 : 「산업안전보건법」 제22조 및 「산업안전보건법 시행령」 제29조

① 금융 및 보험업, 사회복지 서비스업 등과 같이 산업안전보건법의 안전관리자 등 전문인력의 배치 의무가 없는 사업 또는 사업장인 경우에는 안전·보건에 관한 업무를 총괄·관리하는 전담 조직을 두지 않을 수 있다.

> **예시** 금융 및 보험업(대분류), 사회복지 서비스업(대분류), 광업지원서비스업(중분류), 컴퓨터 프로그래밍·시스템 통합 및 관리업(중분류), 정보서비스업(중분류), 전문 서비스업(중분류), 건축기술·엔지니어링 및 기타 과학기술 서비스업(중분류) 등
> ※ 기타 상세한 내용은 별첨 안전관리자, 보건관리자, 산업보건의 및 안전보건관리 담당자의 배치기준 참조

② 사업 또는 사업장에 안전관리자 등 전문인력을 두도록 할 것인지 여부는 해당 사업 또는 사업장의 규모와 위험도를 고려한 것인바, 안전관리자의 업무를 안전관리전문기관에 위탁하여 각 사업장에 안전관리자를 실제로 배치하지 않은 경우에도 안전관리자 등을 배치하여야 하는 기준에 따라 해당 사업 또는 사업장인지를 판단하여야 한다.

도급인이 관계수급인 근로자의 전담 안전관리자를 선임한 경우, 수급인이 해당 사업장에 대해 안전관리자를 별도로 둘 필요는 없으나, 수급인의 안전관리자 배치 의무 자체가 없어지는 것은 아니므로 수급인도 요건을 충족하는 경우 전담 조직을 두어야 한다.

● **산업안전보건법 시행규칙 제10조(도급사업의 안전관리자 등의 선임)**
안전관리자 및 보건관리자를 두어야 할 수급인인 사업주는 영 제16조 제5항 및 제20조 제3항에 따라 도급인인 사업주가 다음 각 호의 요건을 모두 갖춘 경우에는 안전관리자 및 보건관리자를 선임하지 않을 수 있다.
1. 도급인인 사업주 자신이 선임해야 할 안전관리자 및 보건관리자를 둔 경우
2. 안전관리자 및 보건관리자를 두어야 할 수급인인 사업주의 사업의 종류별로 상시 근로자 수(건설공사의 경우에는 건설공사 금액을 말한다. 이하 같다)를 합계하여 그 상시 근로자 수에 해당하는 안전관리자 및 보건관리자를 추가로 선임한 경우

③ 특히, 산업안전보건법에 따라 배치해야 하는 안전관리자 등 전문 인력의 수와 실세 배치한 전문 인력의 수가 다른 경우에노 시행령 제4조 제2호는 같은 조 제6호와는 다르게 다른 법령에 달리 정한 경우 이에 따른다는 내용을 규정하고 있지 않으므로, 모든 사업장에 두어야 하는 안전관리자 등의 수의 합이 3명 이상인 경우에는 전담 조직을 두어야 한다.

따라서, 기업활동 규제완화에 관한 특별조치법에 따라 배치한 것으로 간주되는 산업안전보건법에 따른 안전관리자 등 전문인력도 개인사업주나 법인 또는 기관이 모든 사업장에 두어야 하는 전문 인력의 수 산정 시 포함하여야 한다.

**(2) 상시 근로자 수가 500명 이상인 사업 또는 사업장 또는 「건설산업기본법」제8조 및 같은 법 시행령 별표 1에 따른 토목건축 공사업에 대해 같은 법 제23조에 따라 평가하여 공시된 시공능력의 순위가 상위 200위 이내인 건설사업자일 것**

① 상시 근로자 수가 500명 이상인 사업 또는 사업장일 것

㉮ 상시 근로자 수는 사업 또는 사업장 단위이므로, 개인사업주나 법인 또는 기관이 여러 사업장으로 구성된 경우, 개인사업주나 법인 또는 기관의 모든 사업장의 상시 근로자 수의 합이 500명 이상인지 여부를 판단하여야 한다.

㉯ 도급·용역·위탁 등을 행한 제 3자의 근로자나 근로기준법상의 근로자가 아닌 노무를 제공하는 자는 개인사업주나 법인 또는 기관의 상시 근로자 수 산정에는 포함하지 않는다.

② 건설산업기본법 제8조 및 같은 법 시행령 별표 1에 따른 토목건축공사업에 대해 같은 법 제23조에 따라 평가하여 공시된 **시공능력의 순위가 상위 200위 이내인 건설사업자**일 것.

> 건설산업기본법 제8조 및 같은 법 시행령 별표 1에 따른 토목건축공사업에 대해 같은 법 제23조에 따라 평가하여 공시된 시공능력의 순위가 상위 200위 이내인 건설사업자 (시행령 제4조 제2호 나목)
>
> ※ 국토교통부 매년 7월말 발표

㉮ 다만, 건설사업자의 경우 전년도 시공능력 순위가 200위 범위 밖에 있다가 200위 이내로 평가된 경우에는 시공능력 순위를 공시한 연도의 다음 연도 1월 1일까지 전담 조직을 두어야 한다.

㉯ 시공능력 순위가 상위 200위가 되지 않는 건설사업자인 경우에도 해당 건설회사의 상시 근로자 수가 500명 이상인 경우에는 전담 조직을 두어야 한다.

## ☐ 업무절차 마련 및 유해·위험요인의 확인·개선 및 점검·조치

— 중대재해처벌법 시행령 제4조제3호 —

사업 또는 사업장의 특성에 따른 유해·위험요인을 확인하여 개선하는 업무절차를 마련하고, 해당 업무절차에 따라 유해·위험요인의 확인 및 개선이 이루어지는지를 반기 1회 이상 점검한 후 필요한 조치를 할 것.

다만, 「산업안전보건법」 제36조에 따른 위험성 평가를 하는 절차를 마련하고, 그 절차에 따라 위험성평가를 직접 실시하거나 실시하도록 하여 실시 결과를 보고받은 경우에는 해당 업무절차에 따라 유해·위험요인의 확인 및 개선에 대한 점검을 한 것으로 본다.

## 가. 개요

① 개인사업주 또는 경영책임자 등은 사업 또는 사업장의 특성에 따른 유해 위험요인을 확인·개선하는 업무절차를 마련하고, 해당 절차에 따라 유해 위험요인이 확인·개선되고 있는지를 반기 1회 이상 점검한 후 점검 결과에 따라 필요한 조치를 하여야 한다. 다만, 산업안전보건법 제 조에서 위험성평가를 하는 절차를 마련하고, 그 절차에 따라 위험성평가를 실시한 경우에는 위의 업무절차에 따른 유해·위험요인의 확인 및 개선에 대한 점검을 한 것으로 간주한다.

② 개인사업주 또는 경영책임자 등으로 하여금 기업이 스스로 건설물·기계·기구·설비 등의 유해·위험요인을 찾아내어 그 위험성을 평가하고 유해·위험요인의 제거 대체 및 통제방안을 마련하고 이행하며 이를 지속적으로 개선하도록 하려는 것이다.

유해·위험요인의 확인 및 개선은 유해·위험요인을 사전에 찾아내어 위험성을 결정하고, 위험성의 크기에 따라 예방 대책을 마련하는 것으로 안전보건관리체계의 첫걸음이라고 할 수 있다.

③ 유해·위험요인의 확인·점검 및 개선은 적극적으로 위험을 발굴하고 작업방식, 안전·보건 조치의 적용에 대해 감독을 하여 위험을 최소화하기 위한 것으로 유해·위험요인의 점검에 그칠 것이 아니라 적극적으로 작업방식을 변경하거나 유해·위험물질을 대체하는 등 유해 위험 요인을 제거하고 통제하되, 제거나 통제가 되지 않을 때에는 작업중지를 하거나 개인에게 적절한 보호장구를 지급하는 등 조치를 하는 것을 모두 포함한다.

④ 개인사업주 또는 경영책임자 등은 유해·위험요인의 확인 및 개선 시 대책의 적절성·개선 진행 상황 및 개선 완료 여부를 주기적으로 검토하여야 하며, 위험요소의 제거·대체·공학적·행정적 통제·개인 보호구 제공 여부 등을 검토하여 위험성이 합리적인 수준 이하로 감소되도록 관리하여야 한다.

> 지난 2008년 2월 비준한 ILO '제155호 산업안전보건 협약(1981년)'에도 합리적으로 실행가능한 한도 내에서 기업이 취해야 할 조치(위험이 없도록 보장)와 사업장 차원에서의 합의되어야 하는 사항에 대해 규정되어 있다.

다만, 경영책임자 등이 사업 또는 사업장의 유해·위험요인에 대한 확인 등을 직접 하여야 하는 것은 아니며, 사업장 내 유해·위험요인에 대한 확인 및 개선이 가능하도록 하는 절차를 마련하고, 그 절차대로 사업장에서 이행되고 있는지를 점검하는 등 관리토록 하려는 것이다.

## 나. 유해·위험요인을 확인·개선하는 업무절차의 마련

### (1) 유해·위험요인을 확인·개선하는 업무 절차

사업 또는 사업장의 특성에 따른 업무로 인한 유해·위험요인의 확인 및 개선 대책의 수립·이행까지 이르는 일련의 절차를 의미한다.

① 개인사업주 또는 경영책임자 등은 업무처리 절차가 체계적으로 마련되도록 함은 물론 각 사업장에서 그 절차가 실효성 있게 작동하고 있는지 여부를 주기적으로 점검하고 확인하도록 하는 내부 규정을 마련하는 등 일정한 체계를 구축하여야 한다.

② 또한, 유해·위험요인의 확인 및 개선은

- 기계·기구·설비·원재료 등의 신규 도입 또는 변경
- 건설물 기계 기구 설비 등의 정비·보수 시
- 작업방법·절차의 변경 등이 실행되기 전에 실시하여 위험성을 제거한 후 작업할 수 있도록 하여야 하며, 정기적으로 확인하여 현재 관리되고 있는 위험성 감소 대책의 실효성을 지속적으로 확보할 수 있도록 하여야 한다.

### (2) 유해·위험요인을 확인하는 절차

① 유해·위험요인을 확인하는 절차는 누구나 자유롭게 사업장의 위험요인을 발굴하고 신고할 수 있는 창구를 포함하여 개인사업주 또는 경영책임자 등이 사업장의 유해 위험요인을 파악하는 체계적인 과정을 의미한다.

② 유해·위험요인의 확인 절차에는 사업장에서 실제로 유해·위험작업을 하고 있는 종사자의 의견을 청취하는 절차를 포함하여야 한다. 소속근로자 뿐만 아니라 상시 노무를 제공하는 모든 종사자 및 유지보수 작업, 납품을 위해 일시적으로 출입하는 모든 사람들이 제기한 유해·위험요인을 확인하는 절차를 마련하여야 한다.

㉮ 첫째, 사업장 내 모든 기계 기구 설비 현황을 파악하고 기계

· 기구 · 설비마다 위험 요소를 세부적으로 확인하되, 특히 해당 사업장에서 산업재해가 발생하였던 기계 · 기구 · 설비는 반드시 위험요인으로 분류하여야 하며, 동종업계에서 발생한 산업재해도 위험요인으로 작용할 여지가 없는지 확인하는 것이 필요하다.

㉯ 둘째, 화재 · 폭발 · 누출의 위험이 있는 화학물질과 건강에 위해를 끼칠 우려가 있는 화학물질 · 물리적 인자 등을 파악하되, 특히 화학물질의 경우에는 화학제품의 제조 · 수입자가 의무적으로 제공하는 물질안전 보건자료 에 있는 화학물질의 명칭 · 유해위험성 정보 · 번호 등을 확인하는 절차를 포함하여야 하며, 이를 통해 파악한 화학제품에 함유된 물질이 고용노동부 고시 「화학물질 및 물리적인자의 노출 기준」 별표 1에 해당한다면 유해인자로 분류하여야 한다.

㉰ 셋째, 기계 · 기구 설비 · 유해인자 및 재해 유형과 연계하여 위험 장소와 위험작업을 파악하도록 하되, 유해 · 위험요인을 가장 잘 아는 현장 작업자가 참여할 수 있도록 하여야 한다.

## (3) 유해 · 위험요인을 개선하는 절차

① 첫째, 확인된 유해 · 위험요인을 체계적으로 분류 · 관리하고 유해 · 위험요인별로 제거 · 대체 · 통제하는 방안을 마련하여야 하며, 현장 작업자 · 관리감독자 · 안전보건담당자와 함께 개선방안을 마련하여야 한다.

② 둘째, 해당 사업장에서 발생할 수 있는 다양한 재해유형별로 산업안전보건법령, 산업안전보건기준에 관한 규칙 등을 참고하여 위험 기계 · 기구 · 설비 · 유해인자 · 위험장소 및 작업 방법에 대한 안전조치 및 보건조치 여부를 확인 후 조치가 되어 있지 않으면 유해 위험요인이 제거 · 대체 · 통제 등 개선될 때까지는 원칙적으로 작업을 중지하고 조치가 완료된 후 작업을 개시하도록 하는 내용을 포함하여야 한다.

## (4) 고위험·유해작업 유형

① 밀폐공간 작업      ② 고압선 정전활선 작업

③ 양중·하역 작업      ④ 인화성물질 취급 작업

⑤ 유해화학물질 취급 작업      ⑥ 용접·용단·가열 작업

⑦ 터널 내 발파 작업      ⑧ 타워크레인 설치·해체 작업

⑨ 거푸집 흙막이 지보공 설치·해체 작업

⑩ 비계 등 조립·해체 작업      ⑪ 철도+구조물 굴진 작업

⑫ 지하+건축물 내장 작업

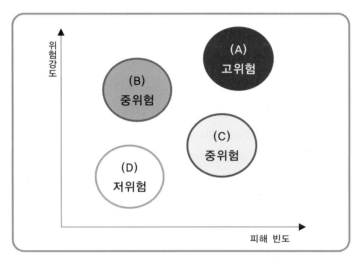

〈위험강도와 피해 빈도〉

## 다. '유해·위험요인의 확인 및 개선이 이루어지는지'를 반기 1회 이상 점검

① 개인사업주 또는 경영책임자 등은 각각의 사업장에서 위 업무절차에 따라 유해·위험요인을 확인하고, 확인된 유해 위험요인을 제거·대체·통제 등 개선조치가 이루어지고 있는지 여부를 점검하여야 한다.

점검은 사업장마다 반기 1회 이상 실시하여야 하며, 반드시 모든 사업장에 대한 점검을 동시에 하여야 하는 것은 아니다.

② 한편, 해당 사업장의 안전관리책임자나 안전관리자 등 전문 인력 또는 안전·보건 관리업무를 위탁받은 업체는 사업장의 유해·위험요인에 대한 확인·개선 업무를 담당하는 것이며, 사업장 유해·위험요인에 대한 확인·개선 업무 이행 여부에 대한 점검까지 동일한 주체에 의해 수행되는 것은 바람직하지 않다.

③ 산업안전보건법 제36조에 따른 위험성평가 제도를 도입하고 해당 절차에 따라 위험성평가를 실시하고, 개인사업주 또는 경영책임자 등이 그 결과를 보고받은 경우에는 그 확인·개선 절차 마련 및 점검을 한 것으로 볼 수 있다.

다만, 사업장이 여러 곳에 분산되어 있는 사업 또는 사업장에서 일부 사업장에 대해서만 위험성평가를 실시한 경우에는 모든 사업·사업장에 대해 유해·위험요인의 확인 및 개선에 대한 점검을 한 것으로 볼 수 없다.

## 라. 유해·위험요인의 확인·개선에 대한 점검 후 필요한 조치

① 개인사업주나 법인 또는 기관은 유해·위험요인의 확인 및 개선의 이행에 대한 점검에 그치는 것이 아니라, 점검 후 유해·위험요인에 대한 개선 조치가 제대로 이행되지 않은 경우에는 유해·위험요인의 제거·대체·통제 등 개선될 수 있도록 하는 필요한 조치를 하여야 한다.

② 필요한 조치는 서류상으로 기록을 남겨두는 것이 중요한 것이 아니라, 해당 유해·위험 수준에 맞는 실질적인 조치가 현장에서 직접 이루어질 수 있도록 하여야 한다.

## 마. 산업안전보건법 제36조에 따른 위험성평가

① 위험성평가란 사업주가 스스로 유해·위험요인을 파악하고, 해당 유해·위험 요인의 위험성 수준을 결정하여, 위험성을 낮추기 위한 적절한 조치를 마련하고 실행하는 과정을 말한다.

개인사업주나 법인 또는 기관의 경영책임자가 「사업장 위험성평가에 관한 지침(제2023-19호)」에 따른 위험성평가 절차를 도입하고, 해당 절차에 따라 각각의 사업장마다 유해·위험요인을 파악하고 이를 평가하여 관리 개선하는 등 위험성평가를 실시하거나 사업장에서 실시하도록 한 후 그 실시 결과를 보고받은 경우에는 위의 유해·위험요인 확인·개선에 대한 점검을 한 것으로 본다.

② 다만, 유해·위험요인 확인·개선에 대한 점검을 한 것으로 보는 경우에도, 개인사업주나 법인 또는 기관은 그 점검 결과에 따른 필요한 조치는 별도로 하여야 한다.

따라서, 위험성평가 결과를 보고 받은 후 사업장에서 유해·위험요인의 개선 조치가 제대로 이행되지 않아 별도의 조치가 있어야 함이 확인되었음에도 필요한 조치를 하지 않은 경우에는 해당 의무를 이행한 것으로 볼 수 없다.

### 고용노동부의 산업안전보건 감독계획

1. 주요 내용
   1) 위험성평가의 이행·절차에 대한 직접성 여부
   2) 3대 사고유형 8대위험 요인 관리의 적정성 여부
   3) 안전보건관리체제상의 안전주체들의 역할 등 점검

2. 위험성평가 관련 주요 문제점 노출 사례
   1) 위험성평가 미실시
   2) 사업장의 위험성평가 실시규정 미작성: 절차 미수립
   3) 위험성평가 실시 누락(최초·정기·수시·상시)
   4) 절차 미준수[근로자 미참여·회의·공유·전파 미흡(TBM 등)]
   5) 위험성평가의 현장 작동성 미흡
   6) 위험성평가 내용 누락(비정형 작업·원료 반입 과정 등)
      – 위험성평가 사각지대 발생
   7) 위험성평가 대책의 단순성
   8) 잠재적 고위험요인에 대한 개선 조치 미이행
   9) 아차사고 사례 또는 재해사례 미반영
   10) 기록·관리 결함 등

**위험성평가** (산업안전보건법 제36조)

- 개념
  사업주가 스스로 유해·위험요인을 파악하고, 해당 유해·위험요인의 위험성 수준 을 결정하여, 위험성을 낮추기 위한 적절한 조치를 마련하고 실행하는 과정

- 실시 주체
  위험성평가는 사업주가 주체가 되어 안전보건관리책임자 · 관리감독자 · 안전관리자 · 보건관리자 또는 안전보건관리담당자, 대상 작업의 근로자가 참여하여 각자 역할을 분담하여 실시하도록 하고 있다.

- 절차 : ① 평가대상의 선정 등 사전준비
  ② 근로자의 작업과 관계되는 유해·위험요인의 파악
  ③ 파악된 유해·위험요인별 위험성의 결정
  ④ 위험성 감소대책 수립 및 실행
  ⑤ 위험성평가의 공유
  ⑥ 위험성평가 실시내용 및 결과에 관한 기록 및 보존

- 위험성평가 유형
  최초평가 / 정기평가(매년)/ 수시평가(시설·공정 변경시, 산재발생시 등)/
  상시 위험성평가(건설업에 활용)

| 구분 | 최초평가 | 정기평가 | 수시평가 |
|---|---|---|---|
| 실시시기 | 사업성립 일로 부터 1개월 이내 실시 | 최초 평가 후 매년 정기 적으로 실시 | 다음 각 호의 어느 하나에 해당하는 계획이 있는 경우에는 해당 계획의 실행을 착수하기 전에 실시.<br>1. 사업장 건설물의 설치·이전·변경 또는 해체<br>2. 기계·기구, 설비, 원재료 등의 신규 도입 또는 변경<br>3. 건설물, 기계·기구, 설비 등의 정비 또는 보수(주기적반복적 작업으로서 정기평가를 실시한 경우에는 제외)<br>4. 작업방법 또는 작업절차의 신규 도입 또는 변경<br>5. 중대산업사고 또는 산업재해(휴업 이상의 요양을 요하는 경우에 한정한다) 발생–작업재개 전에 수시위험성평가 실시<br>6. 그 밖에 사업주가 필요하다고 판단한 경우 |

※ 위험성평가의 법적 근거
  - 산업안전보건법 제36조(위험성평가의 실시)
  - 산업안전보건법 시행규칙 제37조(위험성평가 실시내용 및 결과의 기록·보존)
  - ① 산업안전보건법 제15조 및 동법 시행규칙 제9조(안전보건관리책임자의 업무),
    ② 산업안전보건법 제16조 및 동법 시행령 제15조(관리감독자의 업무 등),
    ③ 산업안전보건법 제17조 및 동법 시행령 제17조(안전관리자의 업무 등),
    ④ 산업안전보건법 제18조 및 동법 시행령 제22조(보건관리자의 업무 등),
    ⑤ 산업안전보건법 제19조 및 동법 시행령 제25조(안전보건관리담당자의 업무),
    ⑥ 산업안전보건법 제62조 및 동법 시행령 제53조(안전보건총괄책임자의 직무 등)
    ⑦ 산업안전보건법 시행령 제44조(공정안전보고서의 내용—공정위험성평가서)
    ⑧ 화학물질의 유해성· 위험성 평가에 관한 고시(고용노동부 예규 제166호)
  - 고용노동부 고시 제2023-19호(사업장 위험성평가에 관한 지침)

## 위험성평가 절차 및 주요내용 (2023 새로운 위험성평가 안내서)

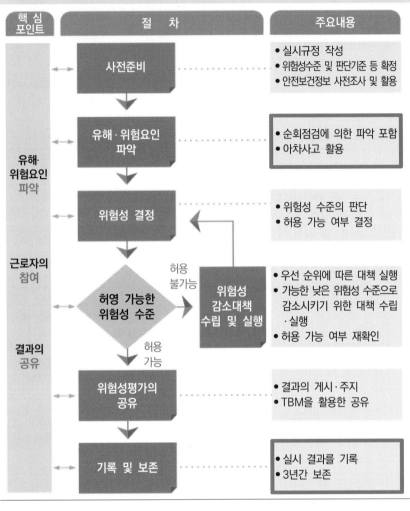

| 핵심 포인트 | 절 차 | 주요내용 |
|---|---|---|
| | **사전준비** | • 실시규정 작성<br>• 위험성수준 및 판단기준 등 확정<br>• 안전보건정보 사전조사 및 활용 |
| 유해·위험요인 파악 | **유해·위험요인 파악** | • 순회점검에 의한 파악 포함<br>• 아차사고 활용 |
| | **위험성 결정** | • 위험성 수준의 판단<br>• 허용 가능 여부 결정 |
| 근로자의 참여 | **허영 가능한 위험성 수준** / 허용 불가능 → **위험성 감소대책 수립 및 실행** | • 우선 순위에 따른 대책 실행<br>• 가능한 낮은 위험성 수준으로 감소시키기 위한 대책 수립·실행<br>• 허용 가능 여부 재확인 |
| 결과의 공유 | 허용 가능 ↓<br>**위험성평가의 공유** | • 결과의 게시·주지<br>• TBM을 활용한 공유 |
| | **기록 및 보존** | • 실시 결과를 기록<br>• 3년간 보존 |

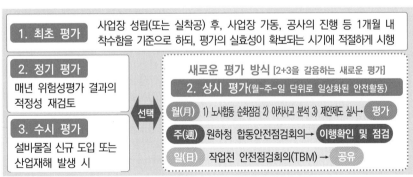

**1. 최초 평가** 사업장 성립(또는 실착공) 후, 사업장 가동, 공사의 진행 등 1개월 내 착수함을 기준으로 하되, 평가의 실효성이 확보되는 시기에 적절하게 시행

**2. 정기 평가** 매년 위험성평가 결과의 적정성 재검토

**3. 수시 평가** 설비물질 신규 도입 또는 산업재해 발생 시

← 선택 →

**새로운 평가 방식 [2+3을 갈음하는 새로운 평가]**
**2. 상시 평가**(월-주-일 단위로 일상화된 안전활동)
월(月) 1) 노사합동 순화점검 2) 아차사고 분석 3) 제안제도 실사 → **평가**
주(週) 원하청 합동안전점검회의 → **이행확인 및 점검**
일(日) 작업전 안전점검회의(TBM) → **공유**

## 1. 재해 유형별 예방조치 방안

### ① 떨어짐

**위험요인** 추락 위험이 있는 모든 장소

**예방 방안** 교육·주의 등 비재정적인 방법을 포함하여 가능한 방법을 선택적으로 활용하여 합리적으로 요구되는 수준으로 관리되어야 한다.

① 제거·대체
- 설계·시공 시 개구부 최소화, 작업계획 수립단계에서 위험성평가 실시를 통한 추락 위험 장소 최소화

② 통제
- (공학적) 추락 위험 장소에 안전난간, 덮개, 추락방호망(Safety net) 등 추락방지 설비를 설치, 강관비계 아닌 시스템비계* 사용
  * 규격화된 부재(수직재, 수평재, 가새재 등)를 안정적인 구조로 조립하여 사용하는 비계

- (행정적) 작업 전 관리감독자의 안전대 부착 설비와 추락방호망 점검 및 작업자들의 안전대 착용 지시, 추락위험 표지판 설치

③ 개인 보호구
- 모든 작업자는 언제나 안전모·안전대 등 보호구 착용

### ② 끼임

**위험요인** 끼임 위험이 있는 기계·기구를 사용하는 작업
  * 위험기계에 대한 기본적인 안전조치는 산업안전보건기준에 관한 규칙 제2편 제1장 참고

**예방 방안** 교육·주의 등 비재정적인 방법을 포함하여 가능한 방법을 선택적으로 활용하여 합리적으로 요구되는 수준으로 관리되어야 한다.

① 제거·대체
- 끼임 위험이 없는 자동화 기계 도입 또는 작업 방법·동선 고려

② 통제
- (공학적) 기계·설비의 작업점에 센서, 덮개 등 방호장치 설치, 기어·롤러의 말림점이나 벨트·체인 등 동력전달부에 방호덮개 설치
- (행정적) 방호조치와 안전인증(자율안전확인신고) 및 안전검사 여부 확인, 위험기계·기구의 정비·수리 등 비정형작업 전 운전 정지, 기동스위치 잠금조치 및 표지판(조작금지) 설치(Lock Out, Tag Out), 작업허가제* 등.
  * 작업부서가 소관 상급부서 또는 안전부서의 허가·승인을 거쳐 작업을 실시

③ 개인 보호구
- 말려 들어갈 위험이 없는 작업복 착용

## ③ 화재·폭발 재해 예방

**위험요인** 화재·폭발 위험이 있는 물질이나 작업
* 화학물질별 위험성과 관리체계는 물질안전보건자료(MSDS)에서 확인

**예방 방안** 교육·주의 등 비재정적인 방법을 포함하여 가능한 방법을 선택적으로 활용하여
재해방지를 위해 합리적으로 요구되는 수준으로 관리되어야 한다.

① 제거·대체
- 화기작업 시 내부 인화성 물질 제거 및 인근 가연물 제거, 건설공사 시 비가연성
  자재로 대체

② 통제
- (공학적) 용접작업 시 용접불티 비산방지덮개 또는 용접방화포 설치
- (행정적) 화재·폭발 위험 장소에서 화기작업 시 작업장 내 위험물 현황을 파악하는
  절차 수립, 화기작업 시 가스 및 분진 농도 측정 및 수기적 확인, 작업 중 화재감시인
  배치

③ 개인 보호구
- 제전작업복 착용· 가스검지기· 휴대 방폭공구 사용

## ④ 질식 재해 예방

**위험요인** 밀폐공간 등 질식 위험이 있는 모든 장소.
* 최근 10년 간('11~'20년) 밀폐공간 질식 재해자 316명 중 168명 사망(53.2%).
※ 밀폐공간
- 근로자가 작업을 수행할 수 있는 공간으로서 환기가 불충분한 공간
- 산소결핍, 유해가스로 인한 질식, 화재폭발 등의 위험이 있는 장소로서 산업 안전보건
  기준에 관한 규칙 별표 18에서 정한 장소(18개 작업 장소)
* 산소결핍: 공기 중의 산소농도가 18% 미만인 상태
** 유해가스: 밀폐공간에서 탄산가스, 일산화탄소, 황화수소 등 기체로서 인체에 유해한 영향을
           미치는 물질

**예방 방안** 교육·주의 등 비재정적인 방법을 포함하여 가능한 방법을 선택적으로 활용하여
재해 방지를 위해 합리적으로 요구되는 수준으로 관리되어야 한다.

① 제거·대체
- 설계단계부터 사업장 내 밀폐공간이 발생하지 않도록 작업장 조성, 밀폐공간 내부의
  기계·기구 제거(예: 내부 모터 → 외부 모터)

② 통제
- (공학적) 환기·배기장치 설치, 유해가스 경보기 설치
- (행정적) 출입금지 표지판 설치, 작업허가제 도입, 작업 전 산소 및 유해 가스
  농도 측정 등 작업수칙 규정, 감시인 배치

③ 개인 보호구
- 송기마스크 착용

## 2. 비정형작업 재해 예방

**비정형작업**

- 작업조건, 방법 순서 등 표준화된 반복성 작업이 아니고, 작업의 조건 등이 일상적이지 않은 상태에서 이루어지는 정비·청소·급유·검사·수리·교체·조정 등의 작업
- **위험의 특성**
  ❶ 위험이 특정 기계·설비에 국한되지 않음,
  ❷ 생산효율을 위한 전원 미차단이나 방호장치 부재 또는 해체, 안전절차 및 교육 부재 등으로 인한 인재(人災)적 특성

**비정형작업 재해예방 기법**

① **정비 등의 작업시의 운전정지(Lock Out, Tag Out)**
- 기계의 정비·수리 등 작업을 위해 가동을 중지할 경우, 제3자의 재가동을 방지하도록 잠금장치* 또는 표지판을 설치하는 관리기법
  * 전기 잠금장치, 스위치 잠금장치, 게이트밸브 잠금장치, 볼밸브 잠금장치 자물쇠·걸쇠 등

| Lock-Out(잠금장치) | Tag-Out(표지판) |
|---|---|
| 기계 등의 에너지 공급을 차단하여 안전한 상태로 유지하기 위해 사용되는 자물쇠·열쇠와 같은 잠금수단에 이용되는 장치 | 표지판을 제거하기 전까지는 가동하지 않도록 에너지 차단장치와 기계가 통제 되고 있음을 표시하고 차단장치의 잠금 상태를 확보하기 위해 사용되는 꼬리표와 같은 경고표지 |
|  |  |

- **절차**
  전원차단 준비 및 공지 → 정지 → 전원차단 및 잔류에너지 확인 → 잠금장치·표지판 설치 → 정비 등 실시 → 주변상태 확인 및 공지 → 잠금장치·표지판 제거 → 재가동

② **작업허가제**
- 고위험 비정형작업의 경우, 작업부서가 소관 상급부서 또는 안전부서의 허가승인을 거쳐 작업을 실시하는 안전관리기법
- **절차**
  안전작업허가 신청(작업자) → 안전조치 확인 및 허가(안전담당자)→ 작업(작업자) 및 감독(안전담당자) → 완료확인 및 허가서 보존(안전담당자)

## 3. 화학물질 관리

### ① 유해물질 관리

- 유해물질(유기화합물· 금속류·산알칼리류·가스상태 물질류)은 근로자의 건강에 위해를 가하므로 엄격한 관리 필요
  - \* 산업안전보건법 시행규칙 별표 19(유해인자별 노출농도의 허용기준) 및 고용노동부 고시 「화학물질 및 물리적 인자의 노출기준」 참고
  - – 유해물질 취급 전 반드시 물질안전보건자료(MSDS)를 참고하여 해당 물질의 유해위험 성 및 적정 보호구, 비상 시 대응요령 숙지 필요
  - – 직업성 암 유발물질 등은 원칙적으로 제조·사용 등 금지(산안법 제117조), 대체 불가능한 화학물질은 고용노동부장관의 허가 필요(산안법 제118조)
  - – 관리대상유해물질(산업안전보건기준에 관한 규칙 별표12)은 산업안전보건 기준에 관 한 규칙 제3편 제1장에 따라 사용

- ▲ 사업주는 제조등금지유해물질, 허가대상유해물질, 관리대상유해물질을 취급하는 근로자 에게 정기적으로 특수건강검진을 실시해야 한다.
  - \* 특수건강검진 대상 유해물질은 산업안전보건법 시행규칙 별표22 참조

- ▲ 허가대상유해물질, 관리대상유해물질을 사용하는 사업주는 정기적으로 작업환경 측정을 실시해야 한다.
  - \* 작업환경측정 대상 유해물질은 산업안전보건법 시행규칙 별표21 참조
  - \*\* 30인 미만 사업장은 정부지원제도 활용 가능

### ② 위험물질 관리

- 화재·폭발 등의 원인이 되는 위험성을 가진 물질(위험물질\*)은 취급 부주의 등에 따라 대형사고가 발생할 수 있으므로 반드시 안전 수칙 준수 필요
  - \* ① 폭발성 물질 및 유기과산화물,
    ② 물반응성 물질 및 인화성 고체,
    ③ 산화성 액체·고체,
    ④ 인화성 액체,
    ⑤ 인화성 가스,
    ⑥ 부식성 물질,
    ⑦ 급성 독성 물질
  - – 대규모 재난을 야기할 수 있는 51종\*의 위험물질을 규정량 이상 사용하는 경우 공정안전보 고서\*\* 작성·심사 및 이행 필요
  - \* 산업안전보건법 시행령 별표13 '유해·위험물질 규정량' 참고
  - \*\* 공정안전자료, 공정위험성평가서, 안전운전계획, 비상조치계획 등을 필수 기재

- (기타) 물리적·생물학적·인간공학적 인자를 제거·대체하지 못하는 경우 산업안전보건기준 에 관한 규칙에 따른 보건기준(제3편\*) 준수 필요
  - \* 소음·진동(제4장), 기압(제5장), 온도·습도(제6장), 방사선(제7장), 병원체(제8장), 분진 (제9장), 밀폐공간(제10장), 사무실(제11장), 근골격계부담작업(제12장), 기타(제13장)

## 위험성평가 수준 진단

| 작업장명 | | | 진단일자 | | | | | |
|---|---|---|---|---|---|---|---|---|
| 단위작업 | | | 대응팀 | | | | | |

| 실행단계 | 진단항목 | 진단내용 | 수준 | | | | | |
|---|---|---|---|---|---|---|---|---|
| | | | 최우수 | 우수 | 보통 | 미흡 | 아주 미흡 | 계 |
| 1.<br>경영체계 및 조직 | 1.1 실행규정 제정 및 관리<br>1.2 조직 역할 및 리더십 | ① 문서화된 규정의 적정성<br>(승인권자·평가구성·소통 등) | | | | | | |
| | | ② 조직 P&R 역할 배분<br>(관리감독자 ·해당 작업자) | | | | | | |
| | | ③ 발주처·원청·협력업체 상호체계 | | | | | | |
| 2.<br>상황파악 및 활용정보 | 2.1 안전보건정보 자료<br>2.2 작업분류 및 위험성·유해성 정보 활용 | ① 유해위험방지계획서, 안전계획서, 공정별 협력업체 안전정보자료 등<br>(WBS, 사고자료) | | | | | | |
| | | ② 공정계획, 위험기계기구, 유해물질<br>(MSDS) | | | | | | |
| | | ③ 공정/작업 주변 환경정보, 작업환경, 작업간섭, 중첩작업 | | | | | | |
| 3.<br>단위작업별 공정간 작업별 유해위험 요인파악<br>(HAZARDS) | 3.1 전체공정, 단위공정별 실제 잠재위험 요인 파악<br>3.2 효과적인 위험요인 도출 유무 | ① 유해위험요인 파악의 적정성<br>S/C 당해공정 작업자 포함 평가대상 누락여부, 참여자, 전문가 참여여부 | | | | | | |
| | | ② 정보적용, 기법적용과 진행프로세스<br>(사진, 동영상, 사례적용 및 가시화) | | | | | | |
| | | ③ 순회점검자료, 유해위험요인 적용 및 파악 | | | | | | |
| 4.<br>위험성분석 결정(RISK ASSESS) | 4.1 위험성의 중대성과 가능성 산정<br>4.2 리스크 관리 방법 결정 | ① 위험성의 가능성과 장소별 중대성 프로세스의 적정성 | | | | | | |
| | | ② 적용 매트릭스와 관리영역 결정<br>(위험성 결정) | | | | | | |
| | | ③ 허용가능 범위와 중점관리 영역 협의<br>(관리 방법 결정) | | | | | | |
| 5.<br>위험성 감소 대책 및 개선 활동 | 5.1 근원적 공학적 감소 대책<br>5.2 지속적인 개선 노력 | ① 점검, 교육 등에 의한 일상관리의 연계성(TBM ·자체안전보건활동) | | | | | | |
| | | ② 고위험군에 대한 대응방법의 적정성<br>(합동점검, 경영층 순회) | | | | | | |
| | | ③ 지속적인 재해예방노력 및 활동 | | | | | | |
| 외적 요인 및 상황대응· 특별 활동· 의사소통(외국인 근로자) 등 | | (가·감점) | | | | | | |

## 위험성평가 이행·점검표

| 작업장명 | | | 확인일 | |
|---|---|---|---|---|
| 단위작업 | | | 현장 담담자 연락처 | |

| 분야 | 검토항목 | 검토기준 | 점검결과 (해당란에 √체크) | |
|---|---|---|---|---|
| | | | 양호 | 미흡 |
| A. 계획 | A.1. 위험성평가 실시규정 작성·관리 | (양호) 위험성평가 실시 규정 적정 수립·관리 되고 있는 경우<br>(미흡) 위험성평가 실시 규정 없거나, 필수항목 누락, 관리 미실시 등인 경우 | | |
| | A.2. 위험성평가 사전준비 활용 | (양호) 효과적인 위험성평가를 위한 안전보건정보 사전조사 및 평가에 활용<br>(미흡) 안전보건정보 사전조사 미실시 및 평가에 활용하지 않음 | | |
| B. 이행 | B.1. 위험성평가 대상별 유해·위험요인 파악 | (양호) 사업장 순회점검 포함하여 누락없이 파악 및 평가자 모두 참여한 경우<br>(미흡) 사업장 순회점검 미실시, 파악 누락, 해당 근로자 등 미참여한 경우 | | |
| | B.2. 위험성평가 결정 방법 | (양호) 위험성평가 결정이 적정하게 이뤄진 경우<br>(미흡) 위험성평가 결정이 미흡하게 이뤄진 경우 | | |
| | B.3. 감소대책 수립 및 개선활동 | (양호) 위험성 감소대책 수립이 적정하고 개선활동 적정<br>(미흡) 위험성 감소대책 수립 미흡 또는 개선활동 미흡 | | |
| C. 지속 관리 | C.1. 위험성평가 수시·정기평가·상시 실시 | (양호) 위험성평가 수시·정기평가 모두 실시<br>(미흡) 위험성평가 수시·정기평가 일부 누락 | | |
| D. 기록 | D.1. 위험성평가 기록 및 보존 | (양호) 위험성평가 실시 결과 모두 기록 및 보존<br>(미흡) 위험성평가 실시 결과 일부 누락하여 기록 및 보존 | | |
| E. 교육 | E.1. 위험성평가 실시 사전교육 | (양호) 위험성평가 사전교육 대상자 모두에게 교육을 실시한 경우<br>(미흡) 위험성평가 사전 교육 대상자 일부 누락한 경우 | | |
| | E.2. 위험성평가 후 교육·TBM등 공유 | (양호) 위험성평가 종료 후 게시, 주지 등이 이루어짐<br>(미흡) 위험성평가 종료 후 게시, 주지 등이 이루어지지 않은 경우 | | |
| F. 수급업체 점검/보완 조치 | | (양호) 수급업체에 위험성평가를 위한 사전 정보 전달, 유해위험 요인 파악, 감소대책 수립/실행 등 점검/보완 조치한 경우<br>(미흡) 수급업체에 위험성평가를 위한 사전 정보 전달, 유해 위험요인 파악, 감소대책 수립/실행 등 점검/보완 조치 중 일부를 누락한 경우 | | |

| 종합의견 | | | | |
|---|---|---|---|---|
| 점검자 | (소속) | (직위) | (성명) | (서명) |
| | (소속) | (직위) | (성명) | (서명) |
| 확인자 | (소속) | (직위) | (성명) | (서명) |

□ **안전 및 보건 예산의 편성 및 용도에 맞게 집행**

─ 중대재해처벌법 시행령 제4조제4호 ─

다음 각 목의 사항을 이행하는 데 필요한 예산을 편성하고, 그 편성된 용도에 맞게 집행하도록 할 것.
가. 재해 예방을 위해 필요한 안전·보건에 관한 인력, 시설 및 장비의 구비
나. 제3호에서 정한 유해·위험요인의 개선
다. 그 밖에 안전보건관리체계 구축 등을 위해 필요한 사항으로서 고용노동부장관이 정하여 고시하는 사항

**가. 안전보건 예산 편성 및 집행의 개요**

① 개인사업주 또는 경영책임자 등은 재해예방을 위해 필요한 안전·보건에 관한 인력·시설·장비의 구비와 유해·위험요인의 개선 등에 필요한 예산을 편성하고 그 편성된 용도에 맞게 집행하도록 하여야 한다.

② 산업재해 예방을 위해서는 충분한 안전·보건에 관한 인력·시설 및 장비의 마련과 유해·위험요인의 개선이 필수적이며, 이를 위해서는 비용 지출이 수반될 수밖에 없으므로 이에 상응하는 예산을 마련하고, 그 용도에 맞게 집행되도록 하는 것을 개인사업주 또는 경영책임자 등의 의무의 하나로 명시한 것이다.

③ 종래 현장에서는 안전·보건에 관한 인력·시설·장비 등의 구비에 소요되는 예산을 비용 절감 등의 명목으로 삭감하거나 예산 부족 등을 이유로 유해·위험요인의 개선이 되지 않은 채 작업이 진행되는 경우가 다수 있었다. 이에 시행령 규정을 통해 안전·보건관리를 위한 비용은 사업 경영에 필수불가결한 것이라는 인식이 정착되도록 한 것이다.

④ 개인사업주 또는 경영책임자 등이 안전·보건에 관한 예산이 편성되고, 그 편성된 용도에 맞게 집행되고 있는지를 직접 챙기도록

하여 비용 절감 등을 이유로 안전·보건에 관한 사항이 사업 경영에서 고려 사항 중 후순위로 되지 않도록 하려는 것이다.

## 나. 예산 집행권한을 부여할 것

### (1) 예산 편성의 기본원칙

예산의 편성 시에는 예산 규모가 얼마인지가 중요한 것이 아니라, 유해·위험요인을 어떻게 분석하고 평가했는지 여부가 중요하며, 유해·위험요인 확인 절차 등에서 확인된 사항을 사업 또는 사업장의 재정 여건 등에 맞추어 제거·대체·통제 등 합리적으로 실행 가능한 수준만큼 개선하는데 필요한 예산을 편성하여야 한다.

### (2) 재해 예방을 위해 필요한 안전·보건에 관한 인력·시설 및 장비의 구비를 위한 예산

① 재해 예방을 위해 필요한 인력, 시설 및 장비란 산업안전보건법 등 종사자의 재해 예방을 위한 안전·보건 관계 법령 등에서 정한 인력·시설·장비를 말한다.

② 특히, 재해 예방을 위해 필요한 인력이란 안전관리자·보건관리자·안전보건관리담당자·산업보건의 등 전문 인력뿐만 아니라, 안전·보건 관계 법령 등에 따른 필요 인력을 의미한다.

> 예시 ① 타워크레인 작업 시 신호수 배치(산업안전보건규칙 제146조 제3항)
> ② 스쿠버 잠수작업 시 2명이 1조를 이루어 잠수작업을 하도록 할 것
> (산업안전보건규칙 제545조 제1항)
> ③ 생활폐기물 운반 시 3명이 1조를 이루어 작업할 것
> (폐기물관리법 시행규칙 16조의3 제2항 제3호 나목)
> ④ 2인 1조로 근무하여야 하는 위험작업과 해당 작업에 대한 6개월 미만인 근로자가 단독으로 수행할 수 없는 작업에 대한 기준 마련(공공기관의 안전관리에 관한 지침 제14조 제3항) 등

③ 건설업의 경우, 산업안전보건법 제72조에 의한 「건설업산업안전보건관리비 계상 및 사용기준」 (고용노동부고시 제2023-49호)에 따른 **산업안전보건관리비 계상 기준**이 재해 예방을 위해 필요한 인력·시설 및 장비의 구입에 필요한 예산의 기준이 될 수 있다.

㉮ 산업안전보건관리비의 계상은 산업안전보건법의 건설공사 발주자의 의무이고, 시행령 제4조 제4호에 따라 개인사업주나 경영책임자 등의 재해 예방을 위해 필요한 안전 보건에 관한 인력·시설 및 장비 구입에 필요한 예산 편성 의무는 건설공사 발주자의 의무와는 별개의 독립된 의무로서 산업안전보건관리비의 기준을 참고하여 그 외에 산업안전보건법을 포함한 안전·보건 관계 법령에 따른 의무로서 갖추어야 할 인력·시설 및 장비의 구비, 유해·위험요인의 개선을 위한 비용이 모두 포함되어야 한다.

㉯ 즉, 개인사업주나 경영책임자 등은 도급이나 용역 등을 매개로 하여 노무를 제공하는 종사자들에 대해서도 안전 및 보건 확보 의무 등을 이행하여야 하는 바, 특히 인력·시설 및 장비를 갖추기 위한 예산 편성에는 산업안전보건관리비에 국한해서는 안 되며, 이와는 별개로 중대재해처벌법에 따라 재해 예방을 위한 예산의 편성 및 집행을 하여야 한다.

㉰ 특히, 인력뿐만 아니라, 사업장 및 작업의 특성을 고려하여 시설과 장비도 안전·보건 관계 법령에 맞게 안전조치 및 방호장치 등이 제대로 갖춰질 수 있도록 하여야 한다.

④ 건설업 산업안전보건관리비 계상 및 사용 기준 관련 사항

(고시 제7조(사용 기준) 제1항 8호)

「중대재해처벌 등에 관한 법률 시행령」 제4조제2호나목에 해당하는 건설사업자가 아닌 자가 운영하는 사업에서 안전보건업무를 총괄관리하는 3명 이상으로 구성된 본사 전담조직에 소속된 근로자의 임금 및 업무수행 출장비 전액. 다만. 제4조에 따라 계상된 산업안전보건관리비 총액의 20분의 1을 초과할 수 없다.

## (3) 제3호에서 정한 유해·위험요인의 개선에 필요한 예산

① 시행령 제4조 제3호에 따라 확인된 유해 위험요인의 개선을 위해 산업안전보건법 등에서 정한 인력·시설·장비를 구비하는데 필요한 예산뿐만 아니라, 안전·보건 관계 법령에 따른 의무의 내용은 아니지만 사업 또는 사업장 특성에 따라 시행령 제4조 제3호에 따라 개선이 필요하다고 판단되면, 그 유해·위험요인을 제거·대체·통제하는데 필요한 예산을 포함한다. 또한 종사자의 의견 청취에 따른 재해 예방을 위해 필요한 개선 방안을 마련하여 이행하는데 소요되는 예산을 포함힌다.

② 건설업 산업안전보건관리비 계상 및 사용 기준 관련 사항

(고시 제7조(사용 기준) 제1항 9호)

산업안전보건법 제36조에 따른 위험성평가 또는 「중대재해처벌 등에 관한 법률 시행」 제4조제3호에 따라 유해·위험요인 개선을 위해 필요하다고 판단하여 법 제24조의 산업안전보건위원회 또는 법 제75조의 노사협의체에서 사용하기로 결정한 사항을 이행하기 위한 비용. 다만, 제4조에 따라 계상된 산업안전보건관리비 총액의 10분의 1을 초과할 수 없다.

## 다. 예산을 편성된 용도에 맞게 집행하도록 할 것

개인사업주 또는 경영책임자 등이 재해 예방을 위하여 필요한 안전·보건에 관한 예산의 편성에 그치는 것이 아니라, 편성된 용도에 맞게 예산이 집행되도록 관리하여야 하므로 사업장에서 용도에 맞게 제대로 집행되지 않은 경우에는 시행령 제4조 제4호의 의무를 이행한 것으로 볼 수 없다.

□ **안전보건 관리책임자 등에 대한 권한·예산·평가**

┌─ 중대재해처벌법 시행령 제4조제5호 ─────────────

「산업안전보건법」 제15조(안전보건관리책임자) · 제16조(관리감독자) 및 제62조(안전보건총괄책임자)에 따른 안전보건관리책임자 · 관리감독자 및 안전보건총괄책임자(이하 이 조에서 "안전보건관리책임자 등"이라 한다)가 같은 조에서 규정한 각각의 업무를 각 사업장에서 충실히 수행할 수 있도록 다음 각 목의 조치를 할 것.
가. 안전보건관리책임자 등에게 해당 업무 수행에 필요한 권한과 예산을 줄 것.
나. 안전보건관리책임자 등이 해당 업무를 충실하게 수행하는지를 평가하는 기준을 마련하고, 그 기준에 따라 반기 1회 이상 평가·관리할 것.

└─────────────────────────────────────

## 가. 개요

① 개인사업주 또는 경영책임자 등은 각 사업장의 안전보건관리책임자·관리감독자 및 안전보건총괄책임자(이하 "안전보건관리책임자 등"이라 함)가 산업안전보건법에 정해진 각각의 업무를 충실히 수행할 수 있도록

㉮ 안전보건관리 책임자 등의 업무 수행에 필요한 권한과 예산을 부여

㉯ 해당 업무를 충실하게 수행하는지를 평가하는 기준을 마련하여 그 기준에 따라 반기 1회 이상 평가·관리

② 안전보건관리책임자 등에 대한 평가 및 관리

산업안전보건법에서 산업재해 예방을 위하여 안전보건관리책임자 등을 두도록 하고 있으나, 개인사업주 또는 경영책임자 등은 안전보건관리책임자 등이 사업장의 안전·보건에 관한 제반 업무를 충실히 수행하도록 권한과 예산을 부여하고, 실제로 안전보건관리책임자 등이 자신의 업무를 충실히 수행하였는지 여부에 대해 평가 및 관리하도록 함으로써 사업장의 안전조치 및 보건조치의

실효성을 높이고자 한 것이다.

③ 개선 조치할 수 있도록 지원 및 권한 부여

중대재해처벌법 시행령 제3호에서 확인된 유해·위험요인을 적절하게 개선조치를 할 수 있는 인력과 조직·예산을 확보할 수 있어야 하며, 편성된 예산을 적절하게 집행할 수 있는 권한을 부여하여야 한다.

## 나. 안전보건관리책임자 등에게 해당 업무 수행에 필요한 권한과 예산을 줄 것

### (1) 안전보건관리책임자

① 안전보건관리책임자는 사업장을 실질적으로 총괄하여 관리하는 사람으로 통상적으로 사업장의 현장소장·공장장 등을 말한다.

② 안전보건관리책임자는 사업장을 실질적으로 총괄·관리하는 사람으로서 사업장의 산업재해 예방 계획의 수립 등 안전 및 보건에 관한 업무를 총괄·관리하며, 안전관리자와 보건관리자를 지휘·감독한다(산업안전보건법 제15조 제1항 및 제2항).

---

**안전보건관리책임자의 업무 (산업안전보건법 제15조 제1항)**

1. 사업장의 산재예방계획 수립에 관한 사항
2. 안전보건관리규정(산안법 제25조 및 제26조)의 작성 및 변경에 관한 사항
3. 근로자에 대한 안전보건교육(산안법 제29조)에 관한 사항
4. 작업환경의 점검 및 개선에 관한 사항
5. 근로자의 건강진단 등 건강관리에 관한 사항
6. 산업재해의 원인 조사 및 재발 방지대책 수립에 관한 사항
7. 산업재해에 관한 통계의 기록 및 유지관리에 관한 사항
8. 안전장치 및 보호구 구입 시 적격품 여부 확인에 관한 사항
9. 위험성평가의 실시에 관한 사항
10. 안전보건규칙에서 정하는 근로자의 위험 또는 건강장해의 방지에 관한 사항

---

③ 개인사업주 또는 경영책임자 등은 안전보건관리책임자가 사업장에서 산업안전보건법 제15조 제1항의 업무를 수행하고 안전관리자와 보건관리자를 지휘 감독하는데 필요한 권한과 예산을 주어야 한다.

## (2) 관리감독자

① 관리감독자는 사업장의 생산과 관련되는 업무와 그 소속 직원을 직접 지휘·감독하는 직위에 있는 사람을 의미한다.

② 관리감독자는 사업장 내 부서 단위에서의 소속 직원을 직접 지휘· 감독하는 부서의 장으로서 해당 작업과 관련된 기계·기구 또는 설비의 안전·보건 점검, 자신에게 소속된 근로자의 작업복, 보호구 착용 등 점검 작업 전 안전미팅 진행 등 작업과 관련하여 종사자와 가장 밀접하게 안전·보건에 관한 업무를 수행한다.

(산업안전보건법 제16조 제1항 / 시행령 제15조).

**관리감독자의 업무 (산업안전보건법 시행령 제15조)**

1. 사업장 내 관리감독자가 지휘·감독하는 작업과 관련된 기계·기구 또는 설비의 안전보건 점검 및 이상 유무의 확인
2. 관리감독자에게 소속된 근로자의 작업복·보호구 및 방호장치의 점검과 그 착용·사용에 관한 교육·지도
3. 해당 작업에서 발생한 산업재해에 관한 보고 및 이에 대한 응급조치
4. 해당 작업의 작업장 정리·정돈 및 통로 확보에 대한 확인·감독
5. 안전관리자, 보건관리자, 안전보건관리담당자, 산업보건의의 지도·조언에 대한 협조
6. 위험성평가를 위한 유해위험요인의 파악 및 개선조치 시행에 참여

③ 개인사업주나 경영책임자 등은 관리감독자로 하여금 안전 보건과 관련한 자신의 역할을 명확히 인식하도록 하여야 한다.

④ 또한, 관리감독자에게 자신이 지휘·감독하는 작업과 관련한 기계· 기구 또는 설비의 안전 보건 점검 및 이상 유무의 확인, 소속된 근로자의 작업복·보호구 및 방호장치의 점검과 그 착용·사용에 관한 교육·지도 등에 필요한 시간, 비용 지원 등 업무 수행을 위한 권한과 예산을 주어야 한다.

### (3) 안전보건총괄책임자

① 안전보건총괄책임자는 도급인의 사업장에서 관계수급인 근로자가 작업을 하는 경우에 도급인의 근로자와 관계수급인 근로자의 산업재해를 예방하기 위한 업무를 총괄하여 관리하도록 지정된 그 사업장의 안전보건관리책임자를 말한다.

② 도급인이 안전보건관리책임자를 두지 않아도 되는 사업장에서는 그 사업장에서 사업을 총괄하여 관리하는 사람을 안전보건총괄책임자로 지정하여야 한다.

③ 안전보건관리책임자가 있는 사업징은 별도의 안전보건총괄책임자를 두지 않고 안전보건관리책임자가 안전보건총괄책임자의 역할도 수행한다.

④ 안전보건총괄책임자는 안전보건관리책임자로서의 업무 외에 산업안전보건법 제 조에 따른 도급 시 산업재해 예방조치, 산업안전보건관리비의 관계수급인 간의 사용에 관한 협의·조정 및 그 집행의 감독 등 산업안전보건법 시행령 제53조에 따른 업무를 수행한다.

---

**안전보건총괄책임자의 업무** (산업안전보건법 시행령 제53조)

1. 위험성평가의 실시에 관한 사항
2. 산업재해가 발생할 급박한 위험이 있는 경우 및 중대재해 발생 시 작업의 중지 (산안법 제51조, 제54조)
3. 도급 시 산업재해 예방조치(산안법 제64조)
4. 산업안전보건관리비의 관계수급인 간의 사용에 관한 협의·조정 및 그 집행의 감독
5. 안전인증대상기계 등과 자율안전확인대상기계 등의 사용 여부 확인

---

⑤ 사업주는 안전보건총괄책임자가 사업장에 산업재해 발생에 급박한 위험이 있다고 판단되어 작업을 중지시키려고 하는 경우 안전보건총괄책임자의 판단을 존중하여야 한다.

**다. 안전보건관리책임자 등이 해당 업무를 충실하게 수행하는지를 평가하는 기준을 마련할 것**

① 해당 업무를 충실하게 수행하는지를 평가하는 기준은 안전보건관리책임자 등이 해당 법령에 의해 정해진 의무를 제대로 수행하고 있는지에 대해 평가 항목을 구성하는 것을 의미한다.

㉮ 안전보건관리책임자는 해당 사업장을 실질적으로 총괄하여 관리하는 사람, 관리감독자는 사업장의 생산과 관련되는 업무와 그 소속 직원을 직접 지휘·감독하는 직위에 있는 사람이므로 각각 해당 업무 수행 능력과 성과 등을 평가하는 경우에 산업안전보건법에 따른 업무 수행 및 그 충실도를 반영할 수 있는 평가 항목이 포함되어야 한다.

㉯ 평가 기준은 가능한 한 구체적이고 세부적으로 마련함으로써 형식적인 평가가 아니라 실질적인 평가가 될 수 있어야 한다.

**라. 평가기준에 따라 반기 1회 이상 평가·관리할 것**

① 안전보건관리책임자 등의 업무 수행 평가와 관리는 그 평가기준에 따라 반기 1회 이상 이루어져야 한다.

㉮ 안전보건관리책임자 등의 다른 업무 수행에 관한 평가 시에 병행하여 평가하여도 되며, 반드시 산업안전보건법에 따른 업무 수행과 관련한 평가만 별도로 하여야 하는 것은 아니다.

㉯ 안전보건관리책임자 등의 산업안전보건법에 따른 업무 수행과 관련한 평가 결과가 현저히 낮은 경우에는 다른 업무 수행 능력이 뛰어난 경우라도 평가 결과에 따른 상응한 조치를 하여야 한다.

## □ 안전관리자 등의 배치

— 중대재해처벌법 시행령 제4조제6호 —

「산업안전보건법」 제17조(안전관리자)·제18조(보건관리자)·제19조(안전보건관리담당자) 및 제22조(산업보건의)에 따라 정해진 수 이상의 안전관리자·보건관리자·안전보건관리담당자 및 산업보건의를 배치할 것. 다만, 다른 법령에서 해당 인력의 배치에 대해 달리 정하고 있는 경우에는 그에 따르고, 배치해야 할 인력이 다른 업무를 겸직하는 경우에는 고용노동부장관이 정하여 고시하는 기준에 따라 안전·보건에 관한 업무 수행시간을 보장해야 한다.

## 가. 개요

① 개인사업주나 경영책임자 등은 산업안전보건법 제17조·제18조·제19조·제22조에 따라 두어야 하는 수 이상의 안전관리자·보건관리자·안전보건관리담당자 및 산업보건의를 배치하여야 한다. 다만, 다른 법령에서 해당 인력의 배치에 대해 달리 정하고 있는 경우에는 그에 따르고, 배치해야 할 인력이 다른 업무를 겸직하는 경우에는 고용노동부장관이 정하여 고시하는 기준에 따라 안전·보건에 관한 업무 수행시간을 보장해야 한다.

② 안전보건관리책임자는 해당 사업장의 사업을 총괄하여 관리하는 사람으로 안전 또는 보건에 관한 전문가는 아니므로 산업재해 예방을 위해서는 안전 및 보건에 관한 기술적인 사항에 관하여 안전보건관리책임자를 보좌하고 관리감독자에게 지도·조언하도록 하는 전문 인력을 배치할 필요가 있다.

③ 다만, 안전관리자 등의 배치가 중요한 것이 아니라 해당 전문 인력이 안전 및 보건에 관한 업무를 수행할 수 있도록 충분한 시간이 보장되도록 하여야 한다.

## 나. 안전관리자 · 보건관리자 · 안전보건관리담당자 및 산업보건의를 배치할 것

### (1) 안전관리자 배치

안전관리자는 안전에 관한 기술적인 사항에 관하여 사업주 또는 안전보건관리책임자를 보좌하고 관리감독자에게 지도·조언하는 업무를 수행하는 사람으로 50명 이상 사업장 또는 공사금액 50억원 이상인 건설공사부터 안전관리자를 두어야 하며, 사업의 종류와 사업장의 상시 근로자의 수에 따라 배치하는 안전관리자의 수가 달라진다 (산업안전보건법 시행령 별표3의 46).

> • 건설공사금액 60억 원 이상 80억 원 미만 공사의 경우: 2022년 7월 1일
> • 건설공사금액 50억 원 이상 60억 원 미만 공사의 경우: 2023년 7월 1일
> (산업안전보건법 시행령 부칙 제2조 제4항)

### (2) 보건관리자 배치

보건관리자는 보건에 관한 기술적인 사항에 관하여 사업주 또는 안전보건관리책임자를 보좌하고 관리감독자에게 지도·조언하는 업무를 수행하는 사람으로 50명 이상 사업장 또는 공사금액 800억원(토목공사업은 1천억원)이상인 건설업 사업장부터 보건관리자를 두어야 하며, 사업의 종류와 사업장의 상시 근로자의 수에 따라 배치하는 보건관리자의 수가 달라진다(산업안전보건법 시행령 별표5의 44)

### (3) 안전보건관리담당자의 배치

안전보건관리담당자는 안전 및 보건에 관하여 사업주를 보좌하고 관리감독자에게 지도·조언하는 업무를 수행하는 사람으로
① 제조업·임업·하수·폐수 및 분뇨 처리업, 폐기물 수집·운반·처리 및 원료재생업, 환경정화 및 복원업에 해당 하고,
② 안전관리자와 보건관리자가 없으며,
③ 상시 근로자가 20명 이상 50명 미만인 사업장의 경우, 안전보건관리담당자 1명 이상을 선임하여야 한다.(산안법 제19조/시행령 제24조)

## (4) 산업보건의의 배치

산업보건의는 근로자의 건강관리나 그 밖에 보건관리자의 업무를 지도하는 사람으로, 상시 근로자 수가 50명 이상으로 보건관리자를 두어야 하는 사업장에 해당하는 경우 산업보건의를 두어야 한다.

(산업안전보건법 시행령 제29조 / 시행령 별표 5)

① 의사를 보건관리자로 선임

② 보건관리전문기관에 보건관리자의 업무를 위탁한 경우(건설업을 제외한 상시 근로자수 300명 미만인 사업장만 가능함)는 산업보건의를 별도로 두지 않을 수 있다.

③ 또한, 산업보건의는 외부에서 위촉할 수 있으며, 이 경우 근로자 2천 명당 산업보건의 1명을 위촉하여야 한다.

> • **산업보건의 관리규정(고용노동부예규 제161호) 제2조(담당 근로자 수)**
> 산업보건의 1명이 담당할 근로자 수는 2,000명 이하로 한다.

## (5) 안전관리자 및 보건관리자 업무의 위탁

① 안전관리자와 보건관리자의 업무는 건설업을 제외한 상시 근로자 수 300명 미만인 사업장의 경우, 각각 안전관리전문기관 및 보건관리전문기관에 위탁이 가능하다(산업안전보건법 시행령 제19조(안전관리자 업무의 위탁 등 / 산업안전보건법 시행령 제23조 보건관리자 업무의 위탁 등)

② 안전보건관리담당자를 두어야 하는 사업장의 경우에는, 상시 근로자 수에 관계없이 안전관리전문기관 또는 보건관리전문기관에 업무를 위탁할 수 있다.

## (6) 안전 및 보건 전문인력의 배치 기준 준수

① 안전 및 보건 전문인력을 정해진 인원 이상으로 배치하면 되므로, 산업안전보건법령 및 다른 법령에 따라 정해진 수까지 전문 인력을 배치하면, 중대재해처벌법령 위반은 아니다.

② 중대재해가 반복 발생하는 사업장 등의 경우 정부의 증원 명령에 따르거나 자발적으로 정해진 수를 초과하여 안전관리자를 추가 배치하고 있다는(산업안전보건법 시행규칙 제12조: 안전관리자 등의 증원·교체 임명

<sup></sup>(명령 등) 점을 고려할 때, 개인사업주 또는 경영책임자 등은 사업 또는 사업장의 특성을 고려해 사업장별로 안전관리자 등을 추가로 배치할 필요가 있는지를 면밀히 살펴 추가 배치를 결정하여야 한다.

## 다. 다른 법령에서 달리 정하고 있는 경우 해당 법령을 따를 것

### (1) 기업규제완화법 적용 대상 검토

기업규제완화법에서 안전관리자 또는 보건관리자의 배치 의무를 면제하거나 안전관리자 또는 보건관리자를 채용한 것으로 간주하는 요건을 충족한 경우에는 해당 전문 인력을 배치하지 않은 경우에도 시행령 제4조 제5호에 따른 전문 인력 배치 의무를 이행한 것으로 본다.

### (2) 건설현장의 소방 안전관리자 선임 및 배치

(화재의 예방 및 안전관리에 관한 법률 제29조/ 시행령 제29조)

① 신축·증축·개축·재축·이전·용도변경 또는 대수선을 하려는 부분의 연면적의 합계가 1만5천제곱미터 이상인 것

② 신축·증축·개축·재축·이전·용도변경 또는 대수선을 하려는 부분의 연면적이 5천제곱미터 이상인 것으로서 다음 각 목의 어느하나에 해당하는 것

㉮ 지하층의 층수가 2개 층 이상인 것

㉯ 지상층의 층수가 11층 이상인 것

㉰ 냉동창고, 냉장창고 또는 냉동·냉장창고

## 라. 안전보건 전문 인력의 겸직이 가능한 경우

### (1) 겸직이 가능한 경우

① 상시 근로자 300명 미만을 사용하는 사업장

② 건설업의 공사금액 120억 원 미만인 사업장(토목공사업의 경우에는 150억 원 미만 사업장)의 경우(안전관리자에 한함)에는 안전관리자·보건관리자 및 안전보건관리담당자는 다른 업무와의 겸직이 가능

다만, 배치해야 할 인력이 다른 업무를 겸직하는 경우에도 고용노

동부의 별도 고시(안전관리자, 보건관리자 및 안전보건관리담당자 업무 수행시간 기준 : 고용노동부 고시 제2022-14호)에 따라 일정 기준 이상의 시간을 안전 또는 보건 업무를 수행할 수 있도록 보장하여야 한다.

## (2) 법적 근거(중대재해처벌법 시행령 제4조 제6호 단서 후단)

다만, 다른 법령에서 해당 인력의 배치에 대해 달리 정하고 있는 경우에는 그에 따르고, 배치해야 할 인력이 다른 업무를 겸직하는 경우에는 고용노동부장관이 정하여 고시하는 기준에 따라 안전·보건에 관한 업무 수행시간을 보장해야 한다.

## (3) 안전·보건에 관한 업무 수행 시간의 기준 고시

① **고시의 준수** : 이 고시는 「중대재해 처벌 등에 관한 법률」 (이하 "중대재해처벌법"이라 한다) 제4조 및 같은 법 시행령 제4조 제6호 단서 후단에 따라 「산업안전보건법 시행령」 제16조제2항, 제20조제2항 및 제24조제3항에 따라 겸직하는 안전관리자, 보건관리자 및 안전보건관리담당자의 안전·보건에 관한 업무 수행시간의 기준을 개인사업주

또는 경영책임자 등은 준수해야 한다.

② **겸직 업무 수행 시간** : 배치해야 할 인력이 다른 업무를 겸직하는 경우에도 고용노동부의 별도 고시(안전·보건에 관한 업무 수행 시간의 기준 고시 : 고용노동부 고시 제2024-7호)에 따라 일정 기준 이상의 시간을 안전 또는 보건 업무를 수행할 수 있도록 보장하여야 한다.
즉, 업무수행을 위한 최소 시간(제3조): 연간 585시간 이상
재해위험이 높은 업종의 최소시간(제3조 2항): 702시간 이상
상시 근로자 수 100명~200명 미만(제3조 3항): 685시간 이상
상시근로자 수(제3조 3항) 200명~300명 미만: 785시간 이상
이다.

### ③ 재해위험이 높은 업종 (고시 별표 1)

| 대분류 | 세부 업종 |
|---|---|
| 광업 | 무연탄광업 |
| | 금속광업 |
| | 암석채굴·채취업 |
| | 석탄 선별업 |
| | 기타광물채굴·채취업 |
| | 석회석(백운석·대리석포함)광업 |
| | 토사채굴·채취업 |
| | 쇄석채취업 |
| 제조업 | 연탄 및 응집고체 연료생산업 |
| | 석재및석공품제조업 |
| | 석회제조업 |
| | 일반제재 및 목재약품처리업 |
| | 기타 비금속광물제품 제조업 |
| | 철강 및 합금철 제품제조업 |
| | 비철금속의 제련 또는 정련업 |
| | 콘크리트 또는 플라스틱선박건조 및 수리업 |
| | 동·식물 유지제조업 |
| | 철근콘크리트제품 제조업 |
| | 시멘트제조업 |
| | 코크스 및 석탄가스제조업 |
| | 철강 또는 비철금속주물제조업 |
| 건설업 | 건축 건설공사 |
| 운수 · 창고 및 통신업 | 퀵서비스업 |
| | 항만운송부대사업 |

### ④ 상시 근로자 수 산출 방법

(산업안전보건법 시행령 별표3 및 별표 5)

[별표3] 안전관리자를 두어야 하는 사업의 종류· 사업장의 상시
근로자 수· 안전관리자 수)

[별표5] 보건관리자를 두어야 하는 사업의 종류· 사업장의 상시
근로자 수· 보건관리자의 수 및 선임 방법)

## 기업규제완화법에 따른 산업안전보건법상 전문인력배치의무의 완화

| 구분 | 주요 내용 |
|---|---|
| 기업의<br>자율고용<br>(법 제28조) | 산업보건의 채용의무완화/액화석유가스 사업자등이 선임하여야 하는 안전관리자/<br>광산안전관리 직원(광산안전법)<br>(기업규모·유사자격을 가진 자의 채용 등 조건 없다). |
| 공동<br>채용<br>(법 제36조) | 동일 산업단지 등에서 사업을 하는 3이하의 사업장의 사업주(상시 사용하는 근로자<br>의 수의 합은 300명 이내)는 안전관리자, 보건관리자를 공동으로 채용할 수 있다. |
| 안전<br>관리자의<br>겸직허용<br>(법 제29조)<br>[시행일 :<br>2025.8.7.]<br>제29조 | (1) 아래 제시된 안전관리자 중 하나를 2명 이상 채용하여야 하는 경우, 그 중 1명만<br>　　채용해도 나머지 사람과 산업안전보건법 상 안전관리자 1명도 채용한 것으로<br>　　간주<br><br>　　1. 「고압가스 안전관리법」 제15조에 따라 고압가스제조자, 고압가스저장자 또는<br>　　　 고압가스판매자가 선임하여야 하는 안전관리자<br>　　2. 「액화석유가스의 안전관리 및 사업법」 제34조에 따라 액화석유가스 충전사<br>　　　 업자, 액화석유가스 집단공급사업자 또는 액화석유가스 판매사업자가 선임<br>　　　 하여야 하는 안전관리자<br>　　3. 「도시가스사업법」 제29조에 따라 도시가스사업자가 선임하여야 하는 안전관<br>　　　 리자<br>　　4. 「위험물 안전관리법」 제15조에 따라 제조소등의 관계인이 선임하여야 하는<br>　　　 위험물안전관리자<br><br>(2) 아래 제시된 인전관리자를 채용하여야 하는 경우 주된 영업분야 등에서 ㄱ 중<br>　　1명을 채용하면 산업안전보건법 상 안전관리자 1명도 채용한 것으로 간주<br><br>　　1. 「고압가스 안전관리법」 제15조에 따라 사업자 등(고압가스제조자, 고압가스<br>　　　 저장자 및 고압가스판매자는 제외)과 특정고압가스사용신고자가 선임하여야<br>　　　 하는 안전관리자<br>　　2. 「액화석유가스의 안전관리 및 사업법」 제34조에 따라 액화석유가스사업자등<br>　　　 (액화석유가스 충전사업자, 액화석유가스 집단공급사업자 및 액화석유가스 판<br>　　　 매사업자는 제외)과 액화석유가스 특정사용자가 선임하여야 하는 안전관리자.<br>　　3. 「도시가스사업법」 제29조에 따라 특정가스사용시설의 사용자가 선임하여야<br>　　　 하는 안전관리자<br>　　4. 「화재예방, 소방시설 설치·유지 및 안전관리에 관한 법률」 제20조에 따라<br>　　　 특정소방대상물의 관계인이 선임하여야 하는 소방안전관리자<br>　　4. 「화재예방, 소방시설 설치·유지 및 안전관리에 관한 법률」 제20조에 따라<br>　　　 특정소방대상물의 관계인이 선임하여야 하는 소방안전관리자<br>　　5. 「위험물 안전관리법」 제15조에 따라 제조소등의 관계인이 선임하여야 하는<br>　　　 위험물안전관리자<br>　　6. 「유해화학물질 관리법」 제25조제1항에 따라 임명하여야 하는 유독물관리자<br>　　7. 「광산안전법」 제13조에 따라 광업권자 또는 조광권자가 선임하여야 하는 광<br>　　　 산안전관리직원 |

| 구분 | 주요 내용 |
|---|---|
| 안전 관리자의 겸직허용 (법 제29조) [시행일 : 2025.8.7.] 제29조 | 8. 「총포·도검·화약류 등의 안전관리에 관한 법률」제27조에 따라 화약류제조업자 또는 화약류판매업자·화약류저장소설치자 및 화약류사용자가 선임하여야 하는 화약류제조보안책임자 및 화약류관리 보안책임자<br>9. 「전기안전관리법」제22조에 따라 전기사업자 및 자가용전기설비의 소유자 또는 점유자가 선임하여야 하는 전기안전관리자<br>10. 「에너지이용 합리화법」제40조에 따라 검사대상기기설치자가 선임하여야 하는 검사대상기기관리자 |
| | (3) 다음 각 호의 어느 하나에 해당하는 사람을 2명 이상 채용하여야 하는 자가 그 중 1명을 채용한 경우에는 그가 채용하여야 하는 나머지 사람도 채용한 것으로 본다.<br><br>1. 「산업안전보건법」제18조에 따라 사업주가 두어야 하는 보건관리자 |
| 중소 기업자 등에 대한 안전 관리자 고용 의무의 완화 (제30조) [시행일: 2025.8.7.] 제30조 | (4) 중소기업자가 「산업안전보건법」제17조에 따라 안전관리자 1명을 채용한 경우(대통령령으로 정하는 사업의 종류·규모에 한정하여 「산업안전보건법」제17조 제4항에 따라 안전관리전문기관에 안전관리자의 업무를 위탁한 경우를 포함한다)에는 그가 채용하여야 하는 다음 각 호의 사람 각 1명도 채용한 것으로 본다.<br><br>1. 「고압가스 안전관리법」제15조에 따라 사업자등과 특정고압가스 사용신고자가 선임하여야 하는 안전관리자<br>2. 「액화석유가스의 안전관리 및 사업법」제34조에 따라 액화석유가스 사업자 등과 액화석유가스 특정사용자가 선임하여야 하는 안전관리자<br>3. 「도시가스사업법」제29조에 따라 도시가스사업자 및 특정가스사용시설의 사용자가 선임하여야 하는 안전관리자<br>4. 「위험물 안전관리법」제15조에 따라 제조소등의 관계인이 선임하여야 하는 위험물안전관리자<br>5. 「화학물질관리법」제32조제1항에 따라 선임하여야 하는 유해화학물질관리자 |
| 전기안전 관리자의 공동채용 (법 제35조) | 동일한 산업단지 등에서 사업을 하는 「전기사업법」제2조 제19호에 따른 자가용전기설비의 소유자 또는 점유자는 「전기안전관리법」제22조에도 불구하고 3 이하의 사업장의 자가용전기설비의 소유자 또는 점유자가 공동으로 전기안전관리자를 선임할 수 있다. 이 경우 이들이 사용하는 전기설비의 총규모는 1천500킬로와트 미만이어야 한다. |

| 구분 | 주요 내용 |
|---|---|
| 중소기업자 등에 대한 안전관리자 고용 의무의 완화 (제30조) [시행일: 2025.8.7.] 제30조 | 「화재의 예방 및 안전관리에 관한 법률」 제24조 제1항에 따른 특정소방대상물(소방안전관리 업무의 전담이 필요하여 대통령령으로 정하는 특정소방대상물은 제외한다)의 관계인인 중소기업자등이 다음 각 호의 어느 하나에 해당하는 사람을 채용하는 경우에는 같은 항에 따른 소방안전관리자도 채용한 것으로 본다. 〈2023.1.3.〉<br><br>1. 「산업안전보건법」 제17조에 따라 사업주가 두어야 하는 안전관리자<br>2. 「전기안전관리법」 제22조에 따라 전기사업자 및 자가용전기설비의 소유자 또는 점유자가 선임하여야 하는 전기안전관리자<br>3. 「고압가스 안전관리법」 제15조에 따라 사업자등과 특정고압가스 사용신고자가 선임하여야 하는 안전관리자<br>4. 「액화석유가스의 안전관리 및 사업법」 제34조에 따라 액화석유가스 사업자 등과 액화석유가스 특정사용자가 선임하여야 하는 안전관리자<br>5. 「도시가스사업법」 제29조에 따라 도시가스사업자 및 특정가스사용시설의 사용자가 선임하여야 하는 안전관리자<br>6. 「위험물 안전관리법」 제15조에 따라 제조소등의 관계인이 선임하여야 하는 위험물안전관리자 |
|  | 대통령령으로 정하는 사업 또는 사업장의 중소기업자가 다음 각 호의 어느 하나에 해당하는 사람을 채용하는 경우에는 다음 각 호의 법률에 따라 그가 채용하여야 하는 나머지 사람과 「산업안전보건법」 제17조에 따라 채용하여야 하는 안전관리자 각 1명도 채용한 것으로 본다. 〈개정 2024. 2. 6.〉<br><br>1. 「고압가스 안전관리법」 제15조에 따라 사업자등과 특정고압가스 사용신고자가 선임하여야 하는 안전관리자<br>2. 「액화석유가스의 안전관리 및 사업법」 제34조에 따라 액화석유가스 사업자 등과 액화석유가스 특정사용자가 선임하여야 하는 안전관리자<br>3. 「도시가스사업법」 제29조에 따라 도시가스사업자 및 특정가스사용시설의 사용자가 선임하여야 하는 안전관리자<br>4. 「위험물 안전관리법」 제15조에 따라 제조소등의 관계인이 선임하여야 하는 위험물안전관리자<br>5. 「화학물질관리법」 제32조제1항에 따라 선임하여야 하는 유해화학물질관리자 |
| 두 종류 이상의 자격증 보유자를 채용한 중소기업자 등에 대한 의무고용의 완화 (제31조) | 중소기업자등이 다음 각 호의 사람을 채용한 경우에 그 채용된 사람이 다음 각 호의 어느 하나에 해당하는 자격을 둘 이상 가진 경우에는 그 자격에 해당하는 사람 모두를 채용한 것으로 본다.<br><br>1. 「산업안전보건법」 제17조에 따라 사업주가 두어야 하는 안전관리자<br>2. 「전기안전관리법」 제22조에 따라 전기사업자 및 자가용전기설비의 소유자 또는 점유자가 선임하여야 하는 전기안전관리자<br>3. 「고압가스 안전관리법」 제15조에 따라 사업자등과 특정고압가스 사용신고자가 선임하여야 하는 안전관리자<br>4. 「액화석유가스의 안전관리 및 사업법」 제34조에 따라 액화석유가스 사업자 등과 액화석유가스 특정사용자가 선임하여야 하는 안전관리자<br>5. 「도시가스사업법」 제29조에 따라 도시가스사업자 및 특정가스사용시설의 사용자가 선임하여야 하는 안전관리자<br>6. 「위험물 안전관리법」 제15조에 따라 제조소등의 관계인이 선임하여야 하는 위험물안전관리자 |

□ **종사자의 의견 청취 절차 마련 및 청취·이행**

─ 중대재해처벌법 시행령 제4조제7호 ─

사업 또는 사업장의 안전·보건에 관한 사항에 대해 종사자의 의견을 듣는 절차를 마련하고, 그 절차에 따라 의견을 들어 재해 예방에 필요하다고 인정하는 경우에는 그에 대한 개선방안을 마련하여 이행하는지를 반기 1회 이상 점검한 후 필요한 조치를 할 것. 다만, 「산업안전보건법」 제24조에 따른 산업안전보건위원회 및 같은 법 제64조·제75조에 따른 안전 및 보건에 관한 협의체에서 사업 또는 사업장의 안전·보건에 관하여 논의하거나 심의·의결한 경우에는 해당 종사자의 의견을 들은 것으로 본다.

**가. 종사자의 의견 청취 · 이행의 개요**

① 개인사업주 또는 경영책임자 등은 사업 또는 사업장의 안전·보건에 관한 의견 청취 절차를 마련하여, 각 사업장에서 그 절차에 따라 종사자 의견을 청취하고 개선이 필요한 경우에는 개선방안을 마련하여 이행하는지를 반기 1회 이상 점검한 후 필요한 조치를 하여야 한다.

② 산업재해 예방을 위해서는 해당 작업장소의 위험이나 개선사항을 가장 잘 알고 있는 현장 작업자인 종사자의 참여가 반드시 필요하다는 점을 고려하여 종사자의 의견을 듣고 반영하는 절차를 체계적으로 두도록 한 것이다.

**나. 사업 또는 사업장의 안전·보건에 관한 사항에 대해 종사자의 의견을 듣는 절차를 마련할 것**

① 종사자라면 누구나 자유롭게 유해·위험요인 등을 포함하여 안전·보건에 관한 의견을 개진할 수 있도록 하되, 종사자의 의견을 듣는 절차는 사업 또는 사업장의 규모, 특성에 따라 달리 정할 수 있으며, 다양한 방법을 중첩적으로 활용하는 것도 가능하다.

② 사내 온라인 시스템이나 건의함을 마련하여 활용할 수도 있고, 사업장 단위 혹은 팀 단위로 주기적인 회의나 간담회 등에서 의견을 개진하도록 하는 등 의견 수렴 절차는 다양하게 마련할 수 있다.

## 다. 종사자의 의견이 재해 예방에 필요하다고 인정하는 경우에는 그에 대한 개선방안을 마련하여 이행하는지를 반기 1회 이상 점검할 것

① 종사자의 의견을 청취 후 그 의견을 반영할 것인지 여부 등을 판단하기 위한 방식이나 절차, 기준 등을 마련하여야 한다.
다만, 재해 예방을 위하여 필요하다고 인정되는지 여부에 대한 구체적인 판단 기준은 일률적으로 정할 수는 없으며, 해당 사업 또는 사업장의 특성, 규모 등을 종합적으로 고려하여 합리적이고 자율적으로 결정해야 함

② 종사자의 의견은 재해 예방을 위해 필요한 안전·보건 확보를 위한 것이므로 제시되는 의견이 안전 보건에 관한 사항이 아닌 경우에는 청취한 의견에 대한 개선방안이 마련되지 않아도 법 위반은 아니다.

- 기업의 경영상의 비밀을 해할 우려가 있는 의견
- 특정 업체의 기계·기구, 장비 등의 구입
- 비합리적으로 과도한 예산 요구
- 안전·보건 목적이 아닌 근로조건의 변경을 목적으로 하는 경우 등

③ 종사자의 의견이 재해 예방을 위해 반드시 필요한 내용이라는 점이 명백함에도 개선방안 마련 및 이행이 되지 않았고, 만약 필요한 조치를 하였다면 중대산업재해가 발생하지 않았을 것이라고 인정되는 경우에는 그러한 조치를 하지 않음으로써 중대산업재해가 발생한 것에 대한 책임은 개인사업주 또는 경영책임자 등에게 있다.

## 라. 산업안전보건위원회 및 안전 및 보건에 관한 협의체에서 종사자 의견 청취

> ● 산업안전보건법 제24조의 산업안전보건위원회
> ● 제64조의 도급인의 안전 및 보건에 관한 협의체
> ● 제75조의 건설공사의 안전 및 보건에 관한 협의체에서 사업 또는 사업장의 안전·보건에 관하여 논의하거나 심의·의결한 경우에는 해당 종사자의 의견을 들은 것으로 간주

① 종사자의 의견을 청취하기 위해 산업안전보건법에 따라 운영 중인 위원회 등이 있는 경우에는 이를 활용할 수 있도록 한다.

② 산업안전보건법 제24조의 산업안전보건위원회는 사업장에서 근로자의 위험 또는 건강장해를 예방하기 위한 계획 및 대책 등 산업안전·보건에 관한 중요한 사항에 대하여 노사가 함께 심의·의결하기 위한 기구로서 산업재해 예방에 대하여 근로자의 이행 및 협력을 구하는 한편, 근로자의 의견을 반영하는 역할을 수행한다.

㉮ 사업장의 안전 및 보건에 관한 중요 사항을 심의·의결하기 위하여 사업장에 근로자위원과 사용자위원을 같은 수로 구성·운영하여야 한다. 정기회의는 분기마다 산업안전보건위원회의 위원장이 소집하며, 임시회의는 위원장이 필요하다고 인정할 때에 소집한다.

㉯ 심의·의결 사항으로는
  ● 사업장의 산업재해 예방계획의 수립
  ● 안전보건관리규정의 작성 및 변경
  ● 안전보건교육
  ● 작업환경 측정 등 작업환경의 점검 및 개선
  ● 근로자의 건강진단 등 건강관리
  ● 중대재해의 원인 조사 및 재발방지대책 수립
  ● 유해·위험한 기계기구·설비의 안전 보건조치에 관한 사항 등

③ 산업안전보건법 제64조의 도급인의 안전 및 보건에 관한 협의체는 도급인이 자신의 사업장에서 관계수급인 근로자가 작업을 하는 경우에 도급인과 수급인을 구성원으로 하여 운영하는 회의체이다.

협의체는 매월 1회 이상 정기적으로 회의를 개최하여야 하며

- 작업 시작시간
- 작업 또는 작업장 간 연락방법
- 재해 발생 위험시 대피방법
- 위험성평가 실시
- 사업주와 수급인 또는 수급인 상호 간의 연락 방법 및 작업공정의 조정을 협의(산업안전보건법 시행규칙 제79조)

④ 산업안전보건법 제75조의 건설공사의 안전 및 보건에 관한 협의체(이하 "노사협의체"라 함)는 공사금액이 120억 원(토목공사업은 150억 원) 이상인 건설공사 도급인이 해당 건설공사 현장에 근로자위원과 사용자위원을 같은 수로 구성·운영하는 노사협의체를 말한다.

㉮ 정기회의는 2개월마다 노사협의체의 위원장이 소집하며, 임시회의는 위원장이 필요하다고 인정할 때에 소집한다.

㉯ 심의·의결 사항은 산업안전보건위원회 심의·의결 사항과 동일하다.

## 산업안전보건위원회를 구성해야 할 사업의 종류 및 규모

시행령 제34조 별표9

| 사업의 종류 | 규모 |
|---|---|
| 1. 토사석 광업<br>2. 목재 및 나무제품 제조업; 가구 제외<br>3. 화학물질 및 화학제품 제조업; 의약품 제외<br>　(세제, 화장품 및 광택제 제조업과 화학섬유 제조업은<br>　제외한다)<br>4. 비금속 광물제품 제조업<br>5. 1차 금속 제조업<br>6. 금속가공제품 제조업; 기계 및 가구 제외<br>7. 자동차 및 트레일러 제조업<br>8. 기타 기계 및 장비 제조업<br>　(사무용 기계 및 장비 제조업은 제외한다)<br>9. 기타 운송장비 제조업<br>　(전투용 차량 제조업은 제외한다) | 상시 근로자 50명 이상 |
| 10. 농업<br>11. 어업<br>12. 소프트웨어 개발 및 공급업<br>13. 컴퓨터 프로그래밍, 시스템 통합 및 관리업<br>14. 정보서비스업<br>15. 금융 및 보험업<br>16. 임대업; 부동산 제외<br>17. 전문, 과학 및 기술 서비스업(연구개발업은 제외한다)<br>18. 사업지원 서비스업<br>19. 사회복지 서비스업 | 상시 근로자 300명 이상 |
| 20. 건설업 | 공사금액 120억 원 이상 (「건설산업기본법 시행령」 별표 1에 따른 토목공사업에 해당하는 공사의 경우에는 150억 원 이상) |
| 21. 제1호부터 제20호까지의 사업을 제외한 사업 | 상시 근로자 100명 이상 |

## □ 급박한 위험 대비 매뉴얼 마련 및 점검

─ 중대재해처벌법 시행령 제4조제8호 ─

사업 또는 사업장에 중대산업재해가 발생하거나 발생할 급박한 위험이 있을 경우를 대비하여 다음 각 목의 조치에 관한 매뉴얼을 마련하고, 해당 매뉴얼에 따라 조치하는지를 반기 1회 이상 점검할 것.

가. 작업 중지, 근로자 대피, 위험요인 제거 등 대응조치
나. 중대산업재해를 입은 사람에 대한 구호조치
다. 추가 피해방지를 위한 조치

## 가. 의의

① 개인사업주 또는 경영책임자 등은 중대산업재해가 발생하거나 발생할 급박한 위험이 있을 경우를 대비

㉮ 작업 중지, 근로자 대피, 위험요인 제거 등 대응조치

㉯ 중대산업재해를 입은 사람에 대한 구호조치

㉰ 추가 피해방지를 위한 조치에 관한 매뉴얼을 마련하고 그에 따라 현장에서 잘 조치되고 있는지를 반기 1회 이상 점검

② 개인사업주 또는 경영책임자 등이 중대산업재해 발생 등 긴급상황에 대처할 수 있는 작업중지 및 근로자 대피, 위험요인 제거 등에 관한 체계적인 매뉴얼을 마련하여 중대산산업재해 발생으로 인한 피해를 최소화하려는 것이다.

③ 대응조치, 구호조치 및 추가 피해방지 조치에 관한 매뉴얼은 긴급상황에서 체계적으로 대응하고 해당 조치에 응할 수 있도록 종사자 전원에게 공유되어야 한다.

## 나. 작업 중지, 근로자 대피, 위험요인 제거 등 대응조치

① 중대산업재해가 발생하였거나 급박한 위험이 있는 경우 즉각적으로 작업 중지와 근로자 대피가 이루어질 수 있도록 하여야 한다. 매뉴얼에는 사업주의 작업 중지 외에 근로자 등 종사자의 작업중지권, 관리감독자의 작업중지권도 포함할 수 있도록 한다.

② 매뉴얼은 작업 중지, 근로자 대피, 위험요인의 제거 순으로 행동할 수 있도록 마련되어야 하며, 위험요인의 제거 후 추가적인 피해를 초래하지 않는 경우에만 작업이 진행되도록 절차를 마련하여야 한다.

③ 특히 사업주(개인사업주나 법인 또는 기관)는 중대산업재해가 발생한 경우 산업안전보건법에 따라 즉시 해당 작업을 중지시키고 근로자를 작업장소에서 대피시켜야 하며, 지체 없이 발생개요, 피해상황, 조치 및 전망 등을 지방고용노동관서에 보고하여야 한다 (산업안전보건법 제54조).

④ 도급인은

㉮ 작업장소에서 발파작업을 하는 경우

㉯ 작업장소에서 화재·폭발, 토사·구축물 등의 붕괴 또는 지진 등이 발생한 경우에 대비한 경보체계 운영과 대피방법 등에 관한 훈련(산업안전보건법 제64조 제1항 제5호)

㉰ 이는 중대산업재해가 발생할 급박한 위험이 있는 경우를 대비한 것으로 매뉴얼에는 위 내용을 포함

⑤ 근로자가 사업장 내 작업장소에서 산업재해가 발생할 급박한 위험이 있다고 판단한 경우에 산업안전보건법 제52조 제1항에 따른 작업중지권의 행사를 보장하도록 하는 내용을 포함하여야 하며, 근로자로부터 산업재해가 발생할 급박한 위험이 있어 작업을 중지한 사실을 보고받은 관리감독자, 안전보건관리책임자 등은 해당 장소에 산업재해가 발생할 급박한 위험이 있는지 여부 등을 확인하고 필요한 경우 안전 및 보건에 관한 조치를 한 후 작업을 개시하

도록 하여야 한다.

⑥ 다만, 종사자가 안전·보건에 관한 사항에 대해 의견을 제시하였다는 이유로 종사자 또는 종사자가 소속된 수급인등에게 불이익한 조치를 하여서는 아니 됨은 물론이고, 오히려 적극적으로 의견을 개진하도록 촉진하는 내용이 절차상에 포함되는 것이 바람직하다.

## 다. 중대산업재해를 입은 사람에 대한 구호조치

119 등 긴급 상황 시의 연락체계와 함께 사업 또는 사업장 특성에 따라 필요한 기본적인 응급조치 방안을 포함하여야 한다.

다만 건축물의 붕괴 등으로 인해 추가 피해가 예상되는 경우에는 직접적인 구호조치 이행의 예외로 할 수 있다.

## 라. 추가 피해방지를 위한 조치

① 현장 출입통제, 해당 사업장 외 유사 작업이 이루어지는 사업장 등 전체 사업 또는 사업장에 해당 사항 공유, 원인분석 및 재발방지 대책 마련 등을 포함한다.

② 아울러 작업 중지 조치는 추가 피해방지를 위한 조치가 완료되기 전까지

③ 중대재해 발생에 대처할 수 있는 비상조치계획을 수립하고 준비함으로써 피해를 최소화할 수 있다.

## (1) 실행 전략

① 위험요인을 바탕으로 시나리오를 작성한다.

② 중대재해로 이어질 수 있는 재해요인을 파악한다.

③ 사업장 단위로 재해 발생 시나리오를 작성한다.

■ 실행 방법

① 위험요인별로 어떤 재해가 발생할 수 있는지를 검토한다.

② 사망사고로 이어질 수 있는 중대한 위험요인은 재해 발생 시나리오

를 작성한다.

③ 다수의 사업장을 보유한 기업은 사업장마다 발생 가능한 재해 상황이 다르므로 사업장별로 재해 발생 시나리오를 작성한다.

## (2) 실행 전략

① 재해 발생 시나리오별 조치계획을 수립한다.

② 재해 발생 시나리오별 조치계획을 구체적으로 작성한다.

③ 급박한 위험 등에 대비할 수 있도록 작업중지 권한을 명확히 한다.

■ 실행 방법

① 작성된 재해 시나리오를 바탕으로 조치계획을 수립한다.

② 조치계획을 수립할 때는 모든 구성원의 의견을 적극적으로 수렴한다.

③ 조치계획에는 상황보고·전파(내·외부), 임시적인 위험요인 제거방안, 근로자 대피방안, 추가피해 방지방안 등을 포함한다.

> • 화재 현장 또는 구조·구급이 필요한 사고 현장을 발견한 사람은 그 현장의 상황을 소방서 등(119)에 지체 없이 알려야 한다.(소방기본법 제19조)
> • 또한, 중대재해가 발생하면 사업주는 즉시 해당 작업을 중지시키고 근로자를 대피시켜야 하며, 지체 없이 발생 개요 및 피해 상황, 조치 및 전망 등을 지방고용노동관서에 보고해야 한다. (산업안전보건법 제54조)

④ 조치계획에 사업주의 작업중지 의무와 작업자의 작업중지권을 반영하며, 중간 관리자에게도 작업중지권을 부여한다.

## (3) 실행 전략

① 비상조치계획에 따라 주기적으로 훈련한다.

② 비상조치계획을 이행하고 검증하며, 주기적으로 반복한다.

■ 실행방법

① 비상조치계획에 따른 구성원별 역할과 대피방법을 교육한다.

② 비상조치계획 이행을 위한 장비를 확보하고 주기적으로 훈련한다.

③ 사업장별 조치계획 훈련을 통해 실효성을 검증한다.

④ 훈련과정에서 발견된 문제점을 검토하여 조치계획을 개선한다.

## (4) 비상조치 관련 안전보건 관계 법령

### 1) 급박한 위험 시 대응절차 등 마련

사업주·경영책임자 등은 중대산업재해가 발생할 급박한 위험이 있는 경우, 작업중지·대피·보고·위험요인 제거 등 대응절차와 중대산업 재해 발생 시 구호조치, 추가피해방지 조치 및 발생보고 등 절차를 마련하고, 이를 반기 1회 이상 확인·점검

(중대법 제4조제1항 및 시행령 입법예고안 제4조제7호)

### 2) PSM 사업장 비상조치계획 수립

공정안전보고서 작성·제출 사업주는 비상조치계획 등을 포함하여 공정안전보고서를 작성(산안법 제44조 및 시행령 제44조)

> ● 공정안전보고서 내용
> 공정안전자료, 공정위험성 평가서, 안전운전계획, 비상조치계획, 그 밖에 공정상의 안전과 관련하여 고용노동부장관이 필요하다고 인정하여 고시하는 사항

### 3) 도급인 비상조치계획 수립

도급인은 수급인의 근로자가 도급 사업장에서 작업하는 경우, 발파 작업, 화재·폭발, 붕괴, 지진 등에 대비한 경보체계를 운영하고 대피 방법 등을 훈련해야 한다(산안법 제64조제1항5호).

## 마. 가상훈련

## (1) 모든 공정을 실제처럼 구현하는 운전원 가상훈련 시스템

① ○○화학은 운전원 가상훈련 시스템(OTS: Operator Training System. 이하 OTS)을 도입했다. 비행기 조종사들이 항공기 이·착륙과 같은 기본 운항능력은 물론, 예기치 못한 기상악화 상황에서의 대처능력을 키우는 모의 운항훈련과 같은 개념이다.

② OTS는 모든 공정을 실제처럼 구현한다. 보드맨(필드맨 경력 15년 이상의 조종 실 운전원으로, 현장설비의 가동 상태가 표시되는 조종실 컴퓨터 화면의 모니터링 및 제어 담당)이라 불리는 근로자들이 8주간의 OTS

교육훈련을 통해 여러 공정의 운전·제어 경험을 쌓고, 돌발상황 대처능력을 기른다. 훈련 후에는 필기·실기시험을 치러 성과도 확인한다.

③ OTS의 효과는 기존 공장에 새로운 설비가 증설되거나 새로운 공장을 가동할 때 확실히 나타난다. 철저한 설계를 통해 건설된 공장이지만, 막상 가동을 시작 하면 예기치 못한 상황이 발생할 수 있기에, OTS로 공정의 안전성을 미리 평가 하고 휴먼 에러(Human error; 사람의 실수)를 방지할 수 있다.

④ 가상이 아닌 실제 훈련도 분기마다 실시한다. 특정 사고 상황을 가정하고 피해 반경을 예상해 움직이는 비상대응 훈련이다. 안전관리부서는 화재폭발, 유해 가스 및 화학물질 유출, 정전 등 30여 개의 유형별 비상사태 시나리오와 대응 매뉴얼을 갖춰 놓았다.

## (2) 유형별 비상사태 시나리오와 대응 매뉴얼 마련

① 2021년 하반기 비상대응 훈련은 제품 탱크로리 로딩장에서 이뤄졌다. 공정 중 발생한 누출사고의 초기진화 실패로 화재가 발생하는 상황으로, 시나리오는 다음과 같다.

② 인화성 화학물질인 초산(Acetic acid, C2H4O2)은 누출 시 화재폭발 위험이 있고, 복사열에 의해 사고지점 주변으로 화재가 확산될 수 있으며 인체 접촉 시 화상 위험도 있다.

③ 훈련은 인근 사업장과의 합동으로 100여 명이 참가했다. 사고 접수를 받은 보드맨은 비상경보 발령과 함께 사고 상황을 전파하고, 방재작업 및 응급구조를 지시했다. 바람의 방향 등 방재·화재 진압에 유용한 정보와 대피로 등을 안내했다.

④ 기록처리반은 응급구호 후송반을 통해 재해자 인적사항, 상태, 의사 소견 등을 파악하고 재해자 가족과 연락했다. 사고 초기 119 및 지방노동관서 신고 여부 와 보험처리 여부도 확인하고, 사고원인 조사결과도 관리했다. 이러한 훈련과 정을 통해 나타난 문제들은 경영진 보고를 거쳐 개선안을 마련했다.

- **'21년 하반기 비상대응 훈련 시나리오**

  - 초산을 A라인 탱크로리에 채우다 유량 조절에 실패하여 넘친다.
  - 방재작업 중 B라인 차량의 시동 스파크로 탱크로리에 화재 발생
  - 초기 진화 중 운전자 1명 얼굴 화상으로 쓰러진다.

- **'21년 하반기 비상대응 훈련 결과**

| 문제점 | 개선사항 |
|---|---|
| 내산복 착용했음에도 초산 초기누출 회수작업 시 목 부위 보호 미흡 | 내산복 외 두건 착용 필요 |
| 화재진압 위해 물로 소화할 때 초산이 공중에 흩뿌려져 방재요원 화상위험 있음 | 방재요원에게 적정한 개인보호구 지급 및 소화수 관창(노즐) 조작방법 추가훈련 필요 |
| 화재구역 통제 미흡 | 방재인력 외 사고현장 접근금지 조치 필요 |
| 소방차 소방호스 연결 지연 | 소화수가 끊김 없이 공급되도록 소방차 소방 호스 연결 절차 훈련 필요 |

- 한편 기계적인 오류 발생 위험도 대비한다. 주요 기계설비에 온도, 유량, 압력 등을 개별 감지하는 4개의 계측기를 설치, 2개 이상이 이상을 감지하면 공정이 자동으로 중지되는 알람 매니지먼트 시스템이 그것이다. 사람부터 설비, 시스템까지 사업장의 모든 돌발 변수를 파악하고 비상대책을 마련하는 것이 ○○화학의 안전관리 비법이다.

- 운전원 가상훈련 시스템(OTS) 도입
  시뮬레이터를 통한 가상훈련으로 신규공장·설비증설 전, 사전평가 실시

- 15년 이상 경력의 보드맨을 대상으로 OTS 교육훈련 실시

- 설비 이상 반응 감지 시 자동으로 공정이 중지되는 '알람 매니지먼트' 도입 유지되어야 한다.

## 바. 중대재해(고위험요인) 잠재유해 · 위험작업의 관리

### (1) 작업허가 제도

#### 1) 개요

작업허가서(PTW. permit to work)는 고위험 유해 · 위험한 작업시 작업방법, 작업순서, 절차, 위험포인트 등 중대사고를 사전에 예방 및 위험 통제 수단이며, 작업허가권자에게 작업 신청 · 승인 후 작업을 수행한다.

#### 2) 도급사업의 경우

① 협력업체, 관계수급인이 작성하고 도급인의 승인을 받도록 체계를 규정하여 운영한다.

② 발주처나 도급인은 점검, 교육 등을 실시할 수 있으나, 관계수급인 근로자에게 직접 작업지시에는 한계를 유지해야 한다.

③ 작업장에서 발견된 지적사항이나 기준, 규정위반사항은 시정 조치 등을 적용하는 것이 타당하다.

#### 3) 작업장 운용 방법

① 활선/정전작업 등 고위험 작업시 상호조작상 정보소통관리를 위하여 잠금장치(LoTo시스템) 운용시스템을 규정하는 경우도 있다.

② ILS(Isolation Locking System)은 정비작업 등 작업 중에 위험기계 · 기구의 전원차단, 작업자 격리 등 안전성을 확보하는 방법도 있다.

## (2) 작업중지제도

산업안전보건법 제51조

**사업주의 작업 중지**

사업주는 산업재해가 발생할 급박한 위험이 있을 때에는 즉시 작업을 중지시키고 근로자를 작업장소에서 대피시키는 등 안전 및 보건에 관하여 필요한 조치를 하여야 한다.

**근로자의 작업 중지**

산업안전보건법 제52조

① 근로자는 산업재해가 발생할 급박한 위험이 있는 경우에는 작업을 중지하고 대피할 수 있다.
② 제1항에 따라 작업을 중지하고 대피한 근로자는 지체 없이 그 사실을 관리감독자 또는 그 밖에 부서의 장(이하 "관리감독자등"이라 한다)에게 보고하여야 한다.
③ 관리감독자 등은 제2항에 따른 보고를 받으면 안전 및 보건에 관하여 필요한 조치를 하여야 한다.
④ 사업주는 산업재해가 발생할 급박한 위험이 있다고 근로자가 믿을 만한 합리적인 이유가 있을 때에는 제1항에 따라 작업을 중지하고 대피한 근로자에 대하여 해고나 그 밖의 불리한 처우를 해서는 아니된다.

**근로자의 안전조치 및 보건조치 준수**

산업안전보건법 제40조

근로자는 산업안전보건법 제38조(안전조치) 및 제39조(보건조치)에 따라 사업주가 한 조치로서 고용노동부령으로 정하는 조치 사항을 지켜야 한다.

- 무조건 안전한 방법으로 작업한다.
- 작업 전 위험성 평가와 PTW 운영에 따른다.
- 전구성원 위험요인 및 안전대책 공유한다.
- 안전 확보 확인 후 작업한다.
- 위험요인 발견 시 즉시 작업 중지한다.
- 1장비 1신호수(장비운전원 및 신호수) 배치한다.
- 작업구간 주변 위험요인 철저하게 확인한다.
- 관리감독자 지시없이 임의 장비 운행 금지한다.
- 작업과 무관한 장소 출입 및 이동을 금지한다.
- 중대재해 근절을 위한 전직원의 노력 필요하다.

## 1) 작업 중지의 개요

① 작업중지는 산업재해가 발생할 급박한 위험이 있는 경우 작업을 중지하고 대피하는 행위를 말한다.

   ㉮ 사업주의 작업중지와 근로자의 작업중지의 권한을 갖는다.

   ㉯ 사업주는 **작업중지권자**를 지정하고 권한을 위임하고 있다.

   ㉰ 건설현장의 경우 소장, 안전관리자, 공사 감독자 중 한 사람에게 권한을 위임하여 실행하는 경우도 있다.

   ㉱ 근로자는 누구나 작업중지 권리를 직접 실행하도록 보장된다.

   ㉲ 조치계획에 사업주의 작업중지 의무와 작업자의 작업중지권을 반영하며, 중간 관리자에게도 작업중지권을 부여한다.

---

**● 사업주와 근로자의 작업중지**

산업재해가 발생할 급박한 위험이 있는 경우, 사업주는 즉시 작업을 중지시키고 근로자를 대피 시켜야 하며, 근로자도 스스로 작업을 중지하고 대피할 수 있다.
작업중지권을 행사한 근로자는 관리감독자 등에게 보고해야 하며, 사업주는 이를 이유로 해고나 그 밖의 불리한 처우를 해서는 안된다.
(산업안전보건법 제51조, 제52조)

근로자는 정당한 이유 없는 해고 등에 대해 노동위원회에 구제신청을 할 수 있다.
(근로기준법 제28조)

---

**● 급박한 위험**

- 높이 2m 이상 장소에서 작업발판, 안전난간 등이 설치되지 않아 추락위험이 높은 경우
- 비계, 거푸집, 동바리 등 가시설물 설치가 부적합하거나 부적절한 자재가 사용된 경우
- 토사, 구축물 등의 변형 등으로 붕괴사고의 우려가 높은 경우
- 가연성·인화성 물질 취급장소에서 화기작업을 실시하여 화재·폭발의 위험이 있는 경우
- 유해·위험 화학물질 취급 설비의 고장, 변형으로 화학물질의 누출 위험이 있는 경우
- 밀폐공간 작업 전 산소농도 측정을 하지 않은 경우
- 유해 화학물질을 밀폐하는 설비에 국소배기장치를 설치하지 않은 경우

## 2) 근로자의 작업중지 권리(작업중지권)

산업안전보건법 제52조에서 '산업재해가 발생할 급박한 위험이 있는 경우 작업중지, 대피할 수 있다' 라고 명시되어 있다.

## 3) 사업주의 작업중지 권한·의무

산업안전보건법 제51조에서 '산업재해가 발생할 급박한 위험이 있을 때, 즉시 작업 중지시키고 근로자를 작업장소에서 대피시키는 조치를 하여야 한다'라고 명시되어 있다.

## 4) 사업주의 산업안전보건기준규칙에서 정하는 작업중지

① 산업안전보건규칙 제37조 제2항(악천후 및 강풍 시 작업중지)

㉮ 순간 풍속 초당 10미터 초과하는 경우에 타워크레인 설치·수리·점검 또는 해체작업 중지

㉯ 순간 풍속 초당 15미터 초과하는 경우에 타워크레인 운전작업 중지

② 산업안전보건규칙 제279조 제1항

화재 또는 폭발에 의한 산업재해 발생의 급박한 위험이 있을 경우 즉시 작업 중지하고, 근로자를 안전한 장소로 대피시켜야 함.

③ 산업안전보건규칙 제383조(작업의 제한)

풍속·강우량·강설량에 따른 기준 초과 시 철골 작업 중지

1. 풍속이 초당 10미터 이상인 경우

2. 강우량이 시간당 1밀리미터 이상인 경우

3. 강설량이 시간당 1센티미터 이상인 경우

④ 산업안전보건규칙 제438조 제1항(사고 시의 대피)

근로자가 관리대상 유해물질에 의한 중독이 발생할 우려가 있는 경우 즉시 작업중지

⑤ 산업안전보건규칙 제639조 제1항

밀폐공간 작업의 경우, 산소결핍·유해가스로 인한 질식·화재·폭발 등 우려 시 즉시 작업중지 및 해당 근로자 대피

## (3) 시정조치제도

### 1) 고용노동부장관의 시정조치 등

| 고용노동부장관의 시정조치 등 | 산업안전보건법 제53조 |
|---|---|

① 고용노동부장관은 사업주가 사업장의 건설물 또는 그 부속건설물 및 기계·기구·설비·원재료(이하 "기계·설비등"이라 한다)에 대하여 안전 및 보건에 관하여 고용노동부령으로 정하는 필요한 조치를 하지 아니하여 근로자에게 현저한 유해·위험이 초래될 우려가 있다고 판단될 때에는 해당 기계·설비등에 대하여 사용중지·대체·제거 또는 시설의 개선, 그 밖에 안전 및 보건에 관하여 고용노동부령으로 정하는 필요한 조치(이하 "시정조치"라 한다)를 명할 수 있다.

② 제1항에 따라 시정조치 명령을 받은 사업주는 해당 기계·설비등에 대하여 시정조치를 완료할 때까지 시정조치 명령 사항을 사업장 내에 근로자가 쉽게 볼 수 있는 장소에 게시하여야 한다.

③ 고용노동부장관은 사업주가 해당 기계·설비등에 대한 시정조치 명령을 이행하지 아니하여 유해·위험 상태가 해소 또는 개선되지 아니하거나 근로자에 대한 유해·위험이 현저히 높아질 우려가 있는 경우에는 해당 기계·설비등과 관련된 작업의 전부 또는 일부의 중지를 명할 수 있다.

④ 제1항에 따른 사용중지 명령 또는 제3항에 따른 작업중지 명령을 받은 사업주는 그 시정조치를 완료한 경우에는 고용노동부장관에게 제1항에 따른 사용중지 또는 제3항에 따른 작업중지의 해제를 요청할 수 있다.

⑤ 고용노동부장관은 제4항에 따른 해제 요청에 대하여 시정조치가 완료되었다고 판단될 때에는 제1항에 따른 사용중지 또는 제3항에 따른 작업중지를 해제하여야 한다.

① 동 시행규칙 고용노동부장관의 시정조치 등

㉮ 기계·설비 등에 대한 안전·보건 조치(시행규칙 제63조)

㉯ 사용의 중지(시행규칙 제64조)

㉰ 작업의 중지(시행규칙 제65조)

㉱ 시정조치 명령서의 게시(시행규칙 제66조)

## 2) 도급인의 시정조치

① 도급인의 사업장에서 수급인 및 관계 수급인의 근로자가 현저한 유해·위험이 초래될 우려되는 불안전한 행동(규정 미준수·위험행동 등)을 발견한 경우 당해 수급인 책임자에게 시정조치를 할 수 있다.

② 사업장에서는 중대재해 예방을 위한 작업자 퇴출제도인 1strike out제, 3out제 등 다양한 형태로 작업배제를 하고 있다.

③ 의견 상충과 갈등요인이 되는 경우도 발생하고 있어, 상호 명시적 기준 설정이 필요할 것이다.

## 3) 시정조치·후속처리

① 지적사항은 법령근거·사내규정기준·안전보건기준의 위반사항이나 이탈에 대한 근거를 제시하고, 구체적으로 간결하게 해야 한다.

② 시정조치는 조치 전과 조치 후를 비교할 수 있도록 해야 한다.

③ 조치확인은 시설교체·규정개정 등, 장기적 조치의 경우 작업자의 불안전한 행동에 대한 교육·재점검 등 조치확인으로 종료한다.

## ❏ 도급·용역·위탁 시의 기준과 절차 마련 및 점검

---
중대재해처벌법 시행령 제4조제9호
---

제3자에게 업무의 도급·용역·위탁 등을 하는 경우에는 종사자의 안전·보건을 확보하기 위해 다음 각 목의 기준과 절차를 마련하고, 그 기준과 절차에 따라 도급·용역·위탁 등이 이루어지는지를 반기 1회 이상 점검할 것

가. 도급·용역·위탁 등을 받는 자의 산업재해 예방을 위한 조치 능력과 기술에 관한 평가기준·절차

나. 도급·용역·위탁 등을 받는 자의 안전·보건을 위한 관리비용에 관한 기준

다. 건설업 및 조선업의 경우 도급·용역·위탁 등을 받는 자의 안전·보건을 위한 공사기간 또는 건조기간에 관한 기준

## 가. 의의

① 개인사업주 또는 경영책임자 등이 도급·용역·위탁 등을 하는 경우

㉮ 도급·용역·위탁 등을 받는 자의 산업재해 예방을 위한 조치 능력과 기술에 관한 평가기준·절차

㉯ 도급·용역·위탁 등을 받는 자의 안전·보건을 위한 관리비용에 관한 기준

㉰ 건설업 및 조선업의 경우 도급·용역·위탁 등을 받는 자의 안전·보건을 위한 공사기간 또는 건조기간에 관한 기준과 절차를 마련

마련한 기준과 절차에 따라 도급·용역·위탁 등이 이루어지는지를 반기 1회 이상 점검하여야 한다.

② 도급인 자신의 안전보건관리체계 구축 등 안전 및 보건 확보를 위한 노력도 중요하지만, 특히 위험 작업이 많은 수급인의 경우에는 안전조치 및 보건조치 등에 관한 수급인 자체의 능력과 노력 없이는 산업재해 예방은 쉽지 않다.

③ 이를 고려하여 수급인 선정 시 기술·가격 등에 관한 사항뿐만
아니라 안전·보건에 관한 역량이 우수한 업체가 선정될 수 있도록
하려는 것이다.

## 나. 도급·용역·위탁 등을 받는 자의 안전·보건 확보를 위한 기준과 절차 마련

### (1) 산업재해 예방을 위한 조치 능력과 기술에 관한 평가기준 및 절차

① 도급·용역·위탁 업체 선정 시 안전·보건 확보 수준을 평가하여
적정한 수준에 미달하는 경우에는 계약하지 않도록 하고, 이를
위해 수급인의 안전·보건에 관한 조치 능력과 기술을 평가하는
기준과 절차를 마련하여야 한다.

> 산업안전보건법 제61조 **(적격 수급인 선정 의무)**
> 사업주는 산업재해 예방을 위한 조치를 할 수 있는 능력을 갖춘 사업주에게 도급하여
> 야 한다.

해당 사업 또는 사업장의 현실을 고려하여 안전·보건 확보에 관한
요소와 기준이 낙찰 과정에서 충분히 반영될 수 있도록 하여야
하며 이때 안전·보건에 관한 역량 판단을 위한 세부 기준이 단지
형식적 기준에 그치지 않도록 해야 한다.

② 평가 기준에는 수급인의 안전·보건 확보를 위한 안전보건관리체
계 구축 여부, 안전보건관리규정, 작업절차 준수, 안전보건교육
실시, 위험성평가 참여 등 산업안전보건법에 명시된 기본적인
사항의 준수 여부 및 중대산업재해 발생 여부 등과 함께 도급받은
업무와 관련된 안전조치 및 보건조치를 위한 능력과 기술 역량에
관한 항목도 포함되어야 한다.

③ 평가 기준과 절차는 사업장의 특성·규모·개별 업무의 내용과
속성·장소 등 구체적인 사정 등을 종합적으로 고려하여 자유롭게
마련하되, 안전·보건 역량이 우수한 수급인이 선정될 수 있도록
하여야 한다.

## (2) 안전·보건을 위한 관리비용에 관한 기준

① 도급·용역·위탁 등을 하는 자가 해당 사업의 특성, 규모 등을 고려하여 도급·용역·위탁 등을 받는 자의 안전 보건 관리비용에 관한 기준을 마련하여야 한다.

② 경영책임자 등이 업무를 도급 용역 위탁하는 경우에 업무수행기간을 지나치게 단축하도록 요구하거나 안전·보건을 위한 관리비용을 절감하는 등의 문제로 산업재해가 빈발하는 점에 주목하여 사업 내·외부 전문가의 자문과 실무자와의 협의 등 다양한 검증절차를 거친 후 개별적이고 구체적인 사정을 종합적으로 고려하여 도급 등을 준 작업의 수행과정에서 안전과 보건을 확보하는 데 충분한 비용을 책정하도록 하여야 한다.

③ 안전·보건을 위한 관리비용은 수급인이 사용하는 시설, 설비, 장비 등에 대한 안전조치, 보건조치에 필요한 비용, 종사자의 개인 보호구 등 안전 및 보건 확보를 위한 금액으로 정하되, 총 금액이 아닌 가급적 항목별로 구체적인 기준을 제시하여야 한다. 안전·보건을 위한 관리비용은 도급·용역·위탁 등을 받은 자의 작업 수행과정에서 안전·보건을 위한 관리비용으로 도급계약에 수반되는 금액이며, 도급인이 도급금액 외에 별도로 지급하여야 하는 비용은 아니다.

## (3) 안전·보건을 위한 공사기간 또는 건조기간에 관한 기준

① 안전·보건에 관한 별도의 독립적인 기간을 의미하는 것이 아니라 수급인 종사자의 산업재해 예방을 위해 안전하게 작업할 수 있는 충분한 작업기간을 고려한 계약기간을 의미한다.

② 특히, 건설업·조선업의 경우에는 비용절감 등을 목적으로 안전·보건에 관한 사항은 고려하지 않은 채 공사기간·건조기간을 정하여서는 안 되며, 기상 상황 중대재해가 발생할 급박한 위험 상황 등 돌발 사태 등을 충분히 고려하여 기간에 관한 기준을 마련하여야 한다.

③ 과도하게 짧은 기간을 제시한 업체는 선정하지 않도록 하는 항목도
기준에 포함하여야 한다.

## 다. 안전 · 보건 확보를 위한 기준과 절차에 따른 이행 여부 점검

① 개인사업주나 경영책임자 등은 안전·보건 확보를 위해 마련한
기준과 절차에 따라 도급·용역·위탁 등의 업체가 선정되는지
여부를 반기 1회 이상 점검하여야 한다.

② 마련된 기준과 절차에 따르면 안전 및 보건 확보가 이행되기 어려울
것으로 보이는 업체와는 계약하지 않도록 해야 한다.

③ 해당 기준을 충족하는 수급인에게 도급·용역·위탁을 함은 물론,
해당 관리비용을 집행하고 공사기간, 건조기간을 준수할 수 있도
록 실제 계약이 제대로 이행되는지도 점검항목에 포함하여야 한
다.

# 제4장

# 판결사례 및 주요 질의회시

## 01 중대재해처벌법 판결 사례

### 산업안전보건법위반 · 업무상과실치사 · 중대재해처벌 등에 관한 법률 위반 (산업재해치사) 판결 사례

[창원지법 마산지원 2023. 4.26. 선고 2022고합95 판결 : 항소]

**가. 판결 사례**

(1) 판결 내용에서의 사실관계
– 중대산업 재해 개요 : 도급관계인 관계수급인인 丙의 사업체 소속 근로자 丁이 피고인 甲 회사의 야외작업장에서 중량물 취급 작업인 철제 방열판 보수 작업을 하던 중, 크레인 섬유벨트가 끊어지고 방열판이 낙하하면서 丁을 덮쳐 사망 발생

(2) 법적 책임 관계
- 피고인 甲 : 도급 계약한 법인
- 피고인 乙 : 피고인 甲 주식회사의 대표이사로서 경영책임자이자 안전보건총괄책임자
- 관계수급인 丙

(3) 기소
산업안전보건법 위반 및 중대재해처벌 등에 관한 법률 위반(산업재해치사)으로 기소.

**나. 판결 내용에서의 안전보건관리체계 관련 위반 내용**

(1) 대표이사(경영책임자) 및 안전보건총괄책임자로서의 안전의무 위반

1) 법적 지위 : 사업장에서 종사자의 안전·보건상 유해 또는 위험을 방지하기 위하여 그 사업 또는 사업장의 특성 및 규모 등을 고려하여 재해예방에 필요한 인력 및 예산 등 안전보건관리체계의 구축 및 이행에 관한 조치의무가 있는 경영책임자이자, 사업장의 종사자와 관계수급인 근로자의 안전·보건에 관한 사항을 총괄하여 관리하는 안전보건 총괄책임자임.

2) 의무 위반 사항
- 안전대책을 포함한 작업계획서를 미작성
- 업무상 주의 의무 위반 : 안전한 중량물 취급 용구 미사용 / 수시 점검 미이행 / 중량물과 작업자의 안전거리 유지 관리 결함

- **안전보건관리책임자 등 평가 기준 미준수 / 평가·관리 미준수**

  실질적으로 지배·운영·관리하는 사업 또는 사업장에서 종사자의 안전·보건상 유해 또는 위험을 방지하기 위하여 그 사업 또는 사업장의 특성 및 규모 등을 고려하여 안전보건관리책임자, 관리감독자 및 안전보건총괄책임자(이하 통틀어 '안전보건관리책임자 등'이라 한다)가 업무를 각 사업장에서 충실히 수행할 수 있도록 안전보건관리책임자 등이 해당 업무를 충실하게 수행하는지를 평가하는 기준을 마련하여 그 기준에 따라 안전보건관리책임자 등을 반기 1회 이상 평가·관리 미준수.

- **도급·용역· 위탁 시에 평가 기준 및 절차 수립 및 점검 미준수**

  제3자에게 업무의 도급, 용역, 위탁 등을 하는 경우에는 종사자의 안전·보건을 확보하기 위해 도급, 용역, 위탁 등을 받는 자의 산업재해 예방을 위한 조치 능력과 기술에 관한 평가 기준·절차에 관한 기준을 마련한 뒤 그 기준과 절차에 따라 도급이 이루어지는지를 반기 1회 이상 점검하는 등 안전보건관리체계의 구축 및 그 이행에 관한 조치를 할 의무 위반.

(2) 대표이사(경영책임자) 및 안전보건총괄책임자에 적용 법령

1) **중대재해처벌법**

   제6조제1항, 제4조제1항제1호, 제2조제2호(가)목(안전보건 확보의무 위반으로 인한 중대산업재해의 점)

2) **산업안전보건법**

   - 제38조제1항, 제2항, 제3항(안전조치 불이행의 점)
   - 제39조제1항(보건조치 불이행의 점)
   - 산업안전보건법제173조, 제167조제1항, 제63조(도급인의 안전조치의무위반치사의 점)
   - 각 산업안전보건법 제173조, 제168조제1호,  점)
   - 각 산업안전보건법 제173조, 제168조제1호

3) **형법**

   형법 제268조, 제30조(업무상과실치사의 점)

## 안전보건관리체계 구축 관련 주요 질의 회시

[출처: 고용노동부 산업안전본부 (2023년 5월)]

- 「연구실안전법」상 의무를 이행하는 경우 「중대재해처벌법」상 의무를 이행한 것으로 갈음될 수 있는지 여부
- 안전보건경영시스템(KOSHA-MS)인증을 받으면 안전보건관리체계 구축 및 이행 조치한 것으로 인정되는 여부
- 중대재해처벌법령상 "전담 조직"에서 「산업안전보건법」 관련 업무를 수행이 가능한지 여부
- 전담 조직 구성 단위(사업 또는 사업장) 판단
- 전담 조직이 다른 목적을 가진 업무를 함께 수행할 수 있는지 여부
- 전담 조직은 사업장마다 별도로 두어야 하는지 여부
- 두 회사를 하나의 전담 조직으로 관리할 수 있는지 여부
- 국립대학병원의 본원과 분원에 전담 조직을 각각 설치해야 하는지 여부
- 「기업규제완화법」에 따라 「산업안전보건법」 의무가 완화된 경우 전담 조직 구성 의무 발생 판단

- 「산업안전보건법」상 전문인력을 위촉한 경우 전담 조직 구성 의무 판단
- 안전관리자 선임 의무가 없는 감리업체에 대한 전담 조직 설치 의무 판단
- 「산업안전보건법」상 전문인력을 위탁한 경우 전담 조직 구성 의무 판단
- 계열사들로부터 파견 받은 인원으로 지주회사의 전담 조직을 구성해도 되는지 여부
- 「산업안전보건법」상 "안전 및 보건에 관한 관리조직"이 있는 경우에도 전담 조직을 두어야 하는지 여부
- 외국 법인에서 출자한 국내 법인의 전담 조직 설치 방법
- 전담 조직의 역할과 책임
- 전담 조직을 자율적으로 구성·운영 중인 구성·운영방식
- 유해·위험요인의 확인 개선에 갈음한 위험성평가의 주기
- "반기 1회 이상 점검"시 반드시 현장점검을 해야 하는지 여부
- ISO45001 등 인증심사를 진행할 경우 "반기별 점검 활동"을 이행한 것으로 갈음되는지 여부
- 건설업 산업안전보건관리비 집행 시 "예산 편성·집행" 의무를 이행한 것으로 간주될 수 있는지 여부
- 예비비를 편성한 경우에도 "예산·편성 집행" 의무를 이행한 것인지 여부

- 안전관리책임자등에게 주어야 하는 권한과 예산의 구체적인 의미
- 안전보건관리책임자등의 업무 수행에 대한 평가 기준 마련 및 평가관리의 구체적인 방법
- 경영책임자가 안전보건관리책임자인 경우 평가 방법
- 안전보건관리책임자 등 평가 및 그 결과 활용
- 「기업규제완화법」에도 불구하고 안전관리자를 배치해야 하는지 여부
- 시행령 제4조 제6호의 안전·보건에 관한 업무 수행시간 적용범위
- 산업안전보건위원회와 종사자 의견 청취의 관계
- 「중대재해처벌법」 시행령 제4조 제8호에 따른 점검 이행 방법
- 「중대재해처벌법」 시행령 제4조 제8호 적용에 대한 판단
- 비상매뉴얼에 있는 모든 훈련을 반기 1회 실시하여야 하는지 여부
- 수급인의 안전·보건을 위한 관리비용 마련 주체
- 「중대재해처벌법」 시행령 제4조 제9호의 기준과 절차 마련 주체
- 안전보건 관련 평가기준 및 절차 마련의 구체적인 방법
- 「중대재해처벌법」 시행령 제4조 제9호의 의무와 「산업안전보건법」 상 건설업 산업안전보건관리비 계상 위무와의 관계

- 「중대재해처벌법」 시행령 제4조 제9호와 타법상 의무의 관계
- 「산업안전보건법」 제61조의 적격 수급인 선정 의무와 「중대재해처벌법」 시행령 제4조 제9호의 의무의 관계
- 도급·용역·위탁 등을 하는 경우 수급인에 대한 평가 주기
- 도급·용역·위탁 등을 하는 경우 수급인에 대한 평가 횟수
- 도급·용역·위탁 등을 하는 경우 평가해야 하는 수급인의 범위
- 도급인의 「중대재해처벌법」 의무 이행 점검 방식

# 제1장

# 안전·보건 관계법령에 따른 의무이행 조치 개요

□ **안전·보건 관계 법령에 따른 의무이행 개요**

**사업주와 경영책임자 등의 안전 및 보건 확보의무** 중대재해처벌법 제4조

① 사업주 또는 경영책임자 등은 사업주나 법인 또는 기관이 실질적으로 지배·운영·관리하는 사업 또는 사업장에서 종사자의 안전·보건상 유해 또는 위험을 방지하기 위하여 그 사업 또는 사업장의 특성 및 규모 등을 고려하여 다음 각 호에 따른 조치를 하여야 한다.
  1. 재해예방에 필요한 인력 및 예산 등 안전보건관리체계의 구축 및 그 이행에 관한 조치
  2. 재해 발생 시 재발방지 대책의 수립 및 그 이행에 관한 조치
  3. 중앙행정기관·지방자치단체가 관계 법령에 따라 개선, 시정 등을 명한 사항의 이행에 관한 조치
  4. 안전·보건 관계 법령에 따른 의무이행에 필요한 관리상의 조치
② 제1항제1호·제4호의 조치에 관한 구체적인 사항은 대통령령으로 정한다.

□ **안전·보건 관계 법령에 따른 의무이행**(시행령 제5조)

— 시행령 제5조 **안전보건관계법령에 따른 의무이행에 필요한 관리상의 조치** —

① 법 제4조제1항제4호에서 "안전·보건 관계 법령"이란 해당 사업 또는 사업장에 적용되는 것으로서 종사자의 안전·보건을 확보하는 데 관련되는 법령을 말한다.
② 법 제4조제1항제4호에 따른 조치에 관한 구체적인 사항은 다음 각 호와 같다.
  1. 안전·보건 관계 법령에 따른 의무를 이행했는지를 반기 1회 이상 점검(해당 안전·보건 관계 법령에 따라 중앙행정기관의 장이 지정한 기관 등에 위탁하여 점검하는 경우를 포함한다. 이하 이 호에서 같다)하고, 직접 점검하지 않은 경우에는 점검이 끝난 후 지체 없이 점검 결과를 보고받을 것
  2. 제1호에 따른 점검 또는 보고 결과 안전·보건 관계 법령에 따른 의무가 이행되지 않은 사실이 확인되는 경우에는 인력을 배치하거나 예산을 추가로 편성·집행하도록 하는 등 해당 의무 이행에 필요한 조치를 할 것

3. 안전·보건 관계 법령에 따라 의무적으로 실시해야 하는 유해·위험한 작업에 관한 안전·보건에 관한 교육이 실시되었는지를 반기 1회 이상 점검하고, 직접 점검하지 않은 경우에는 점검이 끝난 후 지체 없이 점검 결과를 보고받을 것
4. 제3호에 따른 점검 또는 보고 결과 실시되지 않은 교육에 대해서는 지체 없이 그 이행의 지시, 예산의 확보 등 교육 실시에 필요한 조치를 할 것

## 가. 안전 · 보건 관계 법령에 따른 의무이행 관리상 조치의 개요

### (1) 의의

① 개인사업주 또는 경영책임자 등은 종사자의 안전 및 보건 확보를 위해 안전 보건 관계 법령상 의무가 이행되도록 관리하여야 한다.

② 해당 법령상 의무 미이행에 대한 제재·처분이 이루어지는 것과 중대재해처벌법 시행령의 구체적 관리상 조치 의무를 이행하였는지를 판단한다.

### (2) 안전 · 보건 관계 법령

① 법 제4조제4항제4호의 안전 · 보건 관계 법령은 해당 사업 또는 사업장에 적용되는 것으로서 종사자의 안전·보건을 확보 하는데 관련되는 법령을 말한다(시행령 제5조제 1항).

② 종사자의 안전·보건을 확보하기 위하여 산업안전 보건법령을 우선 적용한다. 또한 종사자의 안전·보건에 관계되는 법령은 모두 포함하여야 한다.

③ 근로자의 안전 및 보건 확보를 위한 광산안전법·선원법·연구실 안전환경 조성에 관한 법률 등을 포함한다. 법 제정 목적은 일반 공중의 안전을 확보하기 위한 내용이지만, 그 규정에서 직접적으로 근로자 등 노무를 제공하는 자의 안전·보건 확보를 위한 내용을 규정한 폐기물관리법 등을 포함한다.

## 건설기술진흥법이 안전보건관계 법령 여부

[질의 회시 : 중대산업재해감독과-4423, 2022.11.10.]

① 「중대재해처벌법」상 "안전보건 관계"란 종사자의 안전보건을 확보하는 데 관련되는 법령으로서, 통상적으로 「산업안전보건법」을 의미한다.

② 「건설기술진흥법」은 법의 목적이 건설기술의 연구·개발을 촉진하여 건설기술을 촉진하는 등 건설공사의 품질을 높이는 데 주된 목적이 있고, 같은 법 제2조제2호 단서에 「산업안전보건법」에서 근로자의 안전에 관하여 따로 정하고 있는 사항은 제외한다고 한 점 등을 종합적으로 고려하면, 종사자의 안전·보건을 확보하는 데 관련되는 법령으로 보기는 어렵다.


## 건설산업기본법이 안전보건관계 법령 여부

[질의 회시 : 중대산업재해감독과-2874, 2022.07.25]

① 「건설산업기본법」은 법의 목적이 "건설공사의 조사, 설계, 시공, 감리, 유지관리, 기술관리 등에 관한 기본적인 사항과 건설업의 등록 및 건설공사의 도급 등에 필요한 사항을 정함으로써 건설공사의 적정한 시공과 건설산업의 건전한 발전을 도모하는 데 주권 목적이다.

② 법 제3조에 건설산업이 설계, 감리, 시공, 사업관리, 유지관리 등의 분야에 걸쳐 국제경쟁력을 갖출 수 있도록 이를 균형 있게 발전시킴으로써 국민경제와 국민의 생활안전에 이바지함을 기본이념으로 한다고 규정한 점

③ 개별조문에서 종사자의 직접적인 안전·보건을 확보하기 위한 내용을 담고 있는 조문이 없는 점 등을 종합적으로 판단하면,

④ 중대산업재해 예방을 위한 종사자의 안전·보건을 확보하는 데 관련되는 법령으로 보기 어렵기 때문이다.

## 안전·보건 관계 법령과 관련 조문

| 법령명 | 관련 조문 |
|---|---|
| 산업안전보건법 | 노무를 제공하는 사람의 안전 및 보건의 유지·증진을 목적으로 하는 법으로 산업안전보건법, 법 시행령 및 시행규칙과 산업안전보건기준에 관한 규칙, 유해·위험작업의 취업 제한에 관한 규칙을 모두 포함 |
| 광산안전법 | 법률 제정 목적에 광산근로자에 대한 위해를 포함하며, 광업권자 또는 조광권자의 의무(법 제5조), 안전교육의 실시(법 제7조), 안전규정의 제정 및 준수(법 제11조) 등에서 광산근로자에 대한 위해 방지를 위한 내용 규율 |
| 원자력안전법 | 발주자의 안전조치 의무로 방사선작업종사자가 과도한 방사선에 노출되지 아니하도록 안전한 작업환경을 제공하여야 한다는 의무 부과(법 제59조의2), 방사선장해방지조치(법 제91조) 등 |
| 항공안전법 | 산업안전보건법의 일부 의무 적용이 제외된 안전보건관계법령(산업안전보건법 시행령 별표1) |
| 선박안전법 | 산업안전보건법의 일부 의무 적용이 제외된 안전보건관계법령(산업안전보건법 시행령 별표1) |
| 건설기계관리법 | 산업안전보건법의 일부 의무 적용이 제외된 안전보건관계법령(산업안전보건법 시행령 별표1) |
| 연구실 안전환경 조성에 관한 법률 | 법률 제정 목적에 연구활동종사자의 건강과 생명 보호를 포함하며, 종사자의 안전을 위하여 연구실책임자의 지정(법제9조), 안전점검(법 제13조) 및 정밀 안전진단의 실시(법 제15조), 교육·훈련(제20조) 및 건강검진(제21조) 등의 사항을 규정 |
| 폐기물관리법 | 폐기물관리법의 보호 조항(법 제14조의5)에 따라 시행규칙 제16조의3으로 정해진 보호장구의 지급, 운전자 포함 3명1조의 작업 등의 안전기준 등 |
| 생활물류서비스산업 발전법 | 생활물류서비스 종사자의 보호 조항(법 제36조)은 "생활물류서비스종사자의 안전을 확보할 수 있도록" 노력해야 한다고 명시 |
| 선원법 | 선원에게 보호장구와 방호장치 등을 제공하여야 하는 등 선원의 안전보건 확보를 위한 선박소유자의 의무(법 제82조), 의사의 승무(법 제84조) 등 규정을 포함 |
| 생활주변방사선 안전관리법 | 원료물질 또는 공정부산물의 취급관리 시 관련 종사자의 건강을 위해 시설 및 종사자의 피폭량 등에 대한 조사 등 준수사항(법 제14조), 결함 가공제품에 대한 조치(법 제16조) 등을 규정 |

## 산업안전보건법의 일부를 적용하지 않는 사업 또는 사업장 및 적용 제외 법 규정

산업안전보건법 시행령 [별표 1]

| 대상 사업 또는 사업장 | 산업안전보건법 적용 제외 법 규정 |
|---|---|
| 1. 다음 각 목의 어느 하나에 해당하는 사업<br>가. 「광산안전법」 적용 사업(광업 중 광물의 채광·채굴·선광 또는 제련 등의 공정으로 한정하며, 제조공정은 제외한다)<br><br>나. 「원자력안전법」 적용 사업 (발전업 중 원자력 발전설비를 이용하여 전기를 생산하는 사업장으로 한정한다)<br><br>다. 「항공안전법」 적용 사업 (항공기, 우주선 및 부품 제조업과 창고 및 운송관련 서비스업, 여행사 및 기타 여행보조 서비스업 중 항공 관련 사업은 각각 제외한다)<br><br>라. 「선박안전법」 적용 사업 (선박 및 보트 건조업은 제외한다) | – 제15조부터 제17조까지: 15조(안전보건관리책임자)/16조(관리감독자) /17조(안전관리자)<br>– 제20조 제1호(안전관리자의 지도·조언)<br>– 제21조(다른 규정에 따라 준용되는 경우 제외): 안전관리전문기관 등<br>– 제24조(다른 규정에 따라 준용되는 경우 제외): 산업안전보건위원회<br>– 제2장 제2절(안전보건관리규정)<br>– 제29조(보건에 관한 사항은 제외): 근로자에 대한 안전보건 교육<br>– 제30조(보건에 관한 사항은 제외): 근로자에 대한 안전보건 교육 면제 등<br>– 제31조: 건설업 기초안전보건교육<br>– 제38조: 안전조치<br>– 제51조(보건에 관한 사항 제외): 사업주의 작업중지<br>– 제52조(보건에 관한 사항 제외): 근로자의 작업중지<br>– 제53조(보건에 관한 사항 제외): 고용노동부 장관의 시정조치 등<br>– 제54조(보건에 관한 사항은 제외): 중대재해발생 시 사업주의 조치<br>– 제55조: 중대재해발생 시 고용노동부장관의 작업중지조치<br>– 제58조부터 제60조까지:<br>제58조: 유해한 작업의 도급 금지<br>제59조: 도급의 승인<br>제60조: 도급의 승인 시 하도급 금지<br>– 제62조: 안전보건총괄책임자<br>– 제63조: 도급인의 안전조치 및 보건조치<br>– 제64조(제1항제6호: 위생시설 이용의 협조는 제외): 도급에 따른 산업재해 예방 조치<br>– 제65조: 도급인의안전 및 보건에 관한 정보 제공 등<br>– 제66조: 도급인의 관계 수급인에 시정조치<br>– 제72조: 건설공사등의 산업안전보건관리비계상<br>– 제75조: 안전 및 보건에 관한 협의체 등의 구성. 운영에 관한 특례<br>– 제88조: 안전인증기관<br>– 제103조부터 제107조까지:<br>제103조: 유해위험기계 기구 등의 안전관련 정보의 종합 관리<br>제104조: 유해인자의 분류 기준<br>제105조: 유해인자의유해성.위험성평가 및 관리<br>제106조: 유해인자의 노출기준 설정<br>제107조: 유해인자 허용기준의 준수<br>– 제160조(제21조제4항 및 제88조제5항과 관련되는 과징금으로 한정한다):업무정지 처분을 대신하여 부과하는 과징금 처분 |

| 대상 사업 또는 사업장 | 산업안전보건법 적용 제외 법 규정 |
|---|---|
| 2. 다음 각 목의 어느 하나에 해당하는 사업<br>가. 소프트웨어 개발 및 공급업<br>나. 컴퓨터 프로그래밍, 시스템 통합 및 관리업<br>다. 정보서비스업<br>라. 금융 및 보험업<br>마. 기타 전문서비스업<br>바. 건축기술, 엔지니어링 및 기타 과학기술 서비스업<br>사. 기타 전문, 과학 및 기술 서비스업 (사진 처리업은 제외한다)<br>아. 사업지원 서비스업<br>자. 사회복지 서비스업 | − 제29조(제3항에 따른 추가교육은 제외한다) 및 제30조<br>* 제29조(보건에 관한 사항은 제외한다): 근로자에 대한 안전보건 교육<br>* 제30조(보건에 관한 사항은 제외한다): 로자에 대한 안전보건 교육 면제 등 |
| 3. 다음 각 목의 어느 하나에 해당하는 사업으로서 상시 근로자 50명 미만을 사용하는 사업장<br>가. 농업<br>나. 어업<br>다. 환경 정화 및 복원업<br>라. 소매업; 자동차 제외<br>마. 영화, 비디오물, 방송프로그램 제작 및 배급업<br>바. 녹음시설 운영업<br>사. 방송업<br>아. 부동산업(부동산 관리업은 제외한다)<br>자. 임대업; 부동산 제외<br>차. 연구개발업<br>카. 보건업(병원은 제외한다)<br>타. 예술, 스포츠 및 여가관련 서비스업<br>파. 협회 및 단체<br>하. 기타 개인 서비스업(세탁업은 제외한다) | − 제29조(제3항에 따른 추가교육은 제외한다) 및 제30조<br>* 제29조(보건에 관한 사항은 제외한다): 근로자에 대한 안전보건 교육<br>* 제30조(보건에 관한 사항은 제외한다): 근로자에 대한 안전보건 교육 면제 등 |
| 4. 다음 각 목의 어느 하나에 해당하는 사업<br>가. 공공행정(청소, 시설관리, 조리 등 현업업무에 종사하는 사람으로서 고용노동부장관이 정하여 고시하는 사람은 제외한다), 국방 및 사회보장 행정<br>나. 교육 서비스업 중 초등·중등·고등 교육기관, 특수학교·외국인학교 및 대안학교(청소, 시설관리, 조리 등 현업업무에 종사하는 사람으로서 고용노동부장관이 정하여 고시하는 사람은 제외한다) | − 제2장 제1절·제2절 및 제3장<br>(다른 규정에 따라 준용되는 경우는 제외한다)<br>제2장 1절 : 안전보건관리체제<br>제2장 2절 : 안전보건관리규정<br>제3장 : 안전보건교육 |

| 대상 사업 또는 사업장 | 산업안전보건법 적용 제외 법 규정 |
|---|---|
| 5. 다음 각 목의 어느 하나에 해당하는 사업<br>가. 초등·중등·고등 교육기관, 특수학교·외국<br>인학교 및 대안학교 외의 교육서비스업<br>(청소년수련시설 운영업은 제외한다)<br>나. 국제 및 외국기관<br>다. 사무직에 종사하는 근로자만을 사용하는<br>사업장(사업장이 분리된 경우로서 사무<br>직에 종사하는 근로자만을 사용하는 사<br>업장을 포함한다) | – 제2장제1절·제2절, 제3장 및 제5장제2절(제64조<br>제1항제6호:위생시설 이용의 협조는 제외한다).<br>다만, 다른 규정에 따라 준용되는 경우는 해당 규정<br>을 적용한다.<br>\* 제2장 1절 : 안전보건관리체제<br>\* 제2장 2절 : 안전보건관리규정<br>\* 제3장 : 안전보건교육<br>\* 제5장 2절 : 도급인의 안전조치 및 보건조치 |
| 6. 상시 근로자 5명 미만을 사용하는 사업장 | – 제2장 제1절·제2절, 제3장(제29조제3항에 따른<br>추가교육은 제외한다), 제47조, 제49조, 제50조<br>및 제159조(다른 규정에 따라 준용되는 경우는<br>제외한다)<br>\* 제2장 1절 : 안전보건관리체제<br>\* 제2장 2절 : 안전보건관리규정<br>\* 제3장 : 안전보건교육<br>\* 제47조 : 안전보건진단<br>\* 제49조 : 안전보건개선계획의 수립.시행 명령<br>\* 제50조 : 안전보건개선계획서의 제출 등<br>\* 제159조 : 영업정지의 요청 등 |

[비고] 제1호부터 제6호까지의 규정에 따른 사업에 둘 이상 해당하는 사업의 경우에는 각각의
호에 따라 적용이 제외되는 규정은 모두 적용하지 않는다.

## (3) 의무이행에 필요한 관리상의 조치

① 각 사업장의 안전·보건 관계 법령에 따른 법적 의무 이행 과정을
전반적으로 점검(모니터링) 하고 그 결과를 평가하는 별도의 조직
등을 둔다.

② 경영책임자가 그 조직을 통해 사업장의 법적 의무 이행 여부와
문제점 등을 보고 받고, 개선 조치를 취하도록 하는 등 법상 의무
이행하기 위한 개인사업주 또는 경영책임자 등의 제반 조치들을
말하는 것이다.

③ 각각의 안전·보건 관계 법령에 따른 의무는 그 법에 따른 의무를
이미 부담하고 있다. 해당 의무 미이행에 따른 제재는 해당 법령에
의해 발생하는 것으로 중대재해처벌법 상 관리상 조치 의무와는
다른 별개의 의무이다.

④ 의무이행에 필요한 관리상의 조치란 안전·보건 관계 법령에 따른 의무 이행, 안전·보건 관계 법령에 따라 의무적으로 실시해야 하는 유해·위험한 작업에 관한 안전·보건에 관한 교육 실시 여부를 반기 1회 이상 점검하여야 한다.

⑤ 점검 결과 이행되지 않은 사항에 대해서는 인력 배치·예산 추가 편성·집행하도록 하는 등 해당 의무 이행에 필요한 조치를 한다.

⑥ 미실시된 교육에 대해서는 지체 없이 그 이행의 지시, 예산의 확보 등 교육 실시에 필요한 조치를 하는 것을 말한다.

## 나. 안전·보건 관계 법령 의무이행의 점검 및 필요한 조치

> ─── 중대법 시행령 제5조제2항제1호  **의무 이행 점검** ───
>
> 안전·보건 관계 법령에 따른 의무를 이행했는지를 반기 1회 이상 점검(해당 안전·보건 관계 법령에 따라 중앙행정기관의 장이 지정한 기관 등에 위탁하여 점검하는 경우를 포함한다. 이하 이 호에서 같다)하고, 직접 점검하지 않은 경우에는 점검이 끝난 후 지체 없이 점검 결과를 보고받을 것

> ─── 중대법 시행령 제5조제2항제2호  **점검 후 조치 사항** ───
>
> 제1호에 따른 점검 또는 보고 결과 안전·보건 관계 법령에 따른 의무가 이행되지 않은 사실이 확인되는 경우에는 인력을 배치하거나 예산을 추가로 편성·집행하도록 하는 등 해당 의무 이행에 필요한 조치를 할 것

### (1) 의의

① 개인사업주 또는 경영책임자 등은 안전·보건 관계 법령에 따른 의무 이행 여부를 반기 1회 이상 직접 점검하여야 한다.

② 안전·보건 관계 법령에 따라 중앙행정기관의 장이 지정한 기관 등에 위탁하여 점검하는 경우 등 자신이 직접 점검하지 않은 경우에는 점검이 끝난 후 지체 없이 결과를 보고 받아야 한다.

③ 점검 결과 안전·보건 관계 법령에 따른 의무가 이행되지 않은 사실이 확인되는 경우에는 인력의 배치, 예산의 추가 편성·집행 등 안전·보건 관계 법령에 따른 의무 이행에 필요한 조치를 하여야 한다.

④ 안전·보건 관계 법령에 따른 의무를 이행하였는지 여부의 점검 주체는 개인사업주 또는 경영책임자 등이다.

다만, 각 사업장의 안전·보건 관계 법령에 따른 의무 준수에 대한 구체적인 점검은 해당 사업 또는 사업장의 구체적 사정에 따라 다양한 방식과 조직을 통해 실행될 수 있다.

⑤ 개인사업주 또는 경영책임자 등은 안전·보건 관계 법령에 따른 의무 이행 여부에 대한 점검이 실효적이고 실질적으로 이행 되도록 하는 방안을 적극적으로 모색하고 채택하여야 한다.

⑥ 개인사업주 또는 경영책임자 등은 각 사업장의 안전·보건 관계 법령상 의무 이행 과정을 전반적으로 점검하여야 한다.

⑦ 그 결과를 평가하는 조직과 절차 등 시스템을 마련하여 법적 의무 이행 여부는 물론 성과와 문제점 등을 객관적이고 심도있게 점검 하고, 그 결과에 대하여 보고를 받아야 한다.

만약, 사업 또는 사업장 내 자체 점검 역량이 부족하여 그 점검의 실효성을 기대하기 어렵다고 판단되면, 전문기관에 위탁하여 점 검하는 것도 가능하다.

## (2) 안전·보건 관계 법령에 따른 의무 이행 여부에 대한 점검

### 1) 유해·위험요인에 대한 확인 점검과 반기 1회 이상 점검의 차이

① 유해·위험요인에 대한 확인 점검(중대재해처벌법 제4조 제1항 및 시행령 제4조 제3호)은 안전보건관리체계구축 및 이행의무의 하나로서 자율 적으로 사업장내 유해·위험요인을 확인하는 것이다.

② 안전 보건 관계법령에 따른 반기 1회 이상 의무 이행 점검(중대재해처벌 법 제4조 제1항 제4호 및 시행령 제5조 제2항 제호)은, 해당 사업 또는 사업장에

적용되는 개별적인 안전·보건 관계 법령상의 의무를 이행하고 있는지를 확인하는 의무 점검이다.

③ 따라서, 유해·위험요인에 대한 확인 점검과 안전 보건 관계 법령에 따른 반기 1회 이상 의무 이행 점검은 의무의 법적 성격과내용 및 대상이 서로 다르다.

## 2) 반기 1회 이상 점검 시 개인사업주 또는 경영책임자 등의 의무

① 안전 보건 관계법령에 따른 반기 1회 이상 의무 이행 점검에 있어서, 개인사업주 또는 경영책임자 등의 의무는 안전 보건 관계 법령상 의무이행에 관한 점검이 실질적으로 이루어지도록 하고 그에 따른 필요한 조치를 한다.

② 개인사업주 또는 경영책임자 등은 전문가나 현장실무자 등의 의견을 청취하는 절차 등 다양한 방식으로 부실 점검이 발생하지 않도록 점검 방식의 적정성 등을 확보해야 한다.

## 3) 부실 점검 및 점검 불이행 등에 대한 책임귀속

① 반기 1회 이상 점검 의무는 원칙적으로 개인사업주 또는 경영책임자 등에게 있다.

② 해당 점검 및 보고가 형식적으로 이루어지는 부실 점검의 경우나, 개인사업주 또는 경영책임자 등이 점검의 지시를 하였으나 점검 또는 보고가 이루어지지 않은 경우에는 의무가 이행된 것으로 볼 수 없다.

③ 불이행에 따른 최종적인 책임은 개인사업주 또는 경영책임자 등에게 귀속된다.

## 4) 점검 기관과 업무 범위

① 안전·보건 관계 법령에 따라 중앙행정기관의 장이 지정한 기관은 산업안전보건법의 경우, 안전관리전문기관(법 제17조), 보건 관리전문기관(법 제18조), 안전보건진단기관(법 제47조), 건설재해예방전문지도기관(법 제73조)등이 있다.

② 점검 내용은 안전·보건 관계 법령에 따라 정해진 해당 기관의 업무에 관한 내용에 한정된다(전문성이 인정되는 분야로 제한).

## 5) 반기 1회 이상 점검과 안전 및 보건 업무의 위탁의 구분

① 안전·보건 관계 법령에 따른 의무를 이행했는지에 대한 반기 1회 이상 이행 점검의 위탁은, 산업안전보건법에 따른 안전 및 보건업무의 위탁과는 구분된다.

② 산업안전보건법에서 안전·보건업무 위탁이 허용되지 않는 상시 근로자 300명 이상의 사업장(안전관리자 등 선임)도 점검의 위탁은 가능하다(안전관리자 등이 선임된 사업장도 이행 점검 위탁 가능)

## (3) 인력 배치 및 예산 추가 편성·집행 등 의무 이행에 필요한 조치를 할 것 (시행령 제5조 제2항 제2호)

① 개인사업주 또는 경영책임자 등은 점검 과정을 통해 안전 보건 관계 법령에 따른 의무가 이행되지 않은 사실이 확인된 경우에는, 인력의 배치·예산의 추가 편성·집행 등 안전·보건 관계 법령에 따른 의무 이행에 필요한 조치를 하여야 한다.

② 개인사업주 또는 경영책임자 등의 관리상 조치 의무

③ 개인사업주 또는 경영책임자 등은 사업을 대표하고 총괄하는 지위에 있는 사람이다.

인력과 예산 등에 관한 결정권한을 가지므로 인력과 예산의 어려움으로 법령상의 의무조차 실효적으로 이행되지 못하는 일이 발생하지 않도록 해야 할 관리상 조치 의무가 경영책임자 등에게 부과된 것이다.

## 다. 안전·보건 관계 법령에 따른 유해 위험 작업의 안전·보건 교육 관리

┌─ 중대재해처벌법 시행령 제5조제2항 제3호 ─────────────
│ 안전·보건 관계 법령에 따라 의무적으로 실시해야 하는 유해·위험한 작업에
│ 관한 안전·보건에 관한 교육이 실시되었는지를 반기 1회 이상 점검하고, 직접
│ 점검하지 않은 경우에는 점검이 끝난 후 지체없이 점검 결과를 보고받을 것
└────────────────────────────────────────

┌─ 중대재해처벌법 시행령 제5조제2항 제4호 ─────────────
│ 제3호에 따른 점검 또는 보고 결과 실시되지 않은 교육에 대해서는 지체 없이
│ 그 이행의 지시, 예산의 확보 등 교육 실시에 필요한 조치를 할 것
└────────────────────────────────────────

### (1) 안전보건 교육의 이행 점검의 개요

① 개인사업주 또는 경영책임자 등은 안전·보건 관계 법령에 따라 의무적으로 실시해야 하는 유해·위험한 작업에 관한 안전·보건에 관한 교육이 실시되었는지를 반기 1회 이상 점검하여야 한다.

② 직접 점검하지 않은 경우에는 점검이 끝난 후 지체 없이 점검 결과를 보고받아야 한다.

③ 유해·위험한 작업에 관한 안전·보건에 관한 교육의 실시 여부에 대한 점검 또는 보고를 받은 결과, 실시되지 않은 교육에 대해서는 지체 없이 그 이행의 지시, 예산의 확보 등 교육 실시에 필요한 조치를 하여야 한다.

④ 유해·위험작업에 관한 안전·보건 교육은 종사자의 안전·보건 확보와 밀접한 관련이 있으므로 안전한 작업을 위해 필요한 내용을 충분히 습득할 수 있도록 관리할 필요가 있다.

### (2) 유해·위험 작업에 대한 안전·보건 교육의 실시 여부를 반기 1회 이상 점검

① 안전 보건 관계 법령에 따른 교육 중 유해·위험한 작업에 관한 교육은 모두 포함되므로 그 교육이 유해·위험작업에 관한 것이고, 법령상 의무화되어 있는 것이라면 산업안전보건법의 유해·위험

작업에 따른 교육이 아닌 경우에도 마땅히 준수되어야 한다.

> **예시** 항공안전법상 위험물취급에 관한 교육(항공안전법 제72조),
> 선박안전법상 위험물 안전운송 교육(선박안전법 제41조의2) 등

## (3) 미실시 교육에 대한 이행의 지시·예산의 확보 등 교육 실시에 필요한 조치 (시행령 제5조 제2항 제4호)

① 개인사업주 또는 경영책임자 등이 직접 점검하지 않은 경우에는 점검완료 후 지체 없이 결과를 보고받아야 하며, 미실시 교육에 대해서는 지체 없이 이행을 지시하고 예산 확보 등 필요한 조치를 하여야 한다.

② 개인사업주 또는 경영책임자 등은 교육 실시 이행 여부를 확인·점검하여야 한다. 미실시된 경우 의무주체가 수급인 등 제3자인 경우 해당 교육을 실시하도록 요구하는 등 필요한 조치를 하여야 한다.

③ 한편 자신이 교육 의무가 없는 경우까지 직접 교육을 하여야 하는 것은 아니다. 안전·보건 관계 법령에 따라 노무를 제공하는 자에게 안전보건교육을 해야 할 의무가 있는 자가 교육을 실시해야 한다. 다만, 필요한 조치의 하나로 교육을 받지 않은 종사자는 해당 작업에서 배제하는 조치 등을 취할 수 있다.

④ 외부 전문기관에 위탁하여 교육이 실시되었는지를 반기 1회 이상 점검하는 경우: 시행령 제5조 제2항 제3호의 안전·보건에 관한 교육 실시에 관한 내용이 포함되더라도 제3호(이행 점검일 이전의 교육 실적으로서 이행 점검의 대상)에 대해서는 위탁하여 점검하는 경우를 포함하지 않는다.

⑤ 사업 또는 사업장 내에서 점검일 이전의 교육 이행 여부를 점검이 이루어져야 한다.

> 안전보건 관련 정보·교육·인식 부족으로 사고가 발생하는 것을 방지하기 위해 교육이 중요하므로 특별히 강조하기 위해 제3호와 제4호가 규정된 것이다.

## (4) 안전보건관계 법령의 안전보건 교육

┌─────────────────────────────────────────┐
│ 산업안전보건법의 안전보건교육 과정별 시간 │
└─────────────────────────────────────────┘

### 1. 근로자 안전보건교육 (제26조제1항, 제28조제1항 관련 시행규칙 별표 4)

| 교육과정 | 교육대상 | | 교육시간 |
|---|---|---|---|
| 가. 정기교육 | 1) 사무직 종사 근로자 | | 매반기 6시간 이상 |
| | 2) 그 밖의 근로자 | 가) 판매업무에 직접 종사하는 근로자 | 매반기 6시간 이상 |
| | | 나) 판매업무에 직접 종사하는 근로자 외의 근로자 | 매반기 12시간 이상 |
| 나. 채용 시 교육 | 1) 일용근로자 및 근로계약기간이 1주일 이하인 기간제근로자 | | 1시간 이상 |
| | 2) 근로계약기간이 1주일 초과 1개월 이하인 기간제근로자 | | 4시간 이상 |
| | 3) 그 밖의 근로자 | | 8시간 이상 |
| 다. 작업내용 변경 시 교육 | 1) 일용근로자 및 근로계약기간이 1주일 이하인 기간제근로자 | | 1시간 이상 |
| | 2) 그 밖의 근로자 | | 2시간 이상 |
| 라. 특별교육 | 1) 일용근로자 및 근로계약기간이 1주일 이하인 기간제근로자: 별표 5 제1호라목(제39호는 제외한다)에 해당하는 작업에 종사하는 근로자에 한정한다. | | 2시간 이상 |
| 라. 특별교육 | 2) 일용근로자 및 근로계약기간이 1주일 이하인 기간제근로자: 별표 5 제1호라목 제39호에 해당하는 작업에 종사하는 근로자에 한정한다. | | 8시간 이상 |
| 라. 특별교육 | 3) 일용근로자 및 근로계약기간이 1주일 이하인 기간제근로자를 제외한 근로자: 별표 5 제1호라목에 해당하는 작업에 종사하는 근로자에 한정한다. | | 가) 16시간 이상(최초 작업에 종사하기 전 4시간 이상 실시하고 12시간은 3개월 이내에서 분할하여 실시 가능) 나) 단기간 작업 또는 간헐적 작업인 경우에는 2시간 이상 |
| 마. 건설업 기초안전·보건교육 | 건설 일용근로자 | | 4시간 이상 |

[비고]
1. 위 표의 적용을 받는 "일용근로자"란 근로계약을 1일 단위로 체결하고 그 날의 근로가 끝나면 근로관계가 종료되어 계속 고용이 보장되지 않는 근로자를 말한다.
2. 일용근로자가 위 표의 나목 또는 라목에 따른 교육을 받은 날 이후 1주일 동안 같은 사업장에서 같은 업무의 일용근로자로 다시 종사하는 경우에는 이미 받은 위 표의 나목 또는 라목에 따른 교육을 면제한다.
3. 다음 각 목의 어느 하나에 해당하는 경우는 위 표의 가목부터 라목까지의 규정에도 불구하고 해당 교육과정별 교육시간의 2분의 1 이상을 그 교육시간으로 한다.
   가. 영 별표 1 제1호에 따른 사업
   나. 상시근로자 50명 미만의 도매업, 숙박 및 음식점업

### 1의 2. 관리감독자 안전보건교육(제26조제1항 관련)

| 교육과정 | 교육시간 |
|---|---|
| 가. 정기교육 | 연간 16시간 이상 |
| 나. 채용 시 교육 | 8시간 이상 |
| 다. 작업내용 변경 시 교육 | 2시간 이상 |
| 라. 특별교육 | 16시간 이상(최초 작업에 종사하기 전 4시간 이상 실시하고, 12시간은 3개월 이내에서 분할하여 실시 가능)<br>단기간 작업 또는 간헐적 작업인 경우에는 2시간 이상 |

### 2. 안전보건관리책임자 등에 대한 교육(제29조제2항 관련)

| 교육대상 | 교육시간 | |
|---|---|---|
| | 신규 교육 | 보수 교육 |
| 가. 안전보건관리책임자 | 6시간 이상 | 6시간 이상 |
| 나. 안전관리자, 안전관리전문기관의 종사자 | 34시간 이상 | 24시간 이상 |
| 다. 보건관리자, 보건관리전문기관의 종사자 | 34시간 이상 | 24시간 이상 |
| 라. 건설재해예방전문지도기관의 종사자 | 34시간 이상 | 24시간 이상 |
| 마. 석면조사기관의 종사자 | 34시간 이상 | 24시간 이상 |
| 바. 안전보건관리담당자 | – | 8시간 이상 |
| 사. 안전검사기관, 자율안전검사기관의 종사자 | 34시간 이상 | 24시간 이상 |

### 3. 특수형태근로종사자에 대한 안전보건교육(제95조제1항 관련)

| 교육과정 | 교육시간 |
|---|---|
| 가. 최초 노무제공 시 교육 | 2시간 이상(단기간 작업 또는 간헐적 작업에 노무를 제공하는 경우에는 1시간 이상 실시하고, 특별교육을 실시한 경우는 면제) |
| 나. 특별교육 | 16시간 이상(최초 작업에 종사하기 전 4시간 이상 실시하고 12시간은 3개월 이내에서 분할하여 실시가능)<br>단기간 작업 또는 간헐적 작업인 경우에는 2시간 이상 |

[비고] 영 제67조제13호라목에 해당하는 사람이 「화학물질관리법」 제33조제1항에 따른 유해화학물질 안전교육을 받은 경우에는 그 시간만큼 가목에 따른 최초 노무제공 시 교육을 실시하지 않을 수 있다.

### 4. 검사원 성능검사 교육(131조제2항 관련)

| 교육과정 | 교육대상 | 교육시간 |
|---|---|---|
| 성능검사 교육 | – | 28시간 이상 |

## 산업안전보건법 외의 타법령 안전보건교육 시간과 관련성

[관련 근거: 산업안전보건법 제26조제1항, 제28조제1항 관련 시행규칙 별표 4]

1. 근로자가 산업안전보건법의 다음 각 목의 어느 하나에 해당하는 안전교육을 받은 경우에는 그 시간만큼 산업안전보건법의 가목에 따른 해당 반기의 정기교육을 받은 것으로 본다.

    가. 「원자력안전법 시행령」 제148조제1항에 따른 방사선작업종사자 정기교육

    나. 「항만안전특별법 시행령」 제5조제1항제2호에 따른 정기안전교육

    다. 「화학물질관리법 시행규칙」 제37조제4항에 따른 유해화학물질 안전교육

2. 근로자가 「항만안전특별법 시행령」 제5조제1항제1호에 따른 신규안전교육을 받은 때에는 그 시간만큼 위 표의 산업안전보건법의 나목에 따른 채용 시 교육을 받은 것으로 본다.

3. 방사선 업무에 관계되는 작업에 종사하는 근로자가 「원자력안전법 시행규칙」 제138조제1항제2호에 따른 방사선작업종사자 신규교육 중 직장교육을 받은 때에는 그 시간만큼 산업안전보건법의 라목에 따른 특별교육 중 별표 5 제1호 라목의 33란에 따른 특별교육을 받은 것으로 본다.

# 제2장

# 안전·보건 관계 법령 의무이행의 점검 및 필요한 조치

---
**중대재해처벌법 시행령 제5조 제2항 제1호**

안전·보건 관계 법령에 따른 의무를 이행했는지를 반기 1회 이상 점검(해당 안전·보건 관계 법령에 따라 중앙행정기관의 장이 지정한 기관 등에 위탁하여 점검하는 경우를 포함한다. 이하 이 호에서 같다)하고, 직접 점검하지 않은 경우에는 점검이 끝난 후 지체 없이 점검 결과를 보고받을 것

---
**중대재해처벌법 시행령 제5조 제2항 제2호**

제1호에 따른 점검 또는 보고 결과 안전·보건 관계 법령에 따른 의무가 이행되지 않은 사실이 확인되는 경우에는 인력을 배치하거나 예산을 추가로 편성·집행하도록 하는 등 해당 의무 이행에 필요한 조치를 할 것

---

## 가. 의의

① 개인사업주 또는 경영책임자 등은 안전·보건 관계 법령에 따른 의무 이행 여부를 반기 1회 이상 직접 점검하거나 안전·보건 관계 법령에 따라 중앙행정기관의 장이 지정한 기관 등에 위탁하여 점검하는 경우 등 자신이 직접 점검하지 않은 경우에는 점검이 끝난 후 지체 없이 결과를 보고 받아야 한다.

② 점검 결과 안전·보건 관계 법령에 따른 의무가 이행되지 않은 사실이 확인되는 경우에는 인력의 배치, 예산의 추가 편성·집행 등 안전·보건 관계 법령에 따른 의무 이행에 필요한 조치를 하여야 한다.

③ 안전·보건 관계 법령에 따른 의무를 이행하였는지 여부의 점검 주체는 개인사업주 또는 경영책임자 등이다.

다만 각 사업장의 안전·보건 관계 법령에 따른 의무 준수에 대한 구체적인 점검은 해당 사업 또는 사업장의 구체적 사정에 따라

다양한 방식과 조직을 통해 실행될 수 있다.

④ 개인사업주 또는 경영책임자 등은 안전·보건 관계 법령에 따른 의무 이행 여부에 대한 점검이 실효적이고 실질적으로 이행 되도록 하는 방안을 적극적으로 모색하고 채택하여야 하며 개인사업주 또는 경영책임자 등은 각 사업장의 안전·보건 관계 법령상 의무 이행 과정을 전반적으로 점검하고, 그 결과를 평가하는 조직과 절차 등 시스템을 마련하여 법적 의무 이행 여부는 물론 성과와 문제점 등을 객관적이고 심도있게 점검하고, 그 결과에 대하여 보고를 받아야 한다.

만약 사업 또는 사업장 내 자체 점검 역량이 부족하여 그 점검의 실효성을 기대하기 어렵다고 판단되면, 전문기관에 위탁하여 점검하는 것도 가능하다.

## 나. 안전·보건 관계 법령에 따른 의무 이행 여부에 대한 점검

① 중대재해처벌법 제4조제1항에 따른 안전보건관리체계 구축 및 이행 의무의 하나로서 시행령 제4조제3호에 따른 유해·위험요인에 대한 확인 점검은 자율적으로 사업장 내 유해·위험요인을 확인하는 것이며 안전 보건 관계 법령에 따른 의무 이행 점검은 해당 사업 또는 사업장에 적용되는 개별적인 안전·보건 관계 법령상의 의무를 이행 하고 있는지를 확인·점검하는 것으로 양자는 의무의 법적 성격과 내용 및 대상이 상이하다.

② 이 조항에 따른 개인사업주 또는 경영책임자 등의 의무는 안전 보건 관계 법령상 의무이행에 관한 점검이 실질적으로 이루어지도록 하고 그에 따른 필요한 조치를 하도록 하는 것으로 개인사업주 또는 경영책임자 등은 전문가나 현장실무자 등의 의견을 청취하는 절차 등 다양한 방식으로 부실 점검이 발생 하지 않도록 점검 방식의 적정성 등을 살펴야 한다.

③ 동 점검 의무는 원칙적으로 개인사업주 또는 경영책임자 등에게 부여된 것으로 해당 점검 및 보고가 형식적으로 이루어지는 부실 점검의 경우나, 개인사업주 또는 경영책임자 등이 점검의 지시를 하였으나 점검 또는 보고가 이루어지지 않은 경우에는 의무가 이행된 것으로 볼 수 없고 불이행에 따른 최종적인 책임은 개인사업주 또는 경영책임자 등에게 귀속된다.

④ 안전·보건 관계 법령에 따라 중앙행정기관의 장이 지정한 기관의 예로는 산업안전보건법의 경우 안전관리전문기관(법 제17조), 보건관리전문기관(법 제18조), 안전보건진단기관(법 제47조), 건설재해예방전문지도기관(법 제73조), 등이 있으며 점검의 내용은 안전·보건 관계 법령에 따라 정해진 해당 기관의 업무에 관한 내용에 한정된다(전문성이 인정되는 분야로 제한).

아울러 안전·보건 관계 법령에 따른 의무를 이행했는지에 대한 점검의 위탁은 산업안전보건법에 따른 안전 및 보건업무의 위탁과는 구분되므로, 산업안전보건법에서 안전·보건업무 위탁이 허용되지 않는 상시 근로자 300명 이상의 사업장도 점검의 위탁은 가능하다.

## 다. 인력 배치 및 예산 추가 편성·집행 등 의무 이행에 필요한 조치를 할 것

① 개인사업주 또는 경영책임자 등은 점검 과정을 통해 안전 보건 관계 법령에 따른 의무가 이행되지 않은 사실이 확인된 경우에는 인력의 배치, 예산의 추가 편성·집행 등 안전·보건 관계 법령에 따른 의무 이행에 필요한 조치를 하여야 한다.

② 개인사업주 또는 경영책임자 등은 사업을 대표하고 총괄하는 지위에 있는 사람으로서 인력과 예산 등에 관한 결정권한을 가지므로 인력과 예산의 어려움으로 법령상의 의무조차 실효적으로 이행되지 못하는 일이 발생하지 않도록 해야 할 관리상 조치 의무가 경영책임자 등에게 부과된 것이다.

③ 위탁하여 점검하는 내용에 시행령 제5조제2항제3호의 안전·보건에 관한 교육 실시에 관한 내용이 포함되더라도 제3호에 대해서는 위탁하여 점검하는 경우를 포함하지 않으므로 사업 또는 사업장 내에서 점검이 이루어져야 한다.

안전보건 관련 정보, 교육, 인식 부족으로 사고가 발생하는 것을 방지하기 위해 교육이 중요, 특별히 강조하기 위해 제3호와 제4호가 규정된 것이다.

# 라. 작업시작 전 점검사항 (별표3)

산업안전보건기준에 관한 규칙 (제35조제2항 관련) [개정 2019.12.26]

| 작업의 종류 | 점검내용 |
|---|---|
| 1. 프레스등을 사용하여 작업을 할 때<br>(제2편제1장제3절) | 가. 클러치 및 브레이크의 기능<br>나. 크랭크축 · 플라이휠 · 슬라이드 · 연결봉 및 연결 나사의 풀림 여부<br>다. 1행정 1정지기구 · 급정지장치 및 비상정지장치의 기능<br>라. 슬라이드 또는 칼날에 의한 위험방지 기구의 기능<br>마. 프레스의 금형 및 고정볼트 상태<br>바. 방호장치의 기능<br>사. 전단기(剪斷機)의 칼날 및 테이블의 상태 |
| 2. 로봇의 작동 범위에서 그 로봇에 관하여 교시 등(로봇의 동력원을 차단하고 하는 것은 제외한다)의 작업을 할 때(제2편제1장제13절) | 가. 외부 전선의 피복 또는 외장의 손상 유무<br>나. 매니퓰레이터(manipulator) 작동의 이상 유무<br>다. 제동장치 및 비상정지장치의 기능 |
| 3. 공기압축기를 가동할 때<br>(제2편제1장제7절) | 가. 공기저장 압력용기의 외관 상태<br>나. 드레인 밸브(drain valve)의 조작 및 배수<br>다. 압력방출장치의 기능<br>라. 언로드 밸브(unloading valve)의 기능<br>마. 윤활유의 상태<br>바. 회전부의 덮개 또는 울<br>사. 그 밖의 연결 부위의 이상 유무 |
| 4. 크레인을 사용하여 작업을 하는 때<br>(제2편제1장제9절제2관) | 가. 권과방지장치 · 브레이크 · 클러치 및 운전장치의 기능<br>나. 주행로의 상측 및 트롤리(trolley)가 횡행하는 레일의 상태<br>다. 와이어로프가 통하고 있는 곳의 상태 |
| 5. 이동식 크레인을 사용하여 작업을 할 때(제2편제1장제9절제3관) | 가. 권과방지장치나 그 밖의 경보장치의 기능<br>나. 브레이크 · 클러치 및 조정장치의 기능<br>다. 와이어로프가 통하고 있는 곳 및 작업장소의 지반상태 |
| 6. 리프트(자동차정비용 리프트를 포함한다)를 사용하여 작업을 할 때<br>(제2편제1장제9절제4관) | 가. 방호장치 · 브레이크 및 클러치의 기능<br>나. 와이어로프가 통하고 있는 곳의 상태 |
| 7. 곤돌라를 사용하여 작업을 할 때<br>(제2편제1장제9절제5관) | 가. 방호장치 · 브레이크의 기능<br>나. 와이어로프 · 슬링와이어(sling wire) 등의 상태 |
| 8. 양중기의 와이어로프 · 달기체인 · 섬유로프 · 섬유벨트 또는 훅 · 샤클 · 링 등의 철구(이하 "와이어로프등"이라 한다)를 사용하여 고리걸이작업을 할 때(제2편제1장제9절제7관) | 와이어로프 등의 이상 유무 |
| 9. 지게차를 사용하여 작업을 하는 때<br>(제2편제1장제10절제2관) | 가. 제동장치 및 조종장치 기능의 이상 유무<br>나. 하역장치 및 유압장치 기능의 이상 유무<br>다. 바퀴의 이상 유무<br>라. 전조등 · 후미등 · 방향지시기 및 경보장치 기능의 이상 유무 |

| 작업의 종류 | 점검내용 |
|---|---|
| 10. 구내운반차를 사용하여 작업을 할 때<br>(제2편제1장제10절제3관) | 가. 제동장치 및 조종장치 기능의 이상 유무<br>나. 하역장치 및 유압장치 기능의 이상 유무<br>다. 바퀴의 이상 유무<br>라. 전조등 · 후미등 · 방향지시기 및 경음기 기능의 이상 유무<br>마. 충전장치를 포함한 홀더 등의 결합상태의 이상 유무 |
| 11. 고소작업대를 사용하여 작업을 할 때<br>(제2편제1장제10절제4관) | 가. 비상정지장치 및 비상하강 방지장치 기능의 이상 유무<br>나. 과부하 방지장치의 작동 유무(와이어로프 또는 체인구동 방식의 경우)<br>다. 아웃트리거 또는 바퀴의 이상 유무<br>라. 작업면의 기울기 또는 요철 유무<br>마. 활선작업용 장치의 경우 흠 · 균열 · 파손 등 그 밖의 손상 유무 |
| 12. 화물자동차를 사용하는 작업을 하게 할 때<br>(제2편제1장제10절제5관) | 가. 제동장치 및 조종장치의 기능<br>나. 하역장치 및 유압장치의 기능<br>다. 바퀴의 이상 유무 |
| 13. 컨베이어등을 사용하여 작업을 할 때<br>(제2편제1장제11절) | 가. 원동기 및 풀리(pulley) 기능의 이상 유무<br>나. 이탈 등의 방지장치 기능의 이상 유무<br>다. 비상정지장치 기능의 이상 유무<br>라. 원동기 · 회전축 · 기어 및 풀리 등의 덮개 또는 울 등의 이상 유무 |
| 14. 차량계 건설기계를 사용하여 작업을 할 때(제2편제1장제12절제1관) | 브레이크 및 클러치 등의 기능 |
| 14의2. 용접 · 용단 작업 등의 화재위험작업을 할 때<br>(제2편제2장제2절) | 가. 작업 준비 및 작업 절차 수립 여부<br>나. 화기작업에 따른 인근 가연성물질에 대한 방호조치 및 소화기구 비치 여부<br>다. 용접불티 비산방지덮개 또는 용접방화포 등 불꽃 · 불티 등의 비산을 방지하기 위한 조치 여부<br>라. 인화성 액체의 증기 또는 인화성 가스가 남아 있지 않도록 하는 환기 조치 여부<br>마. 작업근로자에 대한 화재예방 및 피난교육 등 비상조치 여부 |
| 15. 이동식 방폭구조(防爆構造) 전기기계 · 기구를 사용할 때<br>(제2편제3장제1절) | 전선 및 접속부 상태 |
| 16. 근로자가 반복하여 계속적으로 중량물을 취급하는 작업을 할 때<br>(제2편제5장) | 가. 중량물 취급의 올바른 자세 및 복장<br>나. 위험물이 날아 흩어짐에 따른 보호구의 착용<br>다. 카바이드 · 생석회(산화칼슘) 등과 같이 온도상승이나 습기에 의하여 위험성이 존재하는 중량물의 취급방법<br>라. 그 밖에 하역운반기계등의 적절한 사용방법 |
| 17. 양화장치를 사용하여 화물을 싣고 내리는 작업을 할 때<br>(제2편제6장제2절) | 가. 양화장치(揚貨裝置)의 작동상태<br>나. 양화장치에 제한하중을 초과하는 하중을 실었는지 여부 |
| 18. 슬링 등을 사용하여 작업을 할 때(제2편제6장제2절) | 가. 훅이 붙어 있는 슬링 · 와이어슬링 등이 매달린 상태<br>나. 슬링 · 와이어슬링 등의 상태<br>(작업시작 전 및 작업 중 수시로 점검) |

# 제3장

# 안전·보건 관계 법령에 따른 유해 위험 작업의 안전·보건 교육

중대재해처벌법 시행령 제5조 제2항 제3호

안전·보건 관계 법령에 따라 의무적으로 실시해야 하는 유해·위험한 작업에 관한 안전·보건에 관한 교육이 실시되었는지를 반기 1회 이상 점검하고, 직접 점검하지 않은 경우에는 점검이 끝난 후 지체없이 점검 결과를 보고받을 것

중대재해처벌법 시행령 제5조 제2항 제4호

제3호에 따른 점검 또는 보고 결과 실시되지 않은 교육에 대해서는 지체 없이 그 이행의 지시, 예산의 확보 등 교육 실시에 필요한 조치를 할 것

## 가. 의의

① 개인사업주 또는 경영책임자 등은 안전·보건 관계 법령에 따라 의무적으로 실시해야 하는 유해·위험한 작업에 관한 안전·보건에 관한 교육이 실시되었는지를 반기 1회 이상 점검하거나 직접 점검하지 않은 경우에는 점검이 끝난 후 지체 없이 점검 결과를 보고받아야 하며 유해·위험한 작업에 관한 안전·보건에 관한 교육의 실시 여부에 대한 점검 또는 보고를 받은 결과, 실시되지 않은 교육에 대해서는 지체 없이 그 이행의 지시, 예산의 확보 등 교육 실시에 필요한 조치를 하여야 한다.

② 유해·위험작업에 관한 안전·보건 교육은 종사자의 안전·보건 확보와 밀접한 관련이 있으므로 안전한 작업을 위해 필요한 내용을 충분히 습득할 수 있도록 관리할 필요가 있음을 고려한 것이다.

## 나. 유해·위험 작업에 대한 안전·보건 교육의 실시 여부를 반기 1회 이상 점검

안전 보건 관계 법령에 따른 교육 중 유해·위험한 작업에 관한 교육은 모두 포함되므로 그 교육이 유해 위험작업에 관한 것이고, 법령상 의무화되어 있는 것이라면 산업안전보건법의 유해·위험 작업에 따른 교육이 아닌 경우에도 마땅히 준수되어야 한다.

> **예시** 항공안전법상 위험물취급에 관한 교육(항공안전법 제72조),
> 선박안전법상 위험물 안전운송 교육(선박안전법 제41조의2) 등

## 다. 미실시 교육에 대한 이행의 지시, 예산의 확보 등 교육 실시에 필요한 조치

① 개인사업주 또는 경영책임자 등이 직접 점검하지 않은 경우에는 점검완료 후 지체 없이 결과를 보고받아야 하며, 미실시 교육에 대해서는 지체 없이 이행을 지시하고 예산 확보 등 필요한 조치를 하여야 한다.

② 개인사업주 또는 경영책임자 등은 교육 실시 이행 여부를 확인·점검하고 미실시된 경우 의무주체가 수급인 등 제3자인 경우 해당 교육을 실시하도록 요구하는 등 필요한 조치를 하여야 하며 자신이 교육 의무가 없는 경우까지 직접 교육을 하여야 하는 것은 아니며 안전·보건 관계 법령에 따라 노무를 제공하는 자에게 안전 보건교육을 해야 할 의무가 있는 자가 교육을 실시해야 한다.

③ 다만, 필요한 조치의 하나로 교육을 받지 않은 종사자는 해당 작업에서 배제하는 조치 등을 취할 수 있다.

# 제4장

# 중대재해 잠재 유해·위험작업의 관리

## 01 작업허가 제도

### 가. 개요

작업허가서(PTW, permit to work)는 고위험 유해·위험한 작업시 작업방법, 작업순서, 절차, 위험포인트 등 중대사고를 사전에 예방 및 위험 통제 수단이며, 작업허가권자에게 작업 신청·승인 후 작업을 수행한다.

### 나. 도급사업의 경우

① 협력업체, 관계수급인이 작성하고 도급인의 승인을 받도록 체계를 규정하여 운영한다.

② 발주처나 도급인은 점검, 교육 등을 실시할 수 있으나, 관계수급인 근로자에게 직접 작업지시에는 한계를 유지해야 한다.

③ 작업장에서 발견된 지적사항이나 기준, 규정위반사항은 시정조치 등을 적용하는 것이 타당하다.

### 다. 작업장 운용 방법

① 활선/정전작업 등 고위험 작업시 상호조작상 정보소통관리를 위하여 잠금장치(LoTo시스템) 운용시스템을 규정하는 경우도 있다.

② ILS(Isolation Locking System)은 정비작업 등 작업중에 위험기계·기구의 전원차단, 작업자 격리 등 안전성을 확보하는 방법도 있다.

## 02 작업중지제도

### 사업주의 작업중지

사업주는 산업재해가 발생할 급박한 위험이 있을 때에는 즉시 작업을 중지시키고 근로자를 작업장소에서 대피시키는 등 안전 및 보건에 관하여 필요한 조치를 하여야 한다.

### 근로자의 작업중지

산업안전보건법 제52조

① 근로자는 산업재해가 발생할 급박한 위험이 있는 경우에는 작업을 중지하고 대피할 수 있다.

② 제1항에 따라 작업을 중지하고 대피한 근로자는 지체 없이 그 사실을 관리감독자 또는 그 밖에 부서의 장(이하 "관리감독자등"이라 한다)에게 보고하여야 한다.

③ 관리감독자등은 제2항에 따른 보고를 받으면 안전 및 보건에 관하여 필요한 조치를 하여야 한다.

④ 사업주는 산업재해가 발생할 급박한 위험이 있다고 근로자가 믿을 만한 합리적인 이유가 있을 때에는 제1항에 따라 작업을 중지하고 대피한 근로자에 대하여 해고나 그 밖의 불리한 처우를 해서는 아니 된다.

### 근로자의 안전조치 및 보건조치 준수

산업안전보건법 제40조

사업주는 산업재해가 발생할 급박한 위험이 있을 때에는 즉시 작업을 중지시키고 근로자를 작업장소에서 대피시키는 등 안전 및 보건에 관하여 필요한 조치를 하여야 한다.

- 무조건 안전한 방법으로 작업한다.
- 작업 전 위험성 평가와 PTW 운영에 따른다.
- 전 구성원 위험요인 & 안전대책 공유한다.
- 안전 확보 확인 후 작업한다.
- 위험요인 발견 시 즉시 작업 중지한다.
- 1장비 1신호수(장비운전원 & 신호수) 배치한다.
- 작업구간 주변 위험요인 철저하게 확인한다.
- 관리감독자 지시없이 임의 장비 운행 금지한다.
- 작업과 무관한 장소 출입 및 이동을 금지한다.
- 중대재해 근절을 위한 전직원의 노력이 필요하다.

# 가. 개요

① 작업중지는 산업재해가 발생할 급박한 위험이 있는 경우 작업을 중지하고 대피하는 행위를 말한다.

㉮ 사업주의 작업중지와 근로자의 작업중지의 권한을 갖는다.

㉯ 사업주는 **작업중지권자**를 지정하고 권한을 위임하고 있다.

㉰ 건설현장의 경우 소장, 안전관리자, 공사 감독자 중 한 사람에게 권한을 위임하여 실행하는 경우도 있다.

㉱ 근로자는 누구나 작업중지 권리를 직접 실행하도록 보장된다.

㉲ 조치계획에 사업주의 작업중지 의무와 직업자의 작업중지권을 반영하며, 중간 관리자에게도 작업중지권을 부여한다.

---

**❖ 사업주와 근로자의 작업중지**

① 산업재해가 발생할 급박한 위험이 있는 경우, 사업주는 즉시 작업을 중지시키고 근로자를 대피 시켜야 하며, 근로자도 스스로 작업을 중지하고 대피할 수 있다.

② 작업중지권을 행사한 근로자는 관리감독자 등에게 보고해야 하며, 사업주는 이를 이유로 해고나 그 밖의 불리한 처우를 해서는 안 된다.(산업안전보건법 제51조, 제52조)

③ 근로자는 정당한 이유 없는 해고 등에 대해 노동위원회에 구제신청을 할 수 있다.(근로기준법 제28조)

---

**❖ 급박한 위험**

① 높이 2m 이상 장소에서 작업발판, 안전난간 등이 설치되지 않아 추락위험이 높은 경우

② 비계, 거푸집, 동바리 등 가시설물 설치가 부적합하거나 부적절한 자재가 사용된 경우

③ 토사, 구축물 등의 변형 등으로 붕괴사고의 우려가 높은 경우

④ 가연성·인화성 물질 취급장소에서 화기작업을 실시하여 화재·폭발의 위험이 있는 경우

⑤ 유해·위험 화학물질 취급 설비의 고장, 변형으로 화학물질의 누출 위험이 있는 경우

⑥ 밀폐공간 작업 전 산소농도 측정을 하지 않은 경우

⑦ 유해 화학물질을 밀폐하는 설비에 국소배기장치를 설치하지 않은 경우

## 나. 근로자의 작업중지 권리

산업안전보건법 제52조에서 '산업재해가 발생할 급박한 위험이 있는 경우 작업중지, 대피할 수 있다.'라고 명시되어 있다.

## 다. 사업주의 작업중지 권한, 의무

산업안전보건법 제51조에서 '산업재해가 발생할 급박한 위험이 있을 때, 즉시 작업중지 시키고 근로자를 작업장소에서 대피시키는 조치를 하여야 한다.'라고 명시되어 있다.

## 라. 사업주의 안전기준에서 정하는 작업중지(발췌)

### (1) 안전보건규칙 제37조 제2항

① 순간 풍속 초당 10미터 초과하는 경우에 타워크레인 설치, 수리, 점검 또는 해체작업 중지

② 순간 풍속 초당 15미터 초과하는 경우에 타워크레인 운전작업 중지

### (2) 안전보건규칙 제279조 제1항

화재 또는 폭발에 의한 산업재해 발생의 급박한 위험이 있을 경우 즉시 작업 중지

### (3) 안전보건규칙 제383조

풍속, 강우량, 강설량에 따른 기준 초과시 철골 작업 중지

### (4) 안전보건규칙 제438조 제1항

근로자가 관리대상 유해물질에 의한 중독이 발생할 우려가 있는 경우 즉시 작업 중지

### (5) 안전보건규칙 제639조 제1항

밀폐공간 작업의 경우 산소결핍, 유해가스로 인한 질식, 화재, 폭발 등 우려 시 즉시 작업 중지, 해당 근로자 대피

# 제1장

# 도급인의 안전·보건 확보

## 01  도급인의 안전·보건 확보 의무

**도급·용역·위탁 등 관계에서의 안전 및 보건 확보 의무**  중대재해처벌법 제5조

사업주 또는 경영책임자 등은 사업주나 법인 또는 기관이 제3자에게 도급·용역· 위탁 등을 행한 경우에는 제3자의 종사자에게 중대산업재해가 발생하지 아니하도록 제4조의 조치를 하여야 한다. 다만, 사업주나 법인 또는 기관이 그 시설·장비·장소 등에 대하여 실질적으로 지배·운영·관리하는 책임이 있는 경우에 한정한다.

### 법 적용 시 고려사항

① 원칙 : 사업주나 법인 또는 기관이 제3자에게 도급·용역·위탁 등을 행한 경우에 제3자에 대해 법 제4조의 안전보건확보 조치의무 있음(사업주 또는 경영책임자 등)

② 예외 : 사업주나 법인 또는 기관이 도급 등을 한 시설·장비·장소 등에 대하여 실질적으로 지배·운영·관리하는 책임이 없는 경우

③ 관리 대상 : 평상 시와 비상 시 관리

④ 관리 작업 대상 : 정형 작업(일상작업)과 비정형작업(긴급·비정형·간헐적 작업)

## 가. 개요

개인사업주나 법인 또는 기관이 제 3자에게 도급· 용역· 위탁 등을 한 경우 개인사업주나 법인 또는 기관이 사업 또는 사업장에 대하여 실질적으로 지배·운영·관리하고 있지 않는 경우에도 해당 시설· 장비· 장소 등에 대해 실질적으로 지배·운영·관리하는 책임이 있다면, 개인사업주 또는 경영책임자 등은 제3자인 수급인과 수급인의 종사자에 대해서도 제4조에 따른 안전·보건 확보의무를 이행해야 한다.

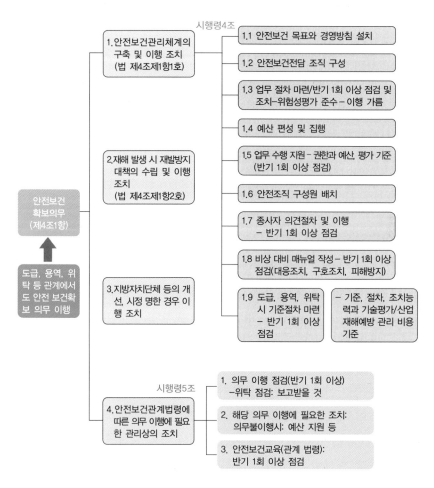

**도급·용역· 위탁하는 경우에 안전보건 확보 의무 개요**

안전보건 확보의무 (제4조1항)

도급, 용역, 위탁 등 관계에서 도 안전 보건확 보 의무 이행

1.안전보건관리체계의 구축 및 이행 조치 (법 제4조제1항1호)

시행령4조

1.1 안전보건 목표와 경영방침 설치

1.2 안전보건전담 조직 구성

1.3 업무 절차 마련/반기 1회 이상 점검 및 조치-위험성평가 준수 - 이행 가름

1.4 예산 편성 및 집행

1.5 업무 수행 지원 - 권한과 예산, 평가 기준 (반기 1회 이상 점검)

1.6 안전조직 구성원 배치

1.7 종사자 의견절차 및 이행 – 반기 1회 이상 점검

1.8 비상 대비 매뉴얼 작성 - 반기 1회 이상 점검(대응조치, 구호조치, 피해방지)

2.재해 발생 시 재발방지 대책의 수립 및 이행 조치 (법 제4조제1항2호)

3.지방자치단체 등의 개 선, 시정 명한 경우 이 행 조치

1.9 도급, 용역, 위탁 시 기준절차 마련 – 반기 1회 이상 점검

– 기준, 절차, 조치능 력과 기술평가/산업 재해예방 관리 비용 기준

4.안전보건관계법령에 따른 의무 이행에 필요 한 관리상의 조치

시행령5조

1. 의무 이행 점검(반기 1회 이상) -위탁 점검: 보고받을 것

2. 해당 의무 이행에 필요한 조치: 의무불이행시: 예산 지원 등

3. 안전보건교육(관계 법령): 반기 1회 이상 점검

## (1) 도급의 정의

### 1) 민법의 도급(제664조)

도급은 당사자 일방(수급인)이 어느 일을 완성할 것을 약정하고 상대방(도급인)이 그 일의 결과에 대하여 보수를 지급할 것을 약정하는 계약이다.

## 2) 건설산업기본법 제2조(정의): 도급

① "**도급**"이란 원도급, 하도급, 위탁 등 명칭과 관계없이 건설공사를 완성할 것을 약정하고, 상대방이 그 공사의 결과에 대하여 대가를 지급할 것을 약정하는 계약을 말한다.

② "**하도급**"이란 도급받은 건설공사의 전부 또는 일부를 다시 도급하기 위하여 수급인이 제3자와 체결하는 계약을 말한다.

③ "**수급인**"이란 발주자로부터 건설공사를 도급받은 건설사업자를 말하고, 하도급의 경우 하도급하는 건설사업자를 포함한다.

④ "**하수급인**"이란 수급인으로부터 건설공사를 하도급받은 자를 말한다.

## 3) 산업안전보건법 제2조(정의): 도급

① "**도급**"이란 명칭에 관계없이 물건의 제조·건설·수리 또는 서비스의 제공, 그 밖의 업무를 타인에게 맡기는 계약을 말한다.

② "**도급인**"이란 물건의 제조·건설·수리 또는 서비스의 제공, 그 밖의 업무를 도급하는 사업주를 말한다. 다만, 건설공사발주자는 제외한다.

③ "**수급인**"이란 도급인으로부터 물건의 제조·건설·수리 또는 서비스의 제공, 그 밖의 업무를 도급받은 사업주를 말한다.

④ "**관계수급인**"이란 도급이 여러 단계에 걸쳐 체결된 경우에 각 단계별로 도급받은 사업주 전부를 말한다.

## 4) 도급과 발주자의 구별의 실익

① 발주자도 민법상 도급의 일종이지만, 발주자는 종사자가 직접 노무를 제공하는 사업 또는 사업장에 대한 실질적인 지배·관리·운영을 하는 자가 아닌 주문자에 해당하는 것이 일반적이다. 따라서, 건설공사발주자는 건설공사 기간 동안 해당 공사 또는 시설·장비·장소 등에 대하여 실질적으로 지배 운영 관리하였다고 볼만한 사정이 없는 한, 해당 건설공사 현장의 종사자에 대하여

안전보건확보 의무(중대재해처벌법 제4조 또는 제5조에 따른 책임)이 있는 도급인과 달리 중대재해처벌법상의 안전보건확보 의무를 부담하지 않는 경우가 일반적이다.

> ❖ **발주자의 재해 예방 및 감축 의지와 지배·관리·운영의 딜레마**
> – 발주자도 재해 예방 및 감소를 위한 안전·보건 활동을 적극 전개하려고 해도, 중대재해처벌법 제5조의 사업 또는 사업장에 대한 실질적인 지배·관리·운영 관리로 인한 중대재해처벌법의 법적 구성요건에 해당할 수 있음에 유의하여, 적극적이고 건전한 발주 공사 등에 대한 지원 등에 장애 요소가 되고 있는 현실이므로, 재해 예방의 활성화를 위해서는 발주자의 지위를 인정하여, 법 적용의 판단은 재해 예방 활동을 적극 장려하는 방향으로 해석해야한다고 사료된다.

## 5) 비교 개념: 건설공사 발주자의 정의

> ❖ **산업안전보건법 제2조(정의)**
> "건설공사발주자"란 건설공사를 도급하는 자로서 건설공사의 시공을 주도하여 총괄·관리하지 아니하는 자를 말한다. 다만, 도급받은 건설공사를 다시 도급하는 자는 제외한다.

> ❖ **건설산업기본법 제2조(정의)**
> "발주자"란 건설공사를 건설사업자에게 도급하는 자를 말한다.
> 다만, 수급인으로서 도급받은 건설공사를 하도급하는 자는 제외한다.
> "건설공사"란 다음 각 목의 어느 하나에 해당하는 공사를 말한다.
>   가. 「건설산업기본법」 제2조 제4호에 따른 건설공사
>   나. 「전기공사업법」 제2조 제1호에 따른 전기공사
>   다. 「정보통신공사업법」 제2조 제2호에 따른 정보통신공사
>   라. 「소방시설공사업법」 에 따른 소방시설공사
>   마. 「문화재수리 등에 관한 법률」 에 따른 문화재수리공사

> ❖ **건설기술진흥법 제2조(정의): 발주청**
> "발주청"이란 건설공사 또는 건설엔지니어링을 발주(發注)하는 국가, 지방자치단체, 「공공기관의 운영에 관한 법률」 제5조에 따른 공기업·준정부기관, 「지방공기업법」 에 따른 지방공사·지방공단, 그 밖에대통령령으로 정하는 기관의 장을 말한다.

## 나. 제3자에게 도급· 용역· 위탁 등을 행한 경우에도 제4조의 조치 의무

### (1) 개인사업주나 법인 또는 기관이 제3자에게 도급· 용역· 위탁한 경우

개인사업주나 법인 또는 기관이 여러 차례의 도급을 주는 경우에도 그 법인 등이 실질적으로 지배·운영·관리하는 사업 또는 사업장에서 도급 등 업무가 이루어지는 경우, 각 단계의 수급인 및 수급인의 종사자는 해당개인사업주나 법인 또는 기관의 종사자에 포함되며 법 제4조에 따른 안전 및 보건 확보 의무의 보호대상이다.

#### 1) 안전보건 확보 의무 개요

법 제5조는 개인사업주나 법인 또는 기관이 실질적으로 지배·운영·관리하는 사업 또는 사업장이 아닌 경우에도 그 시설· 장비·장소 등에 대하여 도급인 등이 실질적으로 지배·운영·관리하는 책임이 있는 경우에는 해당 종사자에 대한 안전 및 보건 확보의무를 부담한다는 취지이다.

2) 시설·장비·장소 등에 대하여 실질적으로 지배·운영·관리하는 책임이 있는 경우

① 실질적으로 지배 운영 관리하는 책임이 있는 경우란 중대산업재해 발생 원인을 살펴 해당 시설이나 장비 그리고 장소에 관한 소유권, 임차권, 그 밖에 사실상의 지배력을 가지고 있어 위험에 대한 제어 능력이 있다고 볼 수 있는 경우를 의미한다.

② 도급인의 사업장 내 또는 사업장 밖이라도 도급인이 작업장소를 제공 또는 지정하고 지배·관리하는 장소(산업안전보건법 시행령 제11조에 따른 21개 위험장소)에서 작업하는 경우가 아닌 경우에도 해당 작업과 관련한 시설 설비 장소 등에 대하여 소유권, 임차권, 그 밖에 사실상의 지배력을 행사하고 있는 경우에는 법 제5조에 따른 책임을 부담한다.

## 가. 수급인 선정 관련

### (1) 적정 수급인, 안전보건 비용 및 수행기간 평가

사업주·경영책임자 등은 제3자에게 도급· 용역·위탁하는 경우, 제3자의 재해예방 조치능력 및 기술과 적정한 안전보건관리 비용과 수행기간을 확인하기 위한 평가기준과 절차를 마련하고 이행상황을 확인하고 점검하여야 한다(중대재해처벌법 제4조제1항 및 시행령 제4조 제8호).

### (2) 적격 수급인 선정

사업주는 산업재해 예방을 위한 조치를 할 수 있는 능력을 갖춘 사업주에게 도급하여야 한다(산업안전보건법 제62조)

### (3) 공사기간 단축 및 공법변경 금지

건설공사 발주자 또는 건설공사도급인은 설계도서 등에 따라 산정된 공사기간을 단축해서는 아니되며, 공사비를 줄이기 위해 위험성이 있는 공법을 사용하거나 정당한 사유 없이 정해진 공법을 변경해서는 안 된다(산업안전보건법 제69조)

## 나. 사업장 내 모든 구성원의 보호

### (1) 도급·용역·위탁 시 안전보건 확보

사업주·경영책임자 등은 제3자에게 도급·용역·위탁 하는 경우, 제3자의 종사자에게 중대산업재해가 발생하지 아니하도록 안전보건 확보 의무를 하여야 한다(중대재해처벌법 제5조).

### (2) 도급인의 안전보건 조치

도급인은 관계수급인 근로자가 도급인 사업장에서 작업을 하는 경우 산업재해 예방을 위한 조치를 하여야 한다(산업안전보건법 제62조~ 제66조)

## 03 도급인의 산재예방 조치

2020년 1월에 산업안전보건법 전부개정 및 2021년 5월 산업안전보건법 일부개정으로 도급인의 산재예방 의무가 확대되었다. 도급인 사업장에서 관계수급인의 근로자가 작업하는 경우에는 아래 사항을 준수해야 한다.

### (1) 안전보건총괄책임자 지정 (산업안전보건법 제62조)

사업장 내 산재예방 업무를 총괄하여 관리하는 **안전보건 총괄책임자**를 지정해야 한다.

### (2) 안전보건 조치(산업안전보건법 제63조)

안전보건시설 설치 등 필요한 안전보건조치를 해야 한다(단, 보호구 착용 등 작업행동에 관한 직접적인 조치는 제외).

### (3) 산업재해 예방조치(산업안전보건법 제64조)

도급인은 아래 사항을 이행해야 하며, 도급인 근로자 및 수급인 근로자와 함께 수시로 안전보건 점검을 실시해야 한다.

① 도급인과 수급인을 구성원으로 하는 안전보건 협의체 구성·운영
② 작업장 순회점검
③ 안전보건교육을 위한 장소·자료 제공 등 지원 및 안전보건교육 실시 확인
④ 발파작업, 화재·폭발, 토사·구축물 등 붕괴, 지진 등에 대비한 경보체계 운영 및 대피방법 훈련
⑤ 위생시설 설치 등을 위해 필요한 장소 제공(또는 도급인 시설 이용 협조)
⑥ 같은 장소에서 이루어지는 작업에 있어서 관계수급인 등의 작업시기·내용, 안전 및 보건조치 등의 확인
⑦ 위에 따른 확인 결과 작업혼재로 인해 화재·폭발 등 위험이 발생할 우려가 있는 경우, 관계수급인 등의 작업시기·내용 등의 조정

### (4) 안전보건정보의 제공(산업안전보건법 제65조)

다음의 작업을 시작하기 전, 수급인에게 안전보건 정보를 문서로 제공해야 하며, 수급인이 이에 따라 필요한 안전보건 조치를 했는지 확인해야 한다.

① 폭발성인화성·독성 등의 유해, 위험성이 있는 화학물질을 취급하는 설비를 개조·분해·해체·철거하는 작업

② 위 작업에 따른 설비의 내부에서 이루어지는 작업

③ 질식 또는 붕괴 위험이 있는 작업으로서 대통령령으로 정하는 작업

### (5) 기계·기구 등에 대한 건설공사 도급인 안전조치(산업안전보건법 제76조)

건설공사도급인은 자신의 사업장에서 타워크레인 등 대통령령으로 정하는 기계·기구 또는 설비 등이 설치되어 있거나 작동하고 있는 경우 또는 이를 설치·해체·조립하는 등의 작업이 이루어지고 있는 경우에는 필요한 안전조치 및 보건조치를 하여야 한다.

---

**[컨설팅 실무]  도급· 용역· 위탁 시 체크포인트**

– 안전보건 수준을 평가하여 선정하는 절차(적격업체 선정)가 있는가?
– 안전보건을 위한 관리비용과 수행기간을 검토하기 위한 기준과 절차가 있고, 반기 1회 이상 해당 기준과 절차에 따라 평가하는가?
– 안전보건에 관한 정보를 제공하는 절차가 있는가?
– 업체의 안전보건에 관한 의견을 제시할 수 있는지?
– 작업을 관리감독하는 절차가 있는가?
– 작업에 대한 관리감독 절차가 적정한가?
– 공사 진행 전반에 대한 위험성평가를 실시하는가?

---

# 제2장

# 발주자의 안전·보건 확보 의무

## 01  발주자의 안전·보건 확보 의무 개요

### 가. 산업안전보건법의 발주자 관련 주요 업무 내용

| 조항 | 주요 내용 | 벌칙 | 과태료 |
|------|-----------|------|--------|
| 제67조<br>(건설공사 발주자의 산업재해예방 조치) | 건설공사 발주자의 계획단계, 설계단계, 시공단계의 안전보건조치 의무 | | 1천만원<br>이하 |
| 제68조<br>(안전보건조정자) | 2개 이상 건설공사를 도급한 건설공사 발주자는 혼재 작업에 대해 안전보건 조정자를 두어야 함 | | 500만원<br>이하 |
| 제69조<br>(공사기간 단축 및 공법변경 금지) | • 설계도서 등에 따라 산정된 공사기간을 단축할 수 없음<br>• 공사비 감소를 위한 위험한 공법의 사용금지<br>• 정당한 사유없이 정해진 공법 변경 불가 | 1천만원<br>이하의 벌금 | |
| 제70조<br>(건설공사 기간의 연장) | 불가항력, 건설공사 발주자 책임으로 인한 공사기간 연장 | | 1천만원<br>이하 |
| 제71조<br>(설계변경의 요청) | 설계변경 요청 사유를 명기하고, 건설공사 발주자와 건설공사 도급인의 설계변경 의무 | | 1천만원<br>이하 |
| 제72조<br>(건설공사 등의 산업안전보건관리비 계상 등) | 산업안전보건관리비 계상 의무와 사용 기준 | | 1천만원<br>이하 |
| 제73조<br>(건설공사의 산업재해예방 지도) | 건설재해예방 전문지도기관의 기술지도 받을 의무 | | 300만원<br>이하 |
| 제75조<br>(안전 및 보건에 관한 협의체 등의 구성·운영에 관한 특례) | 노·사협의체의 구성 및 운영 | | 500만원<br>이하 |
| 제76조<br>(기계·기구 등에 대한 건설 공사 도급인의 안전조치) | 건설공사 도급인의 기계·기구 또는 설비 등이 설치되어 있거나 작동하고 있는 경우 또는 이를 설치·해체·조립하는 등의 작업에 대한 필요한 안전 및 보건조치 의무 | 3년 이하의 징역 또는 3천만원 이하의 벌금 | |

## 나. 발주자의 정의 및 중대재해처벌법과의 관련성

**정의**  건설산업기본법 제2조

① "발주자"란 건설공사를 건설사업자에게 도급하는 자를 말한다. 다만, 수급인으로서 도급받은 건설공사를 하도급하는 자는 제외한다.
② "도급"이란 원도급, 하도급, 위탁 등 명칭과 관계없이 건설공사를 완성할 것을 약정하고, 상대방이 그 공사의 결과에 대하여 대가를 지급할 것을 약정하는 계약을 말한다.
③ "하도급"이란 도급받은 건설공사의 전부 또는 일부를 다시 도급하기 위하여 수급인이 제3자와 체결하는 계약을 말한다.
④ "수급인"이란 발주자로부터 건설공사를 도급받은 건설사업자를 말하고, 하 도급의 경우 하도급하는 건설사업자를 포함한다.
⑤ "하수급인"이란 수급인으로부터 건설공사를 하도급받은 자를 말한다.

**건설 관련 주체의 책무 - 발주자**  건설산업기본법 제7조

건설공사의 발주자는 시설물이 공공의 안전과 복리에 적합하게 건설되도록 공정한 기준과 절차에 따라 능력있는 건설사업자를 선정하여야 하고, 건설공사가 적정하게 시공되도록 노력하여야 한다.

## 다. 발주자의 안전보건관리 필요성

### (1) 재해원인

① 불명확한 사업 내용·범위·예산·기간
② 사업기획 및 설계의 지연
③ 설계 및 공사단계에서 사업범위 및 예산의 변경
④ 사업 참여자간의 협력관계 구축 실패
⑤ 부적합한 설계자·엔지니어·시공자 등 선정
⑥ 설계착오 및 누락
⑦ 설계 및 조달 지연으로 적정 시공공기 미확보
⑧ 사업 진행 상황에 대한 정확한 진단 실패
⑨ 잦은 설계변경

⑩ 최저가 위주의 낙찰자 선정

⑪ 발주자의 불공정 거래

⑫ 과도한 공사금액 삭감

⑬ 사업주의 현장근로자 안전의식 개선 노력 미흡

⑭ 취약공종에 대한 안전 보건관리 미흡 등

## (2) 발주자 및 공공기관의 역할 요구

① 발주자의 안전보건 책무를 명확히 하고, 사업추진 단계마다 수급자를 통해서 안전보건책무를 인지한다.

② 발주자는 자신의 이익을 지키기 위해서 능력 있는 시공자 선정 외에도 안전한 감리 및 설계를 수행할 수 있는 수급인을 선정하고 안전한 공사가 가능한 조건을 제공하여야 한다.

③ 공공 발주자·민간 발주자(건축주) 상관없이 건설사업의 안전한 완수를 위해 유능한 수급자를 선정하고, 또 필요하다면 대리인으로서 유능한 안전전문가를 고용하여 안전 보건관리를 포함한 건설사업의 원활한 진행을 도모하여야 한다.

④ 건설업은 제조업에 비해, 관리 방식·노사 관계·사업주 관계가 복잡하여 사업에 참여하는 주체 간에 복잡한 관계가 형성되나, 발주자가 상대적으로 막강한 권한을 보유하게 되는 구조이다.

⑤ 건설공사 현장에서 안전보건관리에 대한 의무와 책임은 도급자인 시공자에게 집중되어 있으므로 국내 건설공사 안전관리체계는 시공장 중심의 안전관리 체계이다.

발주자에게 권한에 부응하는 합리적인 책임과 역할을 부여하여 건설현장 안전보건관리 참여주체에 발주자를 포함

⑥ 위급 상황 신고시스템 모바일 앱 등록 및 운용
협력사 및 근로자 대상 교육

⑦ 발주자의 위험성 평가 실시 및 근로자 참여권 보장
위험원 개선 우선순위 실행, 이행 점검

⑧ 원·하청 정보공유

## 라. 발주자의 안전관리 역할 강화

### (1) 시공자 중심의 안전관리 체계의 문제점

① 건설공사 참여자는 발주자, 시공자, 설계자, 건설사업관리기술자, 근로자로 구성되어 있으나, 국내 건설공사 현장에서 안전보건관리에 대한 의무와 책임은 도급자인 시공자에게 집중되어 있으므로 국내 건설공사 안전관리체계는 시공자 중심의 안전관리체계이다.

② 실질적으로 건설공사에 막대한 영향을 주는 발주자의 안전관리 역할은 미비한 실정이다.

③ 시공자 중심의 안전보건관리 체계에 의해 시공·관리된다.

   ㉮ 법 규제를 통한 시공자 책임 및 처벌강화

   ㉯ 단기적인 성과 및 재해감소 한계에 도달·시공자의 피로도 증가

### (2) 건설공사 안전관리 참여자로 발주자의 역할 필요성

① 건설공사의 모든 주체(발주자·시공자· 건설기술용역업자)를 참여시키며, 의사결정 권한에 따라 안전에 대한 책임과 역할을 부여한다는 측면에서 발주자의 적극적인 참여를 필요로 한다.

   – 발주자 주도의 안전보건관리 체계로의 전환 필요성 제기

② 건설공사 참여주체로 발주자를 포함시키고 있으나(건설기술진흥법), 발주자가 적극적으로 현장 안전보건 관리에 개입하도록 인식의 전환 및 제도개선이 필요하였다.

### (3) 해외의 발주자 중심의 안전보건관리 제도 특징

① 영국의 CDM 2015, EU–Council Directive 92/57/EEC, 연구문헌 등

② 발주자의 적극적인 개입

③ 발주자를 대신할 전문성을 갖춘 자(전문가 · 조정자)의 활용

   ㉮ 안전한 설계를 수행하도록 지원 및 조정

   ㉯ 안전 능력을 갖춘 시공자의 선정과 충분한 자원(공사기간 공사비 등)의 제공

ⓒ 발주자의 현장 안전 감시 기능

## (4) 해외 발주기관의 발주자 중심의 안전보건관리 제도 특징

① 발주자 중심의 안전관리와 고유의 안전보건관리 시스템 구축

② 발주자의 안전관리 직접적인 업무 책임 명시

③ 계약단계부터 공사완료까지 시공자 및 안전책임자의 업무 및 책임에 대하여 명시

④ 입찰과 최종 계약단계에서 안전을 고려

⑤ 자체 매뉴얼에서 상세하고 명확한 안전관리의 요소와 방법을 제시하고, 시공자가 매뉴얼에 따라 안전관리를 수행. 발주자는 자체 또는 외부 감사 등을 통한 모니터링 실시한다.

## 마. 발주자의 안전·보건 체계 운용

## (1) 실질적인 안전·보건교육 제공: 알 권리 향상 제공

① 위험요인에 대해 구체적으로 알 수 있는 교육 실시

② 이용자 중심 안전·보건 정보제공

## (2) 고위험작업의 작업허가서 운용(PTW, LOTO 등)

① 고위험작업 대상 선정

② 우수 도급업체의 안전·보건 역량 평가, 운용

③ 작업장별 작업중지권자 지명운영

## (3) 위험의 긴급대응

① 위험이 감지·예측될 때, 대피·안전한 피난·보호

② 즉시 행동할 수 있는 사업장 분위기·적응

## 바. 안전문화 실행

### (1) 정보공유문화

① 안전보건 통합 정보체계 운용(상시·협력기업 포함)

② 안전제안제도 / 전사 위험성 평가 / 안전 모바일 정보 공유

### (2) 공정문화

① 청렴골든벨 제도 운영 / 반부패 청렴 캠페인

② ESG 임팩트 실천

### (3) 안전리더십

① 안전리더십 및 워크샵 강화 / ESG 임팩트, 봉사 참여

② 경영진 솔선수범 현장 점검

## 사. 취약한 안전시설 개선

① 고위험작업장의 안전시설 보강 / 안전방호장치 설치 및 교체

② 중대재해예측설비 자동화·감시

---

**[정부의 지원] 스마트 안전관리 보조.지원 (건설기술진흥법 제62조의 3)**

① 국토교통부장관은 건설사고를 예방하기 위하여 건설공사 참여자에게 무선안전장비와 융·복합건설기술을 활용한 스마트 안전장비 및 안전관리시스템의 구축·운영에 필요한 비용 등 대통령령으로 정하는 비용의 전부 또는 일부를 예산의 범위에서 보조하거나 그 밖에 필요한 지원(이하 "보조·지원"이라 한다)을 할 수 있다.

— 국토교통부 발주 공사

---

**고용노동부 및 안전보건공단의 민간 지원**

• 클린 사업장 조성 사업 : 기술· 재정적 능력이 취약한 업체에 유해위험 요인 개선을 위한 보조 지원사업

(사고 사망 등 고위험 시설 개선 시 지원 / 산재예방 시설 융자 등)

---

■ 선행안전난간대 세부 설치 방법 보급[안전보건공단 산업안전보건연구원]

선행안전난간대 설치는, 하부 작업발판에서 시스템비계의 수직재에 보조수직재(#1) 설치 후, 보조수직재(#1)의 연결부에 선행안전난간대(2본)를 체결하고, 마지막으로 보조수직재(#2)에 선행안전난간대를 체결 후 시스템 비계 수직재에 설치하면 된다.

## 가. 건설사업 단계별 발주자 조치사항

### 건설공사 발주자의 단계별 산업재해 예방 조치    산업안전보건법 제67조

① 대통령령으로 정하는 건설공사의 건설공사발주자는 산업재해 예방을 위하여 건설공사의 계획, 설계 및 시공 단계에서 다음 각 호의 구분에 따른 조치를 하여야 한다.

  1. 건설공사 계획단계 : 해당 건설공사에서 중점적으로 관리하여야 할 유해 · 위험요인과 이의 감소방안을 포함한 기본안전보건대장을 작성할 것

  2. 건설공사 설계단계 : 제1호에 따른 기본안전보건대장을 설계자에게 제공하고, 설계자로 하여금 유해 · 위험요인의 감소방안을 포함한 설계안전보건대장을 작성하게 하고 이를 확인할 것

  3. 건설공사 시공단계 : 건설공사발주자로부터 건설공사를 최초로 도급받은 수급인에게 제2호에 따른 설계안전보건대장을 제공하고, 그 수급인에게 이를 반영하여 안전한 작업을 위한 공사안전보건대장을 작성하게 하고 그 이행 여부를 확인할 것

② 제1항에 따른 건설공사발주자는 대통령령으로 정하는 안전보건 분야의 전문가에게 같은 항 각 호에 따른 대장에 기재된 내용의 적정성 등을 확인받아야 한다. 〈신설 2021. 5. 18.〉

③ 제1항에 따른 건설공사발주자는 설계자 및 건설공사를 최초로 도급받은 수급인이 건설현장의 안전을 우선적으로 고려하여 설계 · 시공 업무를 수행할 수 있도록 적정한 비용과 기간을 계상 · 설정하여야 한다. 〈신설 2021. 5. 18.〉

④ 제1항 각 호에 따른 대장에 포함되어야 할 구체적인 내용은 고용노동부령으로 정한다. 〈개정 2021. 5. 18.〉

---

산업안전보건법 시행령 제55조 산업재해 예방조치 대상 건설공사

법 제67조 제1항에서 대통령령으로 정하는 건설공사는 총 공사금액이 50억원 이상공사를 말한다.(하나의 건설공사를 완성하기 위해 발주한 공사금액의 합)

**(1) 건설공사 계획단계**(발주자 : 기본안전보건대장 관련 업무)

 **1) 기본안전보건대장 개요**

1. 사업개요

2. 현장 제반 정보

3. 안전보건 목표와 참여 조직

4. 안전보건계획 수립 시 고려할 주요 사항
  ① 위험성평가의 방법 및 절차
  ② 안전보건관리에 필요한 법규, 내외부 기준 및 지침

5. 유해·위험요인과 위험성 감소대책 수립을 위한 설계조건
  ① 공사금액의 적정성
  ② 공사기간의 적정성
  ③ 건설공사 주체별 역할과 책임
  ④ 공종별 유해·위험에 대한 설계조건

6. 과업지시서와 입찰설명서에 반영할 주요 안전보건 조건
  ① 설계발주
  ② 공사발주

7. 설계자와 시공자의 안전보건역량 평가방법
  ① 설계자 선정에 반영할 안전보건역량 평가기준
  ② 시공자 선정에 반영할 안전보건역량 평가기준

8. 기본안전보건대장 작성 참여자(안전보건 참여한 전문가)

9. 발주자 확인 및 변경이력

**(2) 건설공사 설계단계** (설계자 : 설계안전보건대장)

1. 사업개요

2. 안전보건목표와 참여조직

3. 산업안전보건관리비 산출계획(적정 계상 의무)

4. 적정공사기간 산정요약표(공사금액 및 공사기간 산출서)

5. 주요 유해·위험요인 및 위험성 감소대책에 대한 위험성 평가
   ① 유사 건설공사 주요 사고사례 분석결과
   ② 발굴 유해·위험요인 및 설계반영 여부
   ③ 위험성 평가기준
      [발생가능성(빈도), 중대성(강도), 허용위험성 기준]
   ④ 유해·위험요인별 위험성 평가 및 위험성 감소대책
   ⑤ 위험성평가 결과 요약표
   ⑥ 잔존 유해·위험요인 및 공사 시 반영할 내용

6. 안전보건회의 이력

7. 안전보건조정자 배치계획

8. 유해·위험방지계획서 작성대상 및 재해예방전문지도기관
   기술지도 확인
   ① 유해·위험방지계획서 작성대상 확인
   ② 재해예방전문지도 실시대상 확인 및 실시계획

9. 작성 및 확인자
   ① 작성자(소속 · 직위 · 자격 · 성명) : 건축사사무소
   ② 확인자(소속 · 직위 · 자격 · 성명) : 건설안전전문가
                              (산업안전지도사, 건설안전기술사)

**(3) 건설공사 시공단계**(시공자 : 공사안전보건대장)

1. 사업개요

2. 설계안전보건대장의 안전보건조치 이행계획
   ① 유해·위험요인 ② 위험성 감소대책 ③ 시공자 이행계획

3. 유해·위험방지계획서 심사 및 확인결과에 대한 조치내용
   ① 심사결과(적정· 조건부 적정· 부적정)
   ② 확인결과(조치사항)

4. 산업안전보건관리비 변경내역 관리(적정 계상 의무)
   ① 당초 계상금액 ② 변경 계상금액 ③ 실행 금액
   ③ 실행 금액 ④ 변경 사유

5. 건설공사 재해예방기술지도 계약 및 기술지도결과 및 조치내용 관리

6. 작성(변경)일자

7. 작성 및 확인자

**(4) 건설공사 안전보건대장 이행·확인단계**
   **[발주자(전문가) 3개월마다 1회 이상 확인]**

1. 설계·공사 안전보건대장 안전보건조치계획

2. 유해·위험방지계획서 심사 및 확인결과 조치내용

3. 산업안전보건관리비 주요 점검사항

4. 건설공사 재해예방기술지도 계약, 지도결과 및 조치내용 확인

5. 가설구조물의 구조적 안전성 확인절차 이행여부 확인

6. 현장 안전보건관리 이행확인

7. 투입 안전보건관리 인력 확인

8. 위생시설 설치 확인(휴게시설·세면·목욕시설·세탁시설·탈의실 등)

9. 고용노동부와 안전보건공단의 점검 조치 확인(해당 시)

10. 안전보건조정자 이력, 조정업무 확인 등

## 나. 발주자의 안전보건조정자 선임 또는 지정

> **안전보건조정자**            산업안전보건법 제68조
>
> ① 2개 이상의 건설공사를 도급한 건설공사발주자는 그 2개 이상의 건설공사가 같은 장소에서 행해지는 경우에 작업의 혼재로 인하여 발생할 수 있는 산업재해를 예방하기 위하여 건설공사 현장에 안전보건조정자를 두어야 한다.
> ② 제1항에 따라 안전보건조정자를 두어야 하는 건설공사의 금액, 안전보건조정자의 자격·업무, 선임방법, 그 밖에 필요한 사항은 대통령령으로 정한다.

### ❏ 안전보건조정자의 선임 또는 지정 적격자

┌─── 산업안전보건법 시행령 제56조제2항 ───

② 제1항에 따라 안전보건조정자를 두어야 하는 건설공사발주자는 제1호 또는 제4호부터 제7호까지에 해당하는 사람 중에서 안전보건조정자를 선임하거나 제2호 또는 제3호에 해당하는 사람 중에서 안전보건조정자를 지정해야 한다. 〈개정 2020. 9. 8.〉
1. 법 제143조제1항에 따른 산업안전지도사 자격을 가진 사람
2. 「건설기술 진흥법」 제2조제6호에 따른 발주청이 발주하는 건설공사인 경우 발주청이 같은 법 제49조제1항에 따라 선임한 공사감독자
3. 다음 각 목의 어느 하나에 해당하는 사람으로서 해당 건설공사 중 주된 공사의 책임감리자
   가. 「건축법」 제25조에 따라 지정된 공사감리자
   나. 「건설기술 진흥법」 제2조제5호에 따른 감리업무를 수행하는 사람
   다. 「주택법」 제43조에 따라 지정된 감리자
   라. 「전력기술관리법」 제12조의2에 따라 배치된 감리원
   마. 「정보통신공사업법」 제8조제2항에 따라 해당 건설공사에 대하여 감리업무를 수행하는 사람
4. 「건설산업기본법」 제8조에 따른 종합공사에 해당하는 건설현장에서 안전보건관리책임자로서 3년 이상 재직한 사람
5. 「국가기술자격법」에 따른 건설안전기술사
6. 「국가기술자격법」에 따른 건설안전기사 자격을 취득한 후 건설안전 분야에서 5년 이상의 실무경력이 있는 사람(2024년부터 산업안전기사 적격자는 가능)
7. 「국가기술자격법」에 따른 건설안전산업기사 자격을 취득한 후 건설안전 분야에서 7년 이상의 실무경력이 있는 사람

## 다. 발주자의 공사기간 단축 및 공법 변경 금지

**공사기간 단축 및 공법변경 금지**  산업안전보건법 제69조

① 건설공사발주자 또는 건설공사도급인(건설공사발주자로부터 해당 건설공사를 최초로 도급받은 수급인 또는 건설공사의 시공을 주도하여 총괄·관리하는 자를 말한다. 이하 이 절에서 같다)은 설계도서 등에 따라 산정된 공사기간을 단축해서는 아니 된다.

② 건설공사발주자 또는 건설공사도급인은 공사비를 줄이기 위하여 위험성이 있는 공법을 사용하거나 정당한 사유 없이 정해진 공법을 변경해서는 아니 된다.


## 라. 발주자의 공사 기간 연장

**건설공사 기간의 연장**  산업안전보건법 제70조

① 건설공사발주자는 다음 각 호의 어느 하나에 해당하는 사유로 건설공사가 지연되어 해당 건설공사도급인이 산업재해 예방을 위하여 공사기간의 연장을 요청하는 경우에는 특별한 사유가 없으면 공사기간을 연장하여야 한다.
　1. 태풍·홍수 등 악천후, 전쟁·사변, 지진, 화재, 전염병, 폭동, 그 밖에 계약 당사자가 통제할 수 없는 사태의 발생 등 불가항력의 사유가 있는 경우
　2. 건설공사발주자에게 책임이 있는 사유로 착공이 지연되거나 시공이 중단된 경우

② 건설공사의 관계수급인은 제1항제1호에 해당하는 사유 또는 건설공사도급인에게 책임이 있는 사유로 착공이 지연되거나 시공이 중단되어 해당 건설공사가 지연된 경우에 산업재해 예방을 위하여 건설공사도급인에게 공사기간의 연장을 요청할 수 있다. 이 경우 건설공사도급인은 특별한 사유가 없으면 공사기간을 연장하거나 건설공사발주자에게 그 기간의 연장을 요청하여야 한다.

③ 제1항 및 제2항에 따른 건설공사 기간의 연장 요청 절차, 그 밖에 필요한 사항은 고용노동부령으로 정한다.

# 마. 설계변경의 요청 관련 업무

## 설계변경의 요청

산업안전보건법 제71조

① 건설공사도급인은 해당 건설공사 중에 대통령령으로 정하는 가설구조물의 붕괴 등으로 산업재해가 발생할 위험이 있다고 판단되면 건축·토목 분야의 전문가 등 대통령령으로 정하는 전문가의 의견을 들어 건설공사발주자에게 해당 건설공사의 설계변경을 요청할 수 있다. 다만, 건설공사발주자가 설계를 포함하여 발주한 경우는 그러하지 아니하다.

② 제42조제4항 후단에 따라 고용노동부장관으로부터 공사중지 또는 유해위험방지계획서의 변경 명령을 받은 건설공사도급인은 설계변경이 필요한 경우 건설공사발주자에게 설계변경을 요청할 수 있다.

③ 건설공사의 관계수급인은 건설공사 중에 제1항에 따른 가설구조물의 붕괴 등으로 산업재해가 발생할 위험이 있다고 판단되면 제1항에 따른 전문가의 의견을 들어 건설공사도급인에게 해당 건설공사의 설계변경을 요청할 수 있다. 이 경우 건설공사도급인은 그 요청받은 내용이 기술적으로 적용이 불가능한 명백한 경우가 아니면 이를 반영하여 해당 건설공사의 설계를 변경하거나 건설공사발주자에게 설계변경을 요청하여야 한다.

④ 제1항부터 제3항까지의 규정에 따라 설계변경 요청을 받은 건설공사발주자는 그 요청받은 내용이 기술적으로 적용이 불가능한 명백한 경우가 아니면 이를 반영하여 설계를 변경하여야 한다.

⑤ 제1항부터 제3항까지의 규정에 따른 설계변경의 요청 절차·방법, 그 밖에 필요한 사항은 고용노동부령으로 정한다. 이 경우 미리 국토교통부장관과 협의하여야 한다.

## 바. 건설공사 등의 산업안전보건관리비 계상 등

### 건설공사 등의 산업안전보건관리비 계상 등
산업안전보건법 제72조

① 건설공사발주자가 도급계약을 체결하거나 건설공사의 시공을 주도하여 총괄·관리하는 자(건설공사발주자로부터 건설공사를 최초로 도급받은 수급인은 제외한다)가 건설공사 사업계획을 수립할 때에는 고용노동부장관이 정하여 고시하는 바에 따라 산업재해 예방을 위하여 사용하는 비용(이하 "산업안전보건관리비"라 한다)을 도급금액 또는 사업비에 계상(計上)하여야 한다.
③ 건설공사도급인은 산업안전보건관리비를 제2항에서 정하는 바에 따라 사용하고 고용노동부령으로 정하는 바에 따라 그 사용명세서를 작성하여 보존하여야 한다.
④ 선박의 건조 또는 수리를 최초로 도급받은 수급인은 사업 계획을 수립할 때에는 고용노동부장관이 정하여 고시하는 바에 따라 산업안전보건관리비를 사업비에 계상하여야 한다.

## 사. 건설공사의 산업재해 예방 지도 관련 업무/ 계약 및 정산

### 건설공사의 산업재해 예방 지도
산업안전보건법 제73조

① 대통령령으로 정하는 건설공사도급인은 해당 건설공사를 하는 동안에 제74조에 따라 지정받은 전문기관(이하 "건설재해예방전문지도기관"이라 한다)에서 건설산업재해 예방을 위한 지도를 받아야 한다.
② 건설재해예방전문지도기관의 지도업무의 내용, 지도대상 분야, 지도의 수행방법, 그 밖에 필요한 사항은 대통령령으로 정한다.

※ 안전보건 관련 발주자의 세부적인 업무 내용은 시행령· 시행규칙·관련 고시 등을 활용하여 관리 필요.

## 가. 건설공사 감독자의 감독 의무 (건설기술진흥법상제49조)

① 발주청은 건설공사가 설계도서, 계약서, 그 밖의 관계 서류의 내용대로 시공되도록 하고 건설공사의 품질 및 현장의 안전 등 건설공사를 관리하기 위하여 공사감독자를 선임하여야 한다. 다만, 발주청이 제39조 제2항에 따라 건설사업관리를 하게 하는 경우는 제외한다.

② 국토교통부장관은 공사감독자의 업무 내용을 정하여 고시하여야 하며, 공사감독자는 이에 따른 감독 업무를 성실히 수행하여야 한다.

## 나. 공사기간 산정 기준 (건설기술진흥법 제45조의 2)

① 발주자는 건설공사의 품질 및 안전성·경제성을 확보할 수 있도록 해당 건설공사의 규모 및 특성, 현장여건 등을 고려하여 적정 공사기간을 산정하여야 한다. 다만, 불가항력 등 정당한 사유가 발생한 경우에는 이를 고려하여 적정 공사기간 조정을 검토하여야 한다.

② 국토교통부장관은 발주청이 제1항에 따른 적정 공사기간 산정 및 조정 등과 관련된 업무를 원활히 수행할 수 있도록 대통령령으로 정하는 바에 따라 공사기간 산정기준을 정하여 고시할 수 있다.

③ 국토교통부장관은 제2항에 따른 공사기간 산정기준 마련 등을 위하여 필요한 경우 발주청에 공사기간 산정기준 및 방법 등에 관한 자료를 요청할 수 있으며, 발주청은 특별한 사유가 없으면 이에 따라야 한다.

## 다. 발주청 또는 발주자 관련 건설공사의 안전관리 (건설기술진흥법 제62조)

① 건설사업자와 주택건설등록업자는 대통령령으로 정하는 건설공사를 시행하는 경우 안전점검 및 안전관리조직 등 건설공사의 안전관리계획(이하 "안전관리계획"이라 한다)을 수립하고, 착공 전에 이를 발주자에게 제출하여 승인을 받아야 한다. 이 경우 발주청이 아닌 발주자는 미리 안전관리계획의 사본을 인·허가기관의 장에게 제출하여 승인을 받아야 한다.

② 제1항에 따라 안전관리계획을 제출받은 발주청 또는 인·허가기관의 장은 안전관리계획의 내용을 검토하여 그 결과를 건실사업자와 주택건설등록업자에게 통보하여야 한다.

③ 발주청 또는 인·허가기관의 장은 제1항에 따라 제출받아 승인한 안전관리계획서 사본과 제2항에 따른 검토결과를 국토교통부장관에게 제출하여야 한다.

④ 건설사업자와 주택건설등록업자는 안전관리계획에 따라 안전점검을 하여야 한다. 이 경우대통령령으로 정하는 안전점검에 대해서는 발주자(발주청이 아닌 경우에는 인·허가기관의 장을 말한다)가 대통령령으로 정하는 바에 따라 안전점검을 수행할 기관을 지정하여 그 업무를 수행하여야 한다.

⑦ 건설사업자나 주택건설등록업자는 안전관리계획을 수립하였던 건설공사를 준공하였을 때에는 대통령령으로 정하는 방법 및 절차에 따라 안전점검에 관한 종합보고서(이하 "종합보고서"라 한다)를 작성하여 발주청(발주자가 발주청이 아닌 경우에는 인·허가기관의 장을 말한다)에게 제출하여야 한다.

⑧ 제7항에 따라 종합보고서를 받은 발주청 또는 인·허가기관의 장은 대통령령으로 정하는 바에 따라 종합보고서를 국토교통부장관에게 제출하여야 한다.

⑨ 국토교통부장관, 발주청 및 인·허가기관의 장은 제7항 및 제8항에 따라 받은 종합보고서를 대통령령으로 정하는 바에 따라 보존·관

리하여야 한다.

⑩ 국토교통부장관은 건설공사의 안전을 확보하기 위하여 제3항에 따라 제출받은 안전관리계획서 및 계획서 검토결과와 제5항에 따라 제출받은 안전점검결과의 적정성을 대통령령으로 정하는 바에 따라 검토할 수 있으며, 적정성 검토 결과 필요한 경우대통령령으로 정하는 바에 따라 발주청 또는 인·허가기관의 장으로 하여금 건설사업자 및 주택건설등록업자에게 시정명령 등 필요한 조치를 하도록 요청할 수 있다.

⑬ 국토교통부장관은 건설공사의 안전을 확보하기 위하여 건설공사에 참여하는 다음 각 호의 자가 갖추어야 하는 안전관리체계와 수행하여야 하는 안전관리 업무 등을 정하여고시하여야 한다.

1. 발주자(발주청이 아닌 경우에는 인·허가기관의 장을 말한다)
2. 건설엔지니어링 사업자
3. 건설사업자 및 주택건설등록업자

## 라. 건설공사현장 등의 점검 (건설기술진흥법 제54조)

① 국토교통부장관 또는 특별자치시장, 특별자치도지사, 시장·군수·구청장(자치구의 구청장을 말한다. 이하 같다), 발주청은 건설공사의 부실방지, 품질 및 안전 확보가 필요한 경우에는 대통령령으로 정하는 건설공사에 대하여는 현장 등을 점검할 수 있으며, 점검 결과 필요한 경우에는 대통령령으로 정하는 바에 따라 제53조 제1항각 호의 자에게 시정명령 등의 조치를 하거나 관계 기관에 대하여 관계 법률에 따른 영업정지 등의 요청을 할 수 있다.

② 제1항에 따라 건설공사현장을 점검한 특별자치시장, 특별자치도지사, 시장·군수·구청장, 발주청은 점검결과 및 그에 따른 조치 결과(시정명령 또는 영업정지 등을 포함한다)를 국토교통부장관에게 제출하여야 한다.

③ 발주청(발주자가 발주청이 아닌 경우 해당 건설공사의 인·허가기관을 말한다)은 제1항에 따른 건설공사로 인하여 안전사고나 부실공사가

우려되어 대통령령으로 정하는 요건을 갖춘 민원이 제기되는 경우 그 민원을 접수한 날부터 3일 이내에 현장 등을 점검하여야 하고, 그 점검결과 및 조치결과(시정명령 또는 영업정지 등을 포함한다)를 국토교통부장관에게 제출하여야 한다.

## 마. 발주자의 안전관리비용 계상 의무 (건설기술진흥법 제63조)

① 건설공사의 발주자는 건설공사 계약을 체결할 때에 건설공사의 안전관리에 필요한 비용(이하 "안전관리비"라 한다)을 국토교통부령으로 정하는 바에 따라 공사금액에 계상하여야 한다.

② 건설공사의 규모 및 종류에 따른 안전관리비의 사용방법 등에 관한 기준은 국토교통부령으로 정한다.

## 바. 스마트 안전관리 보조·지원 (건설기술진흥법 제62조의 3)

① 국토교통부장관은 건설사고를 예방하기 위하여 건설공사 참여자에게 무선안전장비와 융·복합건설기술을 활용한 스마트 안전장비 및 안전관리시스템의 구축·운영에 필요한 비용 등 대통령령으로 정하는 비용의 전부 또는 일부를 예산의 범위에서 보조하거나 그 밖에 필요한 지원(이하 "보조·지원"이라 한다)을 할 수 있다. – 국토교통부 발주 공사

② 국토교통부장관은 보조·지원이 건설사고 예방의 목적에 맞게 효율적으로 사용되도록 관리·감독하여야 한다.

## 사. 일요일 건설공사 시행의 제한 (건설기술진흥법 제65조의 2)

건설사업자가 발주청이 발주하는 건설공사를 시행하는 때에는 긴급 보수·보강 공사 등 대통령령으로 정하는 경우로서 발주청이 사전에 승인한 경우를 제외하고는 일요일에 건설공사를 시행해서는 아니 된다. 다만, 재해가 발생하거나 발생할 것으로 예상되어 일요일에 긴급 공사 등이 필요한 경우에는 건설사업자가 우선 건설공사를 시행하고 발주청이 이를 사후에 승인할 수 있다.

## 아. 건설공사 현장의 사고 조사 등 (건설기술진흥법 제67조)

① 건설사고가 발생한 것을 알게 된 건설공사 참여자(발주자는 제외한다) 지체 없이 그 사실을 발주청 및 인·허가기관의 장에게 통보하여야 한다.

② 발주청 및 인·허가기관의 장은 제1항에 따라 사고 사실을 통보받았을 때에는 대통령령으로 정하는 바에 따라 다음 각 호의 사항을 즉시 국토교통부장관에게 제출하여야 한다.

  1. 사고발생 일시 및 장소    2. 사고발생 경위

  3. 조치사항              4. 향후 조치계획

## 자. 타워크레인 대여계약 적정성 심사 등-발주자 관련 사항

(건설산업기본법 제68조의 4)

① 건설사업자가 「건설기계관리법」 제2조 제1항 제1호에 따른 건설기계 중 타워크레인에 대하여 건설기계 대여업자와 대여계약을 체결한 경우 국토교통부령으로 정하는 바에 따라 발주자에게 통보하여야 한다.

② 발주자는 타워크레인 대여계약금액이 대통령령으로 정하는 비율에 따른 금액에 미달하는 경우에는 타워크레인 대여계약의 적정성 등을 심사하여야 한다.

③ 발주자는 제2항에 따라 심사한 결과 타워크레인 대여계약 내용이 적정하지 아니한 경우에는 그 사유를 분명히 밝혀 건설사업자에게 타워크레인 대여업자 또는 대여계약내용의 변경을 요구하여야 하고, 변경요구를 받은 건설사업자는 정당한 사유가 있는 경우를 제외하고는 이를 이행하여야 한다.

④ 발주자는 건설사업자가 정당한 사유 없이 제3항에 따른 요구에 따르지 아니하여 안전관리에 중대한 영향을 끼칠 우려가 있는 경우에는 해당 건설공사의 도급계약을 해지할 수 있다.

〈개정 2019. 4. 30.〉

# 제3장

# 도급 · 용역 · 위탁 관련 질의 회시

## 도급 · 용역 · 위탁 관련 질의 회시 내용

[출처: 2023년 5월 고용노동부 산업안전보건본부]

※ 도급 · 용역 · 위탁 등에 관한 기준과 절차 마련 및 점검 등에 관한 세부적인 내용은 질의 회시집을 활용바랍니다.

① 수급인의 안전·보건을 위한 관리 비용 마련 주체
②「중대재해처벌법」시행령 제4조 제9호의 기준과 절차 마련 주체
③ 안전보건 관련 평가기준 및 절차 마련의 구체적인 방법
④ 중대재해처벌법 시행령 제4조 제9호의 의무와 산업안전보건법 상 건설업 산업안전보건관리비 계상 위무와의 관계
⑤「중대재해처벌법」시행령 제4조제9호와 타법상 의무의 관계
⑥「산업안전보건법」제61조의 적격 수급인 선정 의무화「중대재해처벌법」시행령 제4조 제9호의 의무의 관계
⑦ 도급 · 용역 · 위탁 등을 하는 경우 수급인에 대한 평가 주기
⑧ 도급 · 용역 · 위탁 등을 하는 경우 수급인에 대한 평가 횟수
⑨ 도급 · 용역· 위탁 등을 하는 경우 평가해야 하는 수급인의 범위
⑩ 도급인의「중대재해처벌법」의무 이행 점검 방식

제6편

# 유해위험요인
# 확인 · 개선

## 사업주와 경영책임자등의 안전 및 보건 확보의무　중대재해처벌법 제4조

① 사업주 또는 경영책임자등은 사업주나 법인 또는 기관이 실질적으로 지배·운영·관리하는 사업 또는 사업장에서 종사자의 안전·보건상 유해 또는 위험을 방지하기 위하여 그 사업 또는 사업장의 특성 및 규모 등을 고려하여 다음 각 호에 따른 조치를 하여야 한다.

1. 재해예방에 필요한 인력 및 예산 등 안전보건관리체계의 구축 및 그 이행에 관한 조치

2. 재해 발생 시 재발방지 대책의 수립 및 그 이행에 관한 조치

3. 중앙행정기관·지방자치단체가 관계 법령에 따라 개선, 시정 등을 명한 사항의 이행에 관한 조치

4. 안전·보건 관계 법령에 따른 의무이행에 필요한 관리상의 조치

② 제1항제1호·제4호의 조치에 관한 구체적인 사항은 대통령령으로 정한다.

---

**해설** 안전·보건기준의 적용

① 중대재해처벌법 제4조제1항4호의 안전·보건관계법령에 따른 의무이행에 필요한 관리상 조치와 산업안전보건법 제38조(안전조치), 제39조(보건조치)의 상호 안전·보건활동을 산안법에서 위임한 안전·보건 기준을 연계해야 한다.

② 사업주와 근로자, 발주자와 도급인, 도급인과 수급인의 안전 활동은 상호연계하여야 한다.

③ 책임과 역할, 재해 발생시 위반성 적용, 처벌양형에 대해서도 구체적 검토한다.

법 제64조제1항제8호에서 "화재·폭발 등 대통령령으로 정하는 위험이 발생할 우려가 있는 경우"란 다음 각 호의 경우를 말한다.

1. 화재·폭발이 발생할 우려가 있는 경우
2. 동력으로 작동하는 기계·설비 등에 끼일 우려가 있는 경우
3. 차량계 하역운반기계, 건설기계, 양중기(揚重機) 등 동력으로 작동하는 기계와 충돌할 우려가 있는 경우
4. 근로자가 추락할 우려가 있는 경우
5. 물체가 떨어지거나 날아올 우려가 있는 경우
6. 기계·기구 등이 넘어지거나 무너질 우려가 있는 경우
7. 토사·구축물·인공구조물 등이 붕괴될 우려가 있는 경우
8. 산소 결핍이나 유해가스로 질식이나 중독의 우려가 있는 경우

[본조신설 2021. 11. 19.]

법 제65조제1항제3호에서 "대통령령으로 정하는 작업"이란 다음 각 호의 작업을 말한다.

1. 산소결핍, 유해가스 등으로 인한 질식의 위험이 있는 장소로서 고용노동부령으로 정하는 장소에서 이루어지는 작업
2. 토사·구축물·인공구조물 등의 붕괴 우려가 있는 장소에서 이루어지는 작업

**해설** 도급사업에서 중대위험 노출된 사업장과 질식 또는 붕괴 위험에 대한 재해 장소, 작업에 대하여 구체적으로 명시하고 있다.

── 산업안전보건법 시행령 제11조  **도급인이 지배·관리하는 장소** ──

법 제10조제2항에서 "대통령령으로 정하는 장소"란 다음 각 호의 어느 하나에 해당하는 장소를 말한다.

1. 토사(土砂)·구축물·인공구조물 등이 붕괴될 우려가 있는 장소
2. 기계·기구 등이 넘어지거나 무너질 우려가 있는 장소
3. 안전난간의 설치가 필요한 장소
4. 비계(飛階) 또는 거푸집을 설치하거나 해체하는 장소
5. 건설용 리프트를 운행하는 장소
6. 지반(地盤)을 굴착하거나 발파작업을 하는 장소
7. 엘리베이터홀 등 근로자가 추락할 위험이 있는 장소
8. 석면이 붙어 있는 물질을 파쇄하거나 해체하는 작업을 하는 장소
9. 공중 전선에 가까운 장소로서 시설물의 설치·해체·점검 및 수리 등의 작업을 할 때 감전의 위험이 있는 장소
10. 물체가 떨어지거나 날아올 위험이 있는 장소
11. 프레스 또는 전단기(剪斷機)를 사용하여 작업을 하는 장소
12. 차량계(車輛系) 하역운반기계 또는 차량계 건설기계를 사용하여 작업하는 장소
13. 전기 기계·기구를 사용하여 감전의 위험이 있는 작업을 하는 장소
14. 「철도산업발전기본법」 제3조제4호에 따른 철도차량(「도시철도법」에 따른 도시철도차량을 포함한다)에 의한 충돌 또는 협착의 위험이 있는 작업을 하는 장소
15. 그 밖에 화재·폭발 등 사고발생 위험이 높은 장소로서 고용노동부령으로 정하는 장소

**해설** 도급사업의 지배·관리하는 작업장을 구체적으로 제시한다. 중대위험에 노출된 작업장별 재해 유형이다.

# 제2장

# 산업안전보건법 관련 법령

## 안전조치

① 사업주는 다음 각 호의 어느 하나에 해당하는 위험으로 인한 산업재해를 예방하기 위하여 필요한 조치를 하여야 한다.
  1. 기계·기구, 그 밖의 설비에 의한 위험
  2. 폭발성, 발화성 및 인화성 물질 등에 의한 위험
  3. 전기, 열, 그 밖의 에너지에 의한 위험
② 사업주는 굴착, 채석, 하역, 벌목, 운송, 조작, 운반, 해체, 중량물 취급, 그 밖의 작업을 할 때 불량한 작업방법 등에 의한 위험으로 인한 산업재해를 예방하기 위하여 필요한 조치를 하여야 한다.
③ 사업주는 근로자가 다음 각 호의 어느 하나에 해당하는 장소에서 작업을 할 때 발생할 수 있는 산업재해를 예방하기 위하여 필요한 조치를 하여야 한다.
  1. 근로자가 추락할 위험이 있는 장소
  2. 토사·구축물 등이 붕괴할 우려가 있는 장소
  3. 물체가 떨어지거나 날아올 위험이 있는 장소
  4. 천재지변으로 인한 위험이 발생할 우려가 있는 장소
④ 사업주가 제1항부터 제3항까지의 규정에 따라 하여야 하는 조치(이하 "안전조치"라 한다)에 관한 구체적인 사항은 고용노동부령으로 정한다.

### 벌 칙

● 근로자 사망시
  1. 위반하여 근로자 사망시: 7년 이하 징역 또는 1억원 이하 벌금 [법 제167조]
  2. 법인의 대표자나 법인: 10억원 이하 벌금 [법 제173조]
  3. 형벌과 수강명령 등의 병과: 200시간 범위 내 [법 제174조]
  4. 가중처벌: 그 형의 2분 1까지 가중 [법 제174조]
● 위반한 자: 5년 이하의 징역 또는 5천만원 이하 벌금

해설 중대재해처벌법 제4조와 산안법 제38조, 제39조, 제40조의 중대재해예방을 위한 상호연계활동이다.
① 기계·기구 설비의 중대재해위험  ② 폭발성·발화성·인화성 물질의 중대재해위험
③ 전기, 열, 에너지의 중대재해위험  ④ 굴착 등 건설 공사의 중대재해위험
⑤ 작업장소의 중대재해위험  ⑥ 근로자 작업안전, 행동의 중대재해위험

## 보건조치

① 사업주는 다음 각 호의 어느 하나에 해당하는 건강장해를 예방하기 위하여 필요한 조치(이하 "보건조치"라 한다)를 하여야 한다.

1. 원재료·가스·증기·분진·흄(fume, 열이나 화학반응에 의하여 형성된 고체증기가 응축되어 생긴 미세입자를 말한다)·미스트(mist, 공기 중에 떠다니는 작은 액체방울을 말한다)·산소결핍·병원체 등에 의한 건강장해
2. 방사선·유해광선·고온·저온·초음파·소음·진동·이상기압 등에 의한 건강장해
3. 사업장에서 배출되는 기체·액체 또는 찌꺼기 등에 의한 건강장해
4. 계측감시(計測監視), 컴퓨터 단말기 조작, 정밀공작(精密工作) 등의 작업에 의한 건강장해
5. 단순반복작업 또는 인체에 과도한 부담을 주는 작업에 의한 건강장해
6. 환기·채광·조명·보온·방습·청결 등의 적정기준을 유지하지 아니하여 발생하는 건강장해

② 제1항에 따라 사업주가 하여야 하는 보건조치에 관한 구체적인 사항은 고용노동부령으로 정한다.

### 벌 칙

◉ 근로자 사망시
  1. 위반하여 근로자 사망시: 7년 이하 징역 또는 1억원 이하 벌금[법 제167조]
  2. 법인의 대표자나 법인: 10억원 이하 벌금[법 제173조]
  3. 형벌과 수강명령 등의 병과: 200시간 범위 내[법 제174조]
  4. 가중처벌: 그 형의 2분 1까지 가중[법 제174조]
◉ 위반한 자: 5년 이하의 징역 또는 5천만원 이하 벌금

## 근로자의 안전조치 및 보건조치 준수

근로자는 제38조 및 제39조에 따라 사업주가 한 조치로서 고용노동부령으로 정하는 조치 사항을 지켜야 한다.

# 산업안전보건기준에 관한 규칙 - 맵

| 제 1 편 총칙 | | |
|---|---|---|
| 제1장 통칙 | 목적, 정의 | |
| 제2장 작업장 | | |
| 제3장 통로 | | |
| 제4장 보호구 | | |
| 제5장 관리감독자 직무, 사용의 제한 등 | | |
| 제6장 추락 또는 붕괴에 의한 위험 방지 | 제1절 추락에 의한 위험 방지<br>제2절 붕괴 등에 의한 위험 방지 | |
| 제7장 비계 | 제1절 재료 및 구조 등<br>제2절 조립·해체 및 점검 등<br>제3절 강관비계 및 강관틀 비계<br>제4절 달비계, 달대비계 및 걸침비계<br>제5절 말비계 및 이동식비계<br>제6절 시스템 비계<br>제7절 통나무 비계 | |
| 제8장 환기장치<br>제9장 휴게시설 등<br>제10장 잔재물 등의 조치 기준 | | |

## 제3 편 보건기준

| | |
|---|---|
| 제1장 관리대상 유해물질에 의한 건강장해의 예방 | 제1절 통칙<br>제2절 설비기준 등<br>제3절 국소배기장치의 성능 등<br>제4절 작업방법 등<br>제5절 관리 등<br>제6절 보호구 등 |
| 제2장 허가대상 유해물질 및 석면에 의한 건강장해의 예방 | 제1절 통칙<br>제2절 설비기준 및 성능 등<br>제3절 작업관리 기준 등<br>제4절 방독마스크 등<br>제5절 베릴륨 제조·사용 작업의 특별 조치<br>제6절 석면의 제조·사용 작업, 해체·제거 작업 및 유지·관리 등의 조치기준 |
| 제3장 금지유해물질에 의한 건강장해의 예방 | 제1절 통칙<br>제2절 시설·설비기준 및 성능 등<br>제3절 관리 등<br>제4절 보호구 등 |
| 제4장 소음 및 진동에 의한 건강장해의 예방 | 제1절 통칙<br>제2절 강렬한 소음작업 등의 관리기준<br>제3절 보호구 등<br>제4절 진동작업 관리 |
| 제5장 이상기압에 의한 건강장해의 예방 | 제1절 통칙<br>제2절 설비 등<br>제3절 작업방법 등<br>제4절 관리 등 |
| 제6장 온도·습도에 의한 건강장해의 예방 | 제1절 통칙<br>제2절 설비기준과 성능 등<br>제3절 작업관리 등<br>제4절 보호구 등 |
| 제7장 방사선에 의한 건강장해의 예방 | 제1절 통칙<br>제2절 방사성물질 관리시설 등<br>제3절 시설 및 작업관리<br>제4절 보호구 등 |
| 제8장 병원체에 의한 건강장해의 예방 | 제1절 통칙<br>제2절 일반적 관리기준<br>제3절 혈액매개 감염 노출 위험작업 시 조치기준<br>제4절 공기매개 감염 노출 위험작업 시 조치기준<br>제5절 곤충 및 동물매개 감염 노출 위험작업 시 조치기준 |
| 제9장 분진에 의한 건강장해의 예방 | 제1절 통칙<br>제2절 설비 등의 기준<br>제3절 관리 등<br>제4절 보호구 |

## 제4 편 특수형태근로종사자 등에 대한 안전조치 및 보건조치

## 유해·위험작업의 취업제한에 관한 규칙

# 제4장

# 산업안전보건에 관한 규칙 - 안전기준

## 1 기계·기구 및 그 밖의 설비에 의한 위험예방

### ❑ 기계·설비 정비시 잠금장치 및 표지판 부착

| 사업주 | – 시건장치 및 표지판 부착대상 기계·설비 및 직입 신징<br>– 정비시 안전작업 요령 작성 및 근로자 교육<br>– 기계·설비의 정비·청소·급유·검사·수리시 운전장치 조치<br>– 정비시 시건장치 부착, 열쇠 별도관리 및 표지판 부착 등 방호조치 |
|---|---|
| 종사자 | – 시건장치 및 표지판 부착 후 기계 등의 정비 또는 청소 실시<br>– 정비시 책임자의 지휘감독 사항 준수<br>– 시건한 경우 정비 등 작업 책임자가 열쇠를 보관<br>– 기계·설비 등 재가동전 다른 근로자의 작업여부 확인 |

### 관련 법규

안전보건규칙

## 가. 이동식 크레인 반입시 점검기준

### (1) 추락 · 추돌방지

① 장비 작업 동선을 구획하고 작업반경 내 출입금지

② 주행경로는 사전에 확인하고 충돌 위험 제거

③ 승차석 이외에 탑승 금지

### (2) 낙하 · 협착방지

① 혹 해지장치의 임의해지를 금지

② 현장에서 승인된 달기기구를 사용하고 사용중 수시로 점검

③ 와이어로프는 제작사에서 제시한 강도 이상을 사용하고 작업시작 전 점검 실시

④ 인양작업시 유도로프를 사용하고 양중물 및 줄걸이가 주변에 간섭되지 않도록 조치

⑤ 작업반경 내 출입을 금지하고 신호수를 배치하여 통제

⑥ 장비 이동 시 이동경로를 사전에 작업자에게 교육하고 유도자의 통제와 신호에 따라 이동

### (3) 전도방지

① 아웃트리거를 설치하는 때에는 완전히 확장한 상태에서 지내력이 확보된 수평지면 위에 설치하고 허용하중의 범위 내에서 작업

② 대형 크레인의 이동시 제작사의 매뉴얼 및 안전수칙을 준수

③ 양중능력이 검토된 양중물을 끌거나 미는 작업을 금지

### (4) 이동식크레인 자격증 & 양중제원표 등

① 크레인 면허증, 비파괴검사서, 양중제원표

② 보험가입증, 건설기계 검사증

## 나. 크레인 후크해지방지장치 및 권과방지장치 설치기준

① **후크해지방지장치** : 스프링 이완, 불량작동으로 와이어로프가 빠지지 않도록 확인

② **권과방지장치 및 과부하 방지장치의 작동유무** : 운전석에서 계기를 직접 확인

③ 작업 시 권과방지장치 임의 제거금지

④ 후크해지장치 임의 제거 금지

⑤ 후크해지장치, 권과방지장치 미사용 시 즉시 작업 중지 및 설치 후 작업진행

## 다. 지게차를 이용한 운반작업

① 적재하중을 준수하고 무리한 하역금지

② 운전원의 시야를 확보하고 운전하여야하고 화물의 특성상 운전원의 시야를 가리는 경우에는 전담 유도자의 지정된 신호방법에 따라 운전

③ 유도자는 운전원이 시야범위에 위치하고 특히, 지게차의 운행경로나 화물의 전도 예상범위 내에 진입금지

④ 운전원은 운전시 좌석안전띠를 착용하고 이탈시 시동키를 소지하여야 하며 브레이크를 안전하게 걸고 변속레버를 중립으로 한 후 포크 등을 바닥면에 내리고 엔진 정비

⑤ 지게차의 운행통로는 지반의 부등침하, 노면의 붕괴에 의한 전도·전락 위험이 없어야 하며 운행을 방해하는 장애물 완전히 제거

⑥ 작업지휘자는 작업순서 및 작업방법을 정하고 작업을 지휘하며 작업을 행하는 장소에는 근로자의 출입 통제

⑦ 비포장도로, 좁은 통로에서는 급출발이나, 급정지, 급선회 금지

⑧ 주행시 10km/hr 이내로 운전

⑨ 작업시 전조등 점등하여 주변 근로자 및 동행자에게 지게차의 존재를 상시 안내

⑩ 지게차 후면에는 길이 50cm 이상의 협착방지봉을 2개 이상 부착하여야 한다. 단, 근로자의 협착 위험이 없는 단독작업인 경우에는 제외

⑪ 지게차를 이용하여 화물을 싣거나 내리는 하역작업장소는 평탄하고 하중을 충분히 견딜 수 있는 장소에서 실시

⑫ 포크, 웨이트 등은 제작사의 기준에 적합한 것을 사용하고 불법개조 금지

⑬ 팔레트 또는 스키드(Skid)는 적재 화물의 중량에 견디도록 충분한 강도를 가지고 심한 손상, 변형 또는 부식이 없는 것으로 선정

## 라. 굴착기 굴착작업

① 굴착기에 근로자 탑승 금지

② 화물차 등에 싣거나 내리는 작업은 평탄하고 견고한 장소에서 실시

③ 각종 등화류는 정상적으로 작동되고 필요시 경광등을 부착하고, 후퇴등은 변속장치를 후퇴위치로 조작할 때 점등되고, 경보가 울려야 한다.

④ 후사경은 정상위치에 견고하게 설치되어 있어야 하며, 후면에는 카메라, 협착방지봉(2개 이상), '작업반경 내 접근금지'라는 표지부착. 단, 미니굴착기(건설기계관리법 자체중량 1톤 미만의 미등록 대상)의 경우 후방카메라 설치는 예외 적용가능

⑤ 임의제작, 기종의 변경, 규격의 증가 및 규정된 용량을 초과하는 작업장치 사용불가

⑥ 굴착작업에 의하여 지하 매설물 등의 파손우려가 있는 경우 사전 지장물 조사를 실시하고 매설물에 대한 방호조치 및 이설 등 필요한 조치 실시

⑦ 운전원이 작업을 중지한 경우, 조종실의 안전레버를 작동시켜 오조작을 방지하고, 조종실을 이탈하는 경우 버킷, 디퍼 등의

장치를 가장 낮은 위치 또는 지면에 내려놓아야 한다,

⑧ 운전실 내부에는 긴급시 탈출하기 위한 비상탈출용 망치를 비치하고, 화재시 초기진화를 위한 소화기 비치

⑨ 엔진 틈과 같은 장소에는 발화되기 쉬운 유류 및 오일류를 보관 금지

⑩ 타이어는 갈라지거나 코드층이 노출될 정도의 손상이 없어야 하며, 무한궤도(트랙)는 이탈을 방지하기 위해 좌우가 균등하게 아이들러(idler)를 전·후진하여 장력 및 유격 조정

⑪ 가공선로 및 고압선 인근에서 작업시 붐의 접촉을 방지하기 위하여 붐의 길이만큼 이격하고, 유도자의 지시에 따라 이동 및 작업

⑫ 버킷안전핀은 반드시 체결을 유지해야 하며, 운전원이 직접체결

## 마. 실행전략

위험기계·기구·설비 등을 파악한다.

## 바. 실행방법

① 사업장 내 모든 기계·기구·설비를 파악하고 위험 유무를 파악한다.

> 새로운 기계 등을 구매할 때는 안전하게 설계된 제품을 선택한다.
> (설계를 통한 예방 원칙)

② 산업재해, 아차사고가 발생한 기계는 반드시 위험요인으로 분류한다.

## 사. 건설현장의 주요 위험기계

| 구분 | 작동원리 | 용도 | 위험요소 (재해 현황, 관리제도) |
|------|----------|------|------------------------------|
| 굴착기 | 붐, 암, 버킷 등의 구조물과 이들을 작동시키는 유압 실린더와 유압 파이프 등의 회로에 의해 작동되는 건설기계로 360° 선회가 가능함 | 굴착 및 적재용 장비로 쓰이며, 별도의 장치부착을 통해 파쇄, 절단작업 등이 가능함 | 충돌 및 협착, 경사지 전도, 자재낙하 등 순으로 재해 발생 <br> 건설기계검사 <br> 운전원 면허자격 |
| 이동식 크레인 (기중기) | 원동기를 내장하고 있고 불특정 장소로 이동 가능한 크레인으로 중량물을 매달아 상하 및 좌우로 운반가능한 기계 | 화물을 운반하기 위함 | 넘어짐, 떨어짐 등 <br> 건설기계검사 <br> 운전원 면허자격 |
| 고소작업대 (차량탑재형) | 작업대, 연장구조물, 차대로 구성되며 동력에 의해 작업대를 작업 위치로 이동시키는 건설기계장비 | 고소(高所) 작업 위치로 사람을 이동시켜주기 위함 | 넘어짐, 떨어짐 등 <br> 안전인증·검사 <br> 운전원 면허자격 |
| 타워크레인 | 마스트, 케이지, 턴테이블, 지브 등으로 구성되며, 트롤리의 후크에 양중물을 매달아 현장 내 자재의 수직· 수평운반 및 이동을 담당 | 형태에 따라 T형과 러핑형으로 크게 나뉘며, 건설현장 내 거푸집, 철근 등 각종 자재를 운반 | 설치·상승·해체 중 붕괴, 취급 중량물 맞음 또는 떨어짐 <br> 건설기계검사 <br> 운전원 면허자격 |
| 고소작업대 (시저형) | 고소작업 시 작업 여건상 작업발판 설치가 곤란하거나 작업효율을 높이기 위한 기계 | 고소(高所) 작업 위치로 사람을 이동시켜주기 위함 | 떨어짐, 끼임 등 <br> 안전인증 <br> 방호조치 |

| 구분 | 작동원리 | 용도 | 위험요소 (재해 현황, 관리제도) |
|---|---|---|---|
| 덤프트럭 | 화물자동차의 하나로 차대의 적재함을 자체적으로 기울여 화물을 하역할 수 있는 구조의 건설기계 | 기동성이 좋아 원거리 화물 운반 (토사, 모래, 자갈 등)에 적합 | 반경 내 충돌, 전도 및 협착 등<br>건설기계검사<br>운전원 면허자격 |
| 로더 | 기체를 전진시켜 기체 전방에 있는 셔블을 광석이나, 토사 속에 밀어 넣고 퍼올려서 목적지로 이동 | 굴삭 된 토사, 골재, 파쇄암 등을 운반기계에 싣는 데 사용 | 반경 내 충돌, 전도 및 협착 등<br>건설기계검사<br>운전원 면허자격 |
| 항타기·항발기 | 커다란 해머 따위로 말뚝을 내리치거나 말뚝 위에 해머 따위를 올려놓고 진동시켜서 박음 | 기초 공사에 쓰이는 기계의 하나로, 말뚝 따위를 땅에 박음 | 반경 내 충돌, 전도 및 협착 등<br>건설기계검사<br>운전원 면허자격 |
| 로울러 | 회전하는 원통형 장비를 사용하여 지면 위를 이동하면서 일정한 압력을 연속적으로 가함 | 도로공사 등에서 지면을 평평하게 다짐 | 반경 내 충돌, 전도 및 협착 등<br>건설기계검사<br>운전원 면허자격 |
| 콘크리트 펌프카 | 펌프를 통해 유압을 발생시켜 붐대를 통해 원하는 장소에 콘크리트를 타설 | 콘크리트를 작업 현장으로 압송 | 반경 내 충돌, 전도 및 협착 등<br>건설기계 검사<br>건설기계검사<br>운전원 면허자격 |
| 건설용 리프트 | 동력으로 가이드레일을 따라 움직이는 운반구를 사용하여 인력과 화물을 운반하기 위한 설비 | 사람이나 화물을 운반하기 위함 | 설치·해체 중 붕괴, 추락 등<br>안전인증<br>안전검사 |

| 구분 | 작동원리 | 용도 | 위험요소<br>(재해 현황, 관리제도) |
|---|---|---|---|
| <br>**천공기** | 유압으로 움직이는 힘세고<br>강한 착암기를 여러 개 장착해<br>구멍을 만듦 | 땅이나 암석을 파거나 뚫을 때 사용 | 반경 내 충돌, 전도 및 협착 등<br><br>건설기계검사<br>운전원 면허자격 |
| <br>**도저** | 무한궤도를 돌려서 고르지 않은 곳을 앞쪽에 달려 있는 블레이드를 이용해 땅을 고름 | 땅을 고르는 작업 | 반경 내 충돌, 전도 및 협착 등<br><br>건설기계검사<br>운전원 면허자격 |
| <br>**크렘셸** | 조개와 비슷한 형태의 개폐 버킷을 사용하여 수직으로 굴착 | 구조물의 기초 및 우물통과 같은 협소한 장소, 연약한 장소를 굴착 | 전도 및 협착<br><br>건설기계검사<br>운전원 면허자격 |

## 아. 제조현장의 주요 위험기계·기구

| 구분 | 작동원리 | 용도 | 위험요소<br>(재해 현황, 관리제도) |
|---|---|---|---|
| 지게차 | 차체 앞에 화물적재용 포크와 승강용 마스트를 갖추고, 포크 위에 화물을 적재하여 운반함과 동시에 포크의 승강작용을 이용하여 적재 또는 하역작업에 사용하는 운반기계 | 화물의 운반 및 적재를 용이하게 하기 위함 | 부딪힘 또는 깔림 등<br>방호조치<br>운전원 면허자격 |
| 크레인 | 훅(hook)이나 그 밖의 달기기구를 사용하여 화물의 권상과 이송을 목적으로 일정한 작업공간 내에서 반복 적인 동작이 이루어지는 기계 (호이스트, 갠트리, 차량탑재형 크레인, 천장주행 크레인) | 조선, 기계 등의 제조공정에서 취급하는 중량물을 인양하기 위함 | 취급 중량물 맞음 또는 떨어짐<br>안전인증<br>안전검사 |
| 컨베이어 | 재료나 화물을 일정한 거리 사이를 두고 자동으로 연속 운반하는 기계 (벨트, 체인, 롤러, 스크류) | 화물 등을 운반하기 위함 | 구동부 등 끼임<br>자율안전확인신고<br>안전검사 |
| 고소작업대<br>(시저형) | 고소작업 시 작업 여건상 작업발판 설치가 곤란하거나 작업효율을 높이기 위한기계 | 고소(高所) 작업 위치로 사람을 이동시켜 주기 위함 | 넘어짐, 떨어짐, 끼임 등<br>안전인증<br>방호조치 |

| 구분 | 작동원리 | 용도 | 위험요소<br>(재해 현황, 관리제도) |
|---|---|---|---|
| <br>**리프트** | 동력으로 가이드레일을 따라 움직이는 운반구를 사용하여 화물을 운반하기 위한 설비<br>(산업용 리프트, 건설용 리프트, 자동차정비용 리프트) | 사람이나 화물을 운반하기 위함 | 운반구와 구조물 등 사이 끼임<br>안전인증<br>안전검사<br><br>•산업용 리프트: 적재하중 0.5톤 미만 산업용 리프트의 안전검사 확대 (시행 : 2024.3.2.) |
| <br>**산업용 로봇** | 산업자동화 응용을 위한 자동제어와 프로그램이 가능한 3축 이상 메니퓰레이터를 구비하고 고정 또는 이동이 가능한 로봇 | 보다 정확하고 신속하게 위험하거나 반복적인 작업을 수행하기 위함 | 지그 또는 로봇팔 등 끼임<br>자율안전확인신고<br>안전검사 |
| <br>**압력용기** | 내면 또는 외면에서 일정한 유체 압력을 받는 밀폐된 용기 | 화학공정 (반응, 열교환 등) 또는 압력을 요하는 일에 사용하기 위함 | 과압으로 인한 파편 맞음 등<br>안전인증<br>안전검사 |
| <br>**공작기계** | 절삭구를 사용하여 금속 및 기타의 재료를 가공하여 필요한 모양으로 만드는 기계<br>(선반·드릴기·평삭기·형삭기·밀링기) | 재료의 불필요한 부분을 제거하는 등의 작업으로 원하는 치수형상으로 만들기 위함 | 작업복, 목장갑 등 말림 또는 가공물 등 맞음<br>자율안전확인신고 |
| <br>**사출성형기** | 열을 가하여 플라스틱, 고무 등의 재료를 노즐을 통해 2개의 금형사이에 주입하여 원하는 모양의 제품을 성형·생산하는 기계 | 자동차용 부품, 가전제품, 휴대폰 등 일상생활에 필요한 플라스틱의 형상을 성형하기 위함 | 금형 사이 끼임<br>▶최근 5년간 12명 사망<br>안전인증<br>안전검사 |

| 구분 | 작동원리 | 용도 | 위험요소<br>(재해 현황, 관리제도) |
|---|---|---|---|
| 혼합기 | 회전축에 고정된 날개를 이용, 내용물을 저어주거나 섞는 장치 | 내용물을 저어주거나 섞기 위함 | 회전날 사이 끼임<br>건설기계 검사<br>안전검사 대상으로 추가<br>(2023.12.27. 공포, 2년 후 시행)<br>자율안전확인신고 |
| 프레스 | 동력에 의하여 금형을 사용하여 금속 또는 비금속물질을 압축·절단 또는 조형하는 기계 | 금속 또는 비금속물질에 외력을 가하여 원하는 형상을 얻기 위함 | 금형 사이 끼임<br>안전인증<br>안전검사 |
| 파쇄기·분쇄기 | 금속 또는 플라스틱 등의 물질을 필요한 크기의 작은 덩어리 또는 분체로 부수는 기계 | 금속 또는 플라스틱 등의 물질을 작은 덩어리로 부수기 위함 | 파쇄날·분쇄날 끼임<br>안전검사 대상으로 추가<br>(2023.12.27. 공포, 2년 후 시행)<br>자율안전확인신고 |
| 금속절단기 | 동력으로 작동되는 톱날을 이용하여 냉간금속을 절단하는 기계 | 냉간금속을 절단하기 위함 | 감전 또는 절단기 등 맞음<br>방호조치 |
| 식품가공용기계 | 채소, 육류, 어류, 곡물 등 식품을 가공하는 기계 (파쇄기·절단기·혼합기·제면기) | 식품을 파쇄, 절단, 혼합하거나 면을 뽑기 위함 | 회전날 사이 끼임 또는 맞음<br>자율안전확인신고 |

## 자. 안전검사 대상 위험기계·기구

| 방호조방 | 안전인증 | 자율안전확인신고 | 안전검사 |
|---|---|---|---|
| ① 예초기(날접촉예방장치)<br>② 원심기(회전체 접촉 예방 장치)<br>③ 공기압축기(압력방출장치)<br>④ 금속절단기(날접촉예방 장치)<br>⑤ 지게차(헤드 가드, 백레스트, 전조등, 후미등, 안전벨트)<br>⑥ 포장기계<br>  (구동부 방호 연동장치)<br>⑦ 이외 동력으로 작동하는 기계<br> - 작동 부분 돌기부분(덮개 등)<br> - 동력전달부분, 속도조절부분, 회전기계의 물림점(덮개, 방호 망 및 울 등) | ① 프레스<br>② 전단기 및 절곡기<br>③ 크레인<br>④ 리프트<br>⑤ 압력용기<br>⑥ 롤러기<br>⑦ 사출성형기<br>⑧ 고소작업대<br>⑨ 곤돌라 | ① 연삭기 또는 연마기<br>② 산업용 로봇<br>③ 혼합기<br>④ 파쇄기 또는 분쇄기<br>⑤ 식품가공용기계<br>⑥ 컨베이어<br>⑦ 자동차정비용 리프트<br>⑧ 공작기계<br>⑨ 고정형 목재가공용 기계<br>⑩ 인쇄기 | ① 프레스<br>② 전단기<br>③ 크레인<br>  (정격 하중 2톤 미만 제외)<br>④ 리프트<br>⑤ 압력용기<br>⑥ 곤돌라<br>⑦ 국소 배기장치<br>  (이동식 제외)<br>⑧ 원심기<br>  (산업용 해당)<br>⑨ 롤러기(밀폐형 구조 제외)<br>⑩ 사출성형기<br>  [형 체결력 294킬로뉴턴<br>  (kN) 미만 제외]<br>⑪ 차량탑재형 고소작업대<br>⑫ 컨베이어<br>⑬ 산업용 로봇<br>⑭ 혼합기<br>⑮ 파쇄기 또는 분쇄기 |

## ❑ 유해·위험 화학물질 경고표지 부착

| 사업주 | – 유해·위험 화학물질 경고표지를 용기 등에 부착<br>– 유해·위험 화학물질에 대한 교육 실시 |
|---|---|
| 종사자 | – 경고표지 내용 숙지<br>– 유해·위험 화학물질 취급시 유희사항 등 이행 |

## ❑ 용접시 인화성·폭발성물질 격리

| 사업주 | – 화학물질의 MSDS 작성·비치 및 교육 실시<br>– 인화성·폭발성 물질 격리 보관장소 마련<br>– 화기작업시 안전작업 요령 등 교육 실시<br>– 화기작업시 안전담당자 지정<br>– 인화성·폭발성 물질이 있는 장소에서 화기사용 금지<br>– 소화설비 설치 |
|---|---|
| 종사자 | – 작업허가서를 승인받은 후 화기작업 실시<br>– 안전작업요령 숙지 및 준수<br>– 작업허가서 외의 임의작업 금지<br>– 화기작업시 표지판 부착 및 관계자 외 출입금지 표시 |

---

### 관련 법규

**제2장 폭발·화재 및 위험물누출에 의한 위험방지**

제1절 위험물 등의 취급 등
제225조 위험물질 등의 제조 등 작업 시의 조치
제226조 물과의 접촉 금지
제227조 호스 등을 사용한 인화성 액체 등의 주입
제228조 가솔린이 남아 있는 설비에 등유 등의 주입
제229조 산화에틸렌 등의 취급
제230조 폭발위험이 있는 장소의 설정 및 관리

제231조 인화성 액체 등을 수시로 취급하는 장소
제232조 폭발 또는 화재 등의 예방
제233조 가스용접 등의 작업
제234조 가스등의 용기
제235조 서로 다른 물질의 접촉에 의한 발화 등의 방지
제236조 화재 위험이 있는 작업의 장소 등
제237조 자연발화의 방지
제238조 유류 등이 묻어 있는 걸레 등의 처리

## 가. 분전반 설치기준

① 전기사용 장소에서는 가설분전반을 설치하고, 콘센트에서 플로그로 전원 인출

② 분전반에는 시건장치를 하고 Main 차단기가 배선용 차단기인 경우에는 분기회로에 누전차단기(Earth Leakage Circuit Breaker)를 추가로 설치 후 인출

③ 충전부가 노출되지 않도록 내부 보호판(촉수 방지판)을 설치하고 콘센트에는 사용 전압 표시

④ 절연 재질의 분전반 설치를 원칙으로 하여 부득이하게 철재 분전반을 설치한 경우에는 외함접지 실시

⑤ 분전반에는 회로도, 수전처, 점검표를 비치하고 월 1회 이상 절연, 접지 상태 및 누전차단기 작동여부 등을 점검

⑥ 분전반에는 시건장치를 하고 "취급자 외 조작금지" 표지 및 관리책임자(연락처 포함) 부착

⑦ 전원차단(정전작업)시 잠금/표지 장치(Lock Out, Tag Out) 부착

⑧ 분전반에서 직접 전원 인출시 누전차단기 부하 측 단자에 연결

⑨ 분전반 내부 누전차단기 2차측 전선처리는 전선규격과 동등한 압착단자를 시공해야 하며 전선의 굵기가 차단기 정격전류보다 높아야 한다.

### (1) 누전 차단기

① 누전 차단기는 정격 감도전류가 30mA 이하이고 작동시간은 0.03초 이내에 작동해야 한다. 다만, 정격전부하전류가 50A 이상인 전동기계·기구에 접속되는 200mA 이하, 작동시간 0.1초 이내 가능

② 단자 체결 후 Bolt Marking으로 식별하고 하나의 단자에 이중접속을 금지

## 나. 용접기 충전부 설치기준

① 충전부에는 보호판, 보호캡, 테이핑 조치

② 충전부 작업시 절연장갑, 안전화(절연화) 등 개인보호구 착용

③ 고압선, 충전부에서 작업시 절연기구 사용

④ 전선, 접점, 단자, 스위치, 전기등 구간 피복상태 확인

⑤ 용접기 전용보관함 설치 또는 용접기 주변 방호울 설치

⑥ 우천시 우수침투 방지조치

⑦ 충전부 연결시 전원 Off 작업

## 다. 접지 안전기준

### (1) 접지 기준

① 접지선은 녹색이 전용 접지선으로 연결

② 접지봉을 설치하는 경우에는 상단이 지표면 아래로 매립(최소 75cm 이상) 되도록 설치하고 반드시 접지저항을 확인해야 한다. 다만, 접지저항 측정결과 기준 이내로 유지되는 경우에는 접지봉 매설 깊이는 75cm 이내로 매립 가능

### (2) 이동식 발전기

① 이동식 발전기 사용시에는 본체 외함접지 실시

### (3) 기계·기구 및 공도구

① 전동기계·기구는 2층 절연구조의 제품을 사용하거나 외함이 금속 재질인 경우 접지 실시

② 작업 종료 시 플러그를 콘센트에서 분리하고 전원 차단

③ 전선 피복의 손상여부 및 전원코드 플러그 손상부분은 수시로 확인하고 손상이 있는 경우 즉시 교체

④ 전기설비의 전원사용부는 습기나 먼지 등에 노출되지 않도록 밀폐 하거나, 정기적으로 청소 실시

⑤ 충전부는 전체를 절연조치

### (4) 전기용접기

① 단자 접속부에는 테이핑을 하는 등 절연조치를 해야 하며, 용접기 는 접지실시(필요시 외함접지)

## ❑ 전기활선작업 중 절연용 방호기구 사용

| 사업주 | – 적합한 검정합격 방호기구 구입 · 사용<br>– 방호기구 사용방법 등에 대한 교육 실시<br>– 전로의 개로 후 작업시 전로의 충전 및 단락접지 여부 점검<br>– 방호기구, 접지저항의 자체점검 및 결함 발견시 교체 · 개선 |
|---|---|
| 종사자 | – 방호기구 착용 · 설치 후 활선작업<br>– 결함 발견시 관리감독자에게 보고 및 교체 등 조치 요구<br>– 전로의 개로 후 작업시 전로의 충전 및 단락접지 여부 확인<br>– 활선작업용 기계기구 등의 접지여부 확인 |

### 관련 법규

## ❑ 추락방지용 안전방망 설치

| 사업주 | – 작업발판 설치가 곤란할 경우 추락방지용 안전방망 설치<br>– 안전방망의 훼손여부 확인 및 유지·보수 |
|---|---|
| 종사자 | – 안전방망의 임의해체 또는 훼손금지<br>– 추락위험장소에 안전방망 또는 안전대부착설비의 설치 요구<br>– 개인보호구 착용 |

### 관련 법규

**관련 법규**

제385조 중량물 취급    제386조 경사면에서의 중량물 취급

## 가. 양중작업시 자재인양 안전기준

① 인양작업시 강풍, 강설, 폭우시 작업금지(사업장 자체기준 수정)
② 소규모 자재/철재류 등 양중 BOX 이용
③ 정격하중 초과 인양 금지(작업계획서 확인)
④ 인양시 붐대 경사각 제원표 기준 준수
⑤ 인양 후크 해지장치 확인/파손 미작동시 작업금지
⑥ 자재 인양·하역시 전담신호수 배치
⑦ 양중 대상물은 비슷한 규격끼리 적재하여 1차 고정 후 양중
⑧ 양중 지지점은 2점 지지원칙
⑨ 양중작업 반경 내 관계자 외 접근금지시설 설치
⑩ 훼손된 와이어로프, 섬유로프 사용금지
⑪ 형상이 다양한 소자재는 양중전용 box 사용(구조검토권장)
⑫ 길이, 크기가 다른 자재는 한꺼번에 인양금지(종류별 인양)

**관련 법규**

## 가. 자재인양시 유도로프 설치기준

① 현장의 모든 인양물은 인양 작업시 유도로프를 설치

② 유도로프는 장력을 고려하여 12mm 이상 PP로프를 사용하며, 유도자와 인양물의 이격거리를 위하여 자재로부터 최소 10M 이상의 길이 확보(다만, 구조물 내부 철근 등의 간섭물이 많을 경우 유도로프가 걸리거나 처짐을 방지하기 위하여 길이를 짧게 조정)

③ 유도로프는 구조물이나 기타 간섭물에 걸리지 않도록 매듭, 꼬임, 풀림이 없는 제품 사용

④ 유도로프는 인양물의 두지점 이상에 설치

⑤ 유도로프는 샤클에 결속(샤클 풀림 및 변형 우려)하여서는 안되며, 인양물체에 직접 결속

⑥ 유도로프를 이용하여 물체의 요동을 방지하며, 줄걸이로프 또는 인양물체를 손으로 잡아끄는 행위 금지

## 나. 이동식 크레인 대형 인양물 양중작업

① 건설기계에 의한 협착, 충돌(이동통로 미확보, 용도외 사용, 신호수 미배치)

② 양중작업중 낙하, 장비의 전도(양중걸이 탈락, 와이어로프 손상, 정격하중 초과, 과부하방지장치, 권과방지장치 미설치 또는 고장) 등 확인 점검

③ 조종원 자격 확인 및 신호수 배치

④ 중장비 작업계획수립

⑤ 작업반경내 접근통제 및 용도 외 사용금지

⑥ 타워크레인 설치 시 작업 절차 준수

⑦ 양중작업 안전수칙 준수

⑧ 양중물의 중량, 형상, 특성에 적합한 걸이방법 선택

⑨ 작업전 점검 실시(와이어로프, 방호장치)

⑩ 전도방지를 위한 깔판 사용 및 아웃트리거 설치

⑪ 양중작업시 자재에 가이드로프 사용

⑫ 장비 주변 바리케이트 설치

# 제5장

# 산업안전보건기준에 관한 규칙 - 보건기준

## 01　밀폐작업 프로그램 운영기준

### 가. 작업전 점검

① 시공관리자는 밀폐공간 작업 또는 작업환경 측정시 사용하는 기기, 자재 및 보호구 등의 적격품 여부 및 작동상태 확인(측정 장비, 환기장치, 송기마스크 등)

② 시공관리자는 밀폐공간 투입전 근로자의 건강상태를 확인해야 하며 허가받지 않은 인원의 출입 제한

③ 시공관리자는 구조장비 및 비상연락체계 등 비상대응 수단들의 준비 상태를 확인

④ 지정된 유해가스 측정자는 작업을 하는 장소의 공기가 적정한지 측정

⑤ 측정자는 호스를 사용하여 측정하고(직접 들어가지 말 것) 접근이 힘들거나 작업구간이 깊을 경우 로프 등을 이용하여 측정기를 넣어서 측정

⑥ 시공관리자는 밀폐공간으로 외부로부터 유해가스의 유입이 차단되었는지 확인

### 나. 작업 중 점검

① 시공관리자는 밀폐공간 작업이 계획대로 이행되는지 확인

② 시공관리자는 적격성을 갖춘 자를 지정하여 밀폐공간 작업 상태를 상주관리 또는 점검

③ 근로자의 송기마스크 등의 착용상황을 점검

## 다. 작업 후 점검

① 시공관리자는 밀폐공간 작업이 완료되면 작업장 상태 및 작업인원을 확인하고, 밀폐공간에 대한 출입금지 또는 시건 조치

# 제1장

# 중대재해처벌법의 목적

## 01 중대재해처벌법의 목적

### 중대재해처벌법의 목적
중대재해처벌법 제1조

이 법은 사업 또는 사업장·공중이용시설 및 공중교통수단을 운영하거나, 인체에 해로운 원료나 제조물을 취급하면서 안전·보건 조치 의무를 위반하여 인명피해를 발생하게 한 사업주·경영책임자·공무원 및 법인의 처벌 등을 규정함으로써 중대재해를 예방하고 시민과 종사자의 생명과 신체를 보호함을 목적으로 한다.

─ 시행령 제1조 **목적** ─
이 영은 「중대재해 처벌 등에 관한 법률」에서 위임된 사항과 그 시행에 필요한 사항을 규정함을 목적으로 한다.

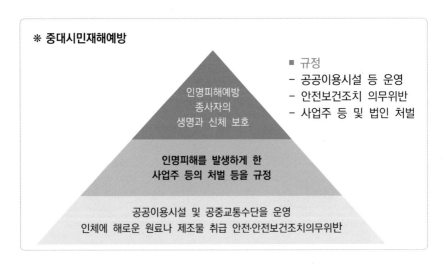

* 중대시민재해예방

인명피해예방
종사자의
생명과 신체 보호

인명피해를 발생하게 한
사업주 등의 처벌 등을 규정

공공이용시설 및 공중교통수단을 운영
인체에 해로운 원료나 제조물 취급 안전·안전보건조치의무위반

■ 규정
- 공공이용시설 등 운영
- 안전보건조치 의무위반
- 사업주 등 및 법인 처벌

## 가. 법의 목적

① 「중대재해 처벌 등에 관한 법률」 (이하 "중대재해처벌법"이라 함은) 사업 또는 사업장·공중이용시설 및 공중교통수단을 운영하거나 인체에 해로운 원료나 제조물을 취급하면서 안전·보건 확보를 위하여 요구되는 다양한 조치의무를 이행하지 않음으로써 인명피해를 발생하게 한 사업주·경영책임자·공무원 및 법인의 처벌 등을 규정함으로써 중대재해를 예방하고 시민과 종사자의 생명과 신체를 보호함을 목적으로 한다.

② 사업주 또는 경영책임자 등에 대한 **처벌 규정**은 근로자를 포함한 종사자와 일반 시민의 생명과 신체를 보호하기 위한 불가피한 수단이다.

㉮ 이 법을 통해 사업주 또는 경영책임자 등이 사업 또는 사업장의 안전보건관리체계 구축 등 안전 및 보건 확보의무를 이행함으로써 산업안전보건법 등 안전·보건 관계 법령에 따른 안전·보건조치가 철저히 이루어지도록 하여 중대재해를 예방하는 데 궁극적인 목적이 있다.

## 01  중대시민재해·사업주·경영책임자 등

### 가. 중대시민재해 (중대재해처벌법 제2조의 3)

> **중대시민재해**  중대재해처벌법 제2조의 3
>
> 3. "중대시민재해"란 특정 원료 또는 제조물· 공중이용시설 또는 공중교통수단의 설계· 제조· 설치· 관리상의 결함을 원인으로 하여 발생한 재해로서 다음 각 목의 어느 하나에 해당하는 결과를 야기한 재해를 말한다. 다만, 중대산업재해에 해당하는 재해는 제외한다.
> 가. 사망자가 1명 이상 발생
> 나. 동일한 사고로 2개월 이상 치료가 필요한 부상자가 10명 이상 발생
> 다. 동일한 원인으로 3개월 이상 치료가 필요한 질병자가 10명 이상 발생

### 나. 사업주 (중대재해처벌법 제2조의 8)

> **사업주**  중대재해처벌법 제2조의 8
>
> 8. "사업주"란 자신의 사업을 영위하는 자, 타인의 노무를 제공받아 사업을 하는 자를 말한다.

### (1) 개념

① 사업주란 자신의 사업을 영위하는 자, 타인의 노무를 제공받아 사업을 하는 자를 말한다.

② 자신의 사업을 영위하는 자란 타인의 노무를 제공 받음이 없이 자신의 사업을 영위하는 자를 말하므로, 중대재해처벌법에 따른 사업주는 근로자를 사용하여 사업을 하는 자로 한정하고 있는 산업안전보건법에 따른 사업주보다 넓은 개념이다.

## (2) 중대재해처벌법의 수범자로서 "개인사업주"

중대재해처벌법이 산업안전보건법과 달리 제반 의무를 개인으로서의 사업주와 경영책임자 등에게 부과하고 개인사업주가 아닌 사업주를 경영책임자 등과 구분하여 법인 또는 기관으로 표현하고 있는 점에 비추어 볼 때 중대재해처벌법 제3조 이하에서 규정하는 사업주는 행위자로서 개인사업주만을 의미한다.

> **제3조(적용범위)** 상시 근로자가 5명 미만인 사업 또는 사업장의 사업주(개인 사업주에 한정한다. 이하 같다) 또는 경영책임자 등에게는 이 장의 규정을 적용하지 아니한다.

## 다. 경영책임자 등 (중대재해처벌법 제2조의 9)

> **경영책임자 등**          중대재해처벌법 제2조의 9
>
> 9. "경영책임자 등"이란 다음 각 목의 어느 하나에 해당하는 자를 말한다.
> 가. 사업을 대표하고 사업을 총괄하는 권한과 책임이 있는 사람 또는 이에 준하여 안전보건에 관한 업무를 담당하는 사람
> 나. 중앙행정기관의 장, 지방자치단체의 장·「지방공기업법」에 따른 지방공기업의 장·「공공기관의 운영에 관한 법률」 제4조부터 제6조까지의 규정에 따라 지정된 공공기관의 장

## (1) 개념

① 경영책임자 등이란

㉮ 사업을 대표하고 사업을 총괄하는 권한과 책임이 있는 사람 또는 이에 준하여 안전보건에 관한 업무를 담당하는 사람

㉯ 중앙행정기관의 장·지방자치단체의 장·「지방공기업법」에 따른 지방공기업의 장·「공공기관의 운영에 관한 법률」 제4조부터 제6조까지의 규정에 따라 지정된 공공기관의 장

② 중대재해처벌법은 사업의 대표자이자 사업 경영의 총괄책임자에게 종사자의 중대산업재해를 예방하도록 안전 및 보건확보 의무를 부여하고 있다.

## 가. 공중이용시설(중대재해처벌법 제2조의 4) 개요

### (1) 공중이용시설

> **공중이용시설** 　　　　　　　　　　　　　　중대재해처벌법 제2조
>
> 4. "공중이용시설"이란 다음 각 목의 시설 중 시설의 규모나 면적 등을 고려하여 대통령령으로 정하는 시설을 말한다. 다만, 「소상공인 보호 및 지원에 관한 법률」 제2조에 따른 소상공인의 사업 또는 사업장 및 이에 준하는 비영리시설과 「교육시설 등의 안전 및 유지관리 등에 관한 법률」 제2조제1호에 따른 교육시설은 제외한다.
>
> 　가. 「실내공기질 관리법」 제3조제1항의 시설(「다중이용업소의 안전관리에 관한 특별법」 제2조제1항제1호에 따른 영업장은 제외한다)
>
> 　나. 「시설물의 안전 및 유지관리에 관한 특별법」 제2조제1호의 시설물(공동주택은 제외한다)
>
> 　다. 「다중이용업소의 안전관리에 관한 특별법」 제2조제1항제1호에 따른 영업장 중 해당 영업에 사용하는 바닥면적(「건축법」 제84조에 따라 산정한 면적을 말한다)의 합계가 1천제곱미터 이상인 것
>
> 　라. 그 밖에 가목부터 다목까지에 준하는 시설로서 재해 발생 시 생명 · 신체상의 피해가 발생할 우려가 높은 장소

---

### [세부 내용] 공중이용시설 제외 타법 사항

❖ 소상공인기본법 제2조

제2조 (정의)

① 이 법에서 "소상공인"이란 「중소기업기본법」 제2조제2항에 따른 소기업(小企業) 중 다음 각 호의 요건을 모두 갖춘 자를 말한다.

　1. 상시 근로자 수가 10명 미만일 것

　2. 업종별 상시 근로자 수 등이 대통령령으로 정하는 기준에 해당할 것

② 제1항을 적용할 때 소상공인이 그 규모의 확대 등으로 소상공인에 해당하지 아니하게 된 경우 그 사유가 발생한 연도의 다음 연도부터 3년간은 소상공인으로 본다. 다만, 소기업 외의 기업과 합병하거나 그 밖에 대통령령으로 정하는 사유로 소상공인에 해당하지 아니하게 된 경우에는 그러하지 아니하다.

## [세부 내용] 공중이용시설 제외 타법 사항

❖ 소상공인 보호 및 지원에 관한 법률 제2조

제2조 (정의)
* 이 법에서 "소상공인"이란 「소상공인기본법」 제2조에 따른 소상공인을 말한다.
* "백년소상공인"이란 장기간 사업을 운영하면서 사회에 기여한 바가 크고, 축적한 경험을 바탕으로 지속적인 성장이 기대되는 소상공인으로서 제16조의 요건을 갖추고, 제16조의2에 따라 지정된 소상공인을 말한다.

제16조 (백년소상공인의 요건)
① 백년소상공인은 다음 각 호의 구분에 따른 요건에 해당하여야 한다.
    1. 제조업: 사업을 개시한 날부터 15년 이상 주된 업종의 변동 없이 계속 사업을 유지하여 숙련된 기술을 보유한 소공인
    2. 제1호 외의 업종: 사업을 개시한 날부터 30년 이상 주된 업종의 변동 없이 계속 사업을 유지하여 온 소상공인
    3. 제품이나 서비스의 차별성
    4. 지역사회에 대한 기여도
② 제1항 각 호에 따른 사업 개시, 계속 유지, 차별성, 기여도에 관한 세부사항은 대통령령으로 정한다.

[본조신설 2024. 1. 16.]

## [세부 내용] 공중이용시설 제외 타법 사항

❖ 교육 시설 등의 안전 및 유지관리 등에 관한 법률 제2조 제1호

법 제2조(정의)

이 법에서 사용하는 용어의 뜻은 다음과 같다.
    1. "교육시설"이란 다음 각 목의 어느 하나에 해당하는 학교 등의 시설 및 설비를 말한다.
        가. 「유아교육법」 제2조제2호에 따른 유치원
        나. 「초·중등교육법」 제2조에 따른 학교
        다. 「고등교육법」 제2조에 따른 학교
        라. 「평생교육법」 제31조제2항 및 제4항에 따른 학력·학위가 인정되는 평생교육시설
        마. 다른 법률에 따라 설치된 각급 학교(국방·치안 등의 사유로 정보공시가 어렵다고 대통령령으로 정하는 학교는 제외한다)
        바. 그 밖에 대통령령으로 정하는 교육관련 시설

시행령 제2조(교육시설 범위)
① 「교육시설 등의 안전 및 유지관리 등에 관한 법률」 (이하"법"이라 한다) 제2조제1호마목에서 "대통령령으로 정하는 학교"란 「교육관련기관의 정보공개에 관한 특례법 시행령」 제2조에 따른 학교를 말한다.
② 법 제2조제1호바목에서 "대통령령으로 정하는 교육관련 시설"이란 「지방교육자치에 관한 법률」 제32조에 따른 교육기관의 시설을 말한다.

[중대재해처벌법 제2조의 4 관련]

| 순서 | 중대재해처벌법 조항 | 세부 조항 | 공중이용시설 |
|---|---|---|---|
| 1 | 법 제2조의 4호 가목 | 시행령 제3조 (공중이용시설) 1호 / 별표2 | ** 법 제2조 4호 가목: 실내 공기질관리법 제3조 제1항의 시설<br>* 별표2(법 제2조 제4호 가목의 시설 중 공중이용시설) 1~19개 대상시설 |
| 2 | 법 제2조의 4호 나목 | 시행령 제3조 (공중이용시설) 2호 / 별표3 | ** 법 제2조 4호 나목: 공중이용시설물<br>* 시설물: 교량, 터널, 항만, 댐, 건축물, 하천(하구둑. 제방. 보) 상하수도, 옹벽 및 절토사면 |
| 3 | 법 제2조의 4호 다목 | 시행령 제3조 (공중이용시설) 3호 | 다. 「다중이용업소의 안전관리에 관한 특별법」 제2조제1항제1호에 따른 영업장 중 해당 영업에 사용하는 바닥면적(「건축법」 제84조에 따라 산정한 면적을 말한다)의 합계가 1천제곱미터 이상인 것 |
| 4 | 법 제2조의 4호 라목 라. 그 밖에 가목부터 다목까지에 준하는 시설로서 재해 발생 시 생명·신체상의 피해가 발생할 우려가 높은 장소 | 시행령 제3조 (공중이용시설) 4호 | 4. 법 제2조제4호라목의 시설 중 다음 각 목의 시설 (제2호의 시설물은 제외한다)<br>→ 2. "중대시민재해"란 「산업안전보건법」 제2조제1호에 따른 산업재해 중 다음 각 목의 어느 하나에 해당하는 결과를 야기한 재해를 말한다.<br>가. 사망자가 1명 이상 발생<br>나. 동일한 사고로 2개월 이상 치료가 필요한 부상자가 10명 이상 발생<br>다. 동일한 원인으로 3개월 이상 치료가 필요한 질병자가 10명 이상 발생 |

## 공중이용시설 제외 타법 사항

[중대재해처벌법 제2조의 4 단서조항 및 가·나·다목]

| 순서 | 명시 조항 | 해당 법률명 | 해당 조항 | 제외 시설물 |
|---|---|---|---|---|
| 1 | – 중대재해처벌법 제2조 4 단서 | 소상공인 보호 및 지원에 관한 법률 | 제2조 | 소상공인의 사업 또는 사업장 및 이에 준하는 비영리시설/ 백년소상공인 |
| 2 | – 중대재해처벌법 제2조 4 단서 | 교육시설 등의 안전 및 유지관리 등에 관한 법률 | 제2조 제1호 | 교육 시설 |
| 3 | – 중대재해처벌법 제2조 4 가목 단서 | 다중이용업소의 안전관리에 관한 특별법 | 제2조 제1항 제1호 | – 영업장<br>가. 「실내공기질 관리법」 제3조제1항의 시설(「다중이용업소의 안전관리에 관한 특별법」 제2조제1항 제1호에 따른 영업장은 제외한다) |
| 4 | – 중대재해처벌법 제2조 4 나목 단서/<br>– 시행령 제3조 2호 가.나 | 시설물의 안전 및 유지 관리에 관한 특별법 | 제2조 제1항 제1호 단서 | – 공동주택<br>가. 주택과 주택 외의 시설을 동일 건축물로 건축한 건축물<br>나. 건축물의 주 용도가 「건축법 시행령」 별표 1 제14호나목 2의 오피스텔인 건축물 |
| 5 | – 중대재해처벌법 제2조 4 다목 | 다중이용업소의 안전관리에 관한 특별법 | 제2조 제1항 제1호 | 바닥 면적 중 해당 영업에 사용하는 바닥 면적(건축법 제84조에 따라 산정한 면적)의 합계가 1천제곱미터 이하인 것(1천제곱미터 이상은 적용) |

## 나. 공중이용시설(중대재해처벌법 시행령 제3조 가의 내용)

> ### 공중이용시설
> 중대재해처벌법 제2조
>
> 4. "공중이용시설"이란 다음 각 목의 시설 중 시설의 규모나 면적 등을 고려하여 대통령령으로 정하는 시설을 말한다.
>    가. 「실내공기질 관리법」 제3조제1항의 시설(「다중이용업소의 안전관리에 관한 특별법」 제2조제1항제1호에 따른 영업장은 제외한다)

> ── 중대재해처벌법 시행령 제3조 ──
>
> 법 제2조제4호 각 목 외의 부분 본문에서 "대통령령으로 정하는 시설"이란 다음 각 호의 시설을 말한다.

### [별표2] 법 제2조 제4호 가목의 시설 중 공중 이용 시설

제3조 제1호 관련

1. 모든 지하역사(출입통로·대합실·승강장 및 환승통로와 이에 딸린 시설을 포함한다)
2. 연면적 2천제곱미터 이상인 지하도상가(지상건물에 딸린 지하층의 시설을 포함한다. 이하 같다). 이 경우 연속되어 있는 둘 이상의 지하도상가의 연면적 합계가 2천 제곱미터 이상인 경우를 포함한다.
3. 철도역사의 시설 중 연면적 2천제곱미터 이상인 대합실
4. 「여객자동차 운수사업법」 제2조제5호의 여객자동차터미널 중 연면적 2천제곱미터 이상인 대합실
5. 「항만법」 제2조제5호의 항만시설 중 연면적 5천제곱미터 이상인 대합실
6. 「공항시설법」 제2조제7호의 공항시설 중 연면적 1천5백제곱미터 이상인 여객터미널
7. 「도서관법」 제2조제1호의 도서관 중 연면적 3천제곱미터 이상인 것
8. 「박물관 및 미술관 진흥법」 제2조제1호 및 제2호의 박물관 및 미술관 중 연면적 3천제곱미터 이상인 것
9. 「의료법」 제3조제2항의 의료기관 중 연면적 2천제곱미터 이상이거나 병상 수 100개 이상인 것
10. 「노인복지법」 제34조제1항제1호의 노인요양시설 중 연면적 1천제곱미터 이상인 것
11. 「영유아보육법」 제2조제3호의 어린이집 중 연면적 430제곱미터 이상인 것
12. 「어린이놀이시설 안전관리법」 제2조제2호의 어린이놀이시설 중 연면적 430제곱미터 이상인 실내 어린이놀이시설
13. 「유통산업발전법」 제2조제3호의 대규모점포. 다만, 「전통시장 및 상점가 육성을 위한 특별법」 제2조제1호의 전통시장은 제외한다.
14. 「장사 등에 관한 법률」 제29조에 따른 장례식장 중 지하에 위치한 시설로서 연면적 1천제곱미터 이상인 것

15. 「전시산업발전법」 제2조제4호의 전시시설 중 옥내시설로서 연면적 2천제곱미터 이상인 것

16. 「건축법」 제2조제2항제14호의 업무시설 중 연면적 3천제곱미터 이상인 것. 다만, 「건축법 시행령」 별표 1 제14호나목2)의 오피스텔은 제외한다.

17. 「건축법」 제2조제2항에 따라 구분된 용도 중 둘 이상의 용도에 사용되는 건축물로서 연면적 2천제곱미터 이상인 것. 다만, 「건축법 시행령」 별표 1 제2호의 공동주택 또는 같은 표 제14호나목2)의 오피스텔이 포함된 경우는 제외한다.

18. 「공연법」 제2조제4호의 공연장 중 객석 수 1천석 이상인 실내 공연장

19. 「체육시설의 설치ㆍ이용에 관한 법률」 제2조제1호의 체육시설 중 관람석 수 1천석 이상인 실내 체육시설

[비고] 둘 이상의 건축물로 이루어진 시설의 연면적은 개별 건축물의 연면적을 모두 합산한 면적으로 한다.

---

## [관련조항] 공중이용시설 제외 타법 사항
### (다중 이용업소의 안전관리에 관한 특별법 제2조 제1항 1호 / 시행령 2조)

• 법 제2조(정의)

① 이 법에서 사용하는 용어의 뜻은 다음과 같다.

  1. "다중이용업"이란 불특정 다수인이 이용하는 영업 중 화재 등 재난 발생 시 생명ㆍ신체ㆍ재산상의 피해가 발생할 우려가 높은 것으로서 대통령령으로 정하는 영업을 말한다.

• 시행령 제2조(다중이용업)

「제2조(다중이용업)「다중이용업소의 안전관리에 관한 특별법」(이하 "법"이라 한다)제2조 제1항 제1호에서 "대통령령으로 정하는 영업"이란 다음 각 호의 영업을 말한다. 다만, 영업을 옥외 시설 또는 옥외 장소에서 하는 경우 그 영업은 제외한다. 〈개정 2023. 12. 12.〉

1. 「식품위생법 시행령」 제21조 제8호에 따른 식품접객업 중 다음 각 목의 어느 하나에 해당하는 것

  가. 휴게음식점영업ㆍ제과점영업 또는 일반음식점영업으로서 영업장으로 사용하는 바닥면적(「건축법 시행령」 제119조제1항제3호에 따라 산정한 면적을 말한다. 이하 같다)의 합계가 100제곱미터(영업장이 지하층에 설치된 경우에는 그 영업장의 바닥면적 합계가 66제곱미터) 이상인 것. 다만, 영업장(내부계단으로 연결된 복층구조의 영업장을 제외한다)이 다음의 어느 하나에 해당하는 층에 설치되고 그 영업장의 주된 출입구가 건축물 외부의 지면과 직접 연결되는 곳에서 하는 영업을 제외한다.

    1) 지상 1층

    2) 지상과 직접 접하는 층

  나. 단란주점영업과 유흥주점영업

1의2. 「식품위생법 시행령」 제21조 제9호에 따른 공유주방 운영업 중 휴게음식점영업ㆍ제과점영업 또는 일반음식점영업에 사용되는 공유주방을 운영하는 영업으로서 영업장 바닥면적의 합계가 100제곱미터(영업장이 지하층에 설치된 경우에는 그 바닥면적 합계가 66제곱미터) 이상인 것. 다만, 영업장(내부계단으로 연결된 복층구조의 영업장은 제외한다)이 다음 각 목의 어느 하나에 해당하는 층에 설치되고 그 영업장의 주된 출입구가 건축물 외부의 지면과 직접 연결되는 곳에서 하는 영업은 제외한다.

  가. 지상 1층

  나. 지상과 직접 접하는 층

2. 「영화 및 비디오물의 진흥에 관한 법률」제2조 제10호,같은 조 제16호 가목·나목 및 라목에 따른 영화상영관·비디오물감상실업·비디오물소극장업 및 복합영상물제공업
3. 「학원의 설립·운영 및 과외교습에 관한 법률」제2조 제1호에 따른 학원(이하 "학원"이라 한다)으로서 다음 각 목의 어느 하나에 해당하는 것
    가. 「소방시설 설치 및 관리에 관한 법률 시행령」별표 7에 따라 산정된 수용인원(이하 "수용인원"이라 한다)이 300명 이상인 것
    나. 수용인원 100명 이상 300명 미만으로서 다음의 어느 하나에 해당하는 것. 다만, 학원으로 사용하는 부분과 다른 용도로 사용하는 부분(학원의 운영권자를 달리하는 학원과 학원을 포함한다)이 「건축법 시행령」제46조에 따른 방화구획으로 나누어진 경우는 제외한다.
        (1) 하나의 건축물에 학원과 기숙사가 함께 있는 학원
        (2) 하나의 건축물에 학원이 둘 이상 있는 경우로서 학원의 수용인원이 300명 이상인 학원
        (3) 하나의 건축물에 제1호, 제2호, 제4호부터 제7호까지, 제7호의2부터 제7호의5까지 및 제8호의 다중이용업 중 어느 하나 이상의 다중이용업과 학원이 함께 있는 경우
4. 목욕장업으로서 다음 각 목에 해당하는 것
    가. 하나의 영업장에서 「공중위생관리법」제2조 제1항 제3호 가목에 따른 목욕장업 중 맥반석·황토·옥 등을 직접 또는 간접 가열하여 발생하는 열기나 원적외선 등을 이용하여 땀을 배출하게 할 수 있는 시설 및 설비를 갖춘 것으로서 수용인원(물로 목욕을 할 수 있는 시설부분의 수용인원은 제외한다)이 100명 이상인 것
    나. 「공중위생관리법」제2조 제1항 제3호 나목의 시설 및 설비를 갖춘 목욕장업
5. 「게임산업진흥에 관한 법률」제2조 제6호·제6호의2·제7호 및 제8호의 게임제공업·인터넷컴퓨터게임시설제공업 및 복합유통게임제공업. 다만, 게임제공업 및 인터넷컴퓨터게임시설제공업의 경우에는 영업장(내부계단으로 연결된 복층구조의 영업장은 제외한다)이 다음 각 목의 어느 하나에 해당하는 층에 설치되고 그 영업장의 주된 출입구가 건축물 외부의 지면과 직접 연결된 구조에 해당하는 경우는 제외한다.
    가. 지상 1층
    나. 지상과 직접 접하는 층
6. 「음악산업진흥에 관한 법률」제2조 제13호에 따른 노래연습장업
7. 「모자보건법」제2조 제10호에 따른 산후조리업
7의2. 고시원업[구획된 실(室) 안에 학습자가 공부할 수 있는 시설을 갖추고 숙박 또는 숙식을 제공하는 형태의 영업]
7의3. 「사격 및 사격장 안전관리에 관한 법률 시행령」제2조 제1항및 별표 1에 따른 권총사격장(실내사격장에 한정하며, 같은 조 제1항에 따른 종합사격장에 설치된 경우를 포함한다)
7의4. 「체육시설의 설치·이용에 관한 법률」제10조 제1항 제2호에 따른 가상체험 체육시설업(실내에 1개 이상의 별도의 구획된 실을 만들어 골프 종목의 운동이 가능한 시설을 경영하는 영업으로 한정한다)
7의5. 「의료법」제82조 제4항에 따른 안마시술소
8. 법 제15조 제2항에 따른 화재안전등급(이하 "화재안전등급"이라 한다)이제11조 제1항에 해당하거나 화재발생시 인명피해가 발생할 우려가 높은 불특정다수인이 출입하는 영업으로서 행정안전부령으로 정하는 영업. 이 경우 소방청장은 관계 중앙행정기관의 장과 미리 협의하여야 한다.

## 다. 공중이용시설 (중대재해처벌법 제2조 제4호 나목의 시설물 - 별표3)

> ### 공중이용시설                 중대재해처벌법 제2조
>
> 4. "공중이용시설"이란 다음 각 목의 시설 중 시설의 규모나 면적 등을 고려하여 대통령령으로 정하는 시설을 말한다.
>     나. 「시설물의 안전 및 유지관리에 관한 특별법」 제2조제1호의 시설물(공동주택은 제외한다)

---

─ 중대재해처벌법 시행령 제3조제2호 ─

> 가. 주택과 주택 외의 시설을 동일 건축물로 건축한 건축물
> 나. 건축물의 주용도가 「건축법 시행령」 별표 1 제14호나목2)의 오피스텔인 건축물

---

( **[별표 3] 법 제2조제4호나목의 시설물 중 공중이용시설** )

[제3조 제2호 관련]

| **1. 교량** | |
|---|---|
| 가. 도로교량 | 1) 상부구조형식이 현수교, 사장교, 아치교 및 트러스교인 교량<br>2) 최대 경간장 50미터 이상의 교량<br>3) 연장 100미터 이상의 교량<br>4) 폭 6미터 이상이고 연장 100미터 이상인 복개구조물 |
| 나. 철도교량 | 1) 고속철도 교량<br>2) 도시철도의 교량 및 고가교<br>3) 상부구조형식이 트러스교 및 아치교인 교량<br>4) 연장 100미터 이상의 교량 |
| **2. 터널** | |
| 가. 도로터널 | 1) 연장 1천미터 이상의 터널<br>2) 3차로 이상의 터널<br>3) 터널구간이 연장 100미터 이상인 지하차도<br>4) 고속국도, 일반국도, 특별시도 및 광역시도의 터널<br>5) 연장 300미터 이상의 지방도, 시도, 군도 및 구도의 터널 |
| 나. 철도터널 | 1) 고속철도 터널<br>2) 도시철도 터널<br>3) 연장 1천미터 이상의 터널<br>4) 특별시 또는 광역시에 있는 터널 |

## 3. 항만

| 가. 방파제, 파제제(波除堤) 및 호안(護岸) | 1) 연장 500미터 이상의 방파제 |
|---|---|
| | 2) 연장 500미터 이상의 파제제 |
| | 3) 방파제 기능을 하는 연장 500미터 이상의 호안 |
| 나. 계류시설 | 1) 1만톤급 이상의 원유부이식 계류시설(부대시설인 해저송유관을 포함한다) |
| | 2) 1만톤급 이상의 말뚝구조의 계류시설 |
| | 3) 1만톤급 이상의 중력식 계류시설 |

## 4. 댐

1) 다목적댐, 발전용댐, 홍수전용댐
2) 지방상수도전용댐
3) 총저수용량 1백만톤 이상의 용수전용댐

## 5. 건축물

1) 고속철도, 도시철도 및 광역철도 역 시설
2) 16층 이상이거나 연면적 3만제곱미터 이상의 건축물
3) 연면적 5천제곱미터 이상(각 용도별 시설의 합계를 말한다)의 문화·집회 시설, 종교시설, 판매시설, 운수시설 중 여객용 시설, 의료시설, 노유자시설, 수련시설, 운동시설, 숙박시설 중 관광숙박시설 및 관광휴게시설

## 6. 하천

| 가. 하구둑 | 1) 하구둑 |
|---|---|
| | 2) 포용조수량 1천만톤 이상의 방조제 |
| 나. 제방 | 국가하천의 제방<br>[부속시설인 통관(通管) 및 호안(護岸)을 포함한다] |
| 다. 보 | 국가하천에 설치된 다기능 보 |

## 7. 상하수도

| 가. 상수도 | 1) 광역상수도 |
|---|---|
| | 2) 공업용수도 |
| | 3) 지방상수도 |
| 나. 하수도 | 공공하수처리시설 중 1일 최대처리용량 500톤 이상인 시설 |

## 8. 옹벽 및 절토사면(깎기비탈면)

| 8. 옹벽 및 절토사면(깎기비탈면) | 1) 지면으로부터 노출된 높이가 5미터 이상인 부분의 합이 100미터 이상인 옹벽 |
|---|---|
| | 2) 지면으로부터 연직(鉛直)높이(옹벽이 있는 경우 옹벽 상단으로부터의 높이를 말한다) 30미터 이상을 포함한 절토부(땅깎기를 한 부분을 말한다)로서 단일 수평연장 100미터 이상인 절토사면 |

[비고]

1. "도로"란 「도로법」 제10조의 도로를 말한다.
2. 교량의 "최대 경간장"이란 한 경간(徑間)에서 상부구조의 교각과 교각의 중심선 간의 거리를 경간장으로 정의할 때, 교량의 경간장 중에서 최댓값을 말한다. 한 경간 교량에 대해서는 교량 양측 교대의 흉벽 사이를 교량 중심선에 따라 측정한 거리를 말한다.
3. 교량의 "연장"이란 교량 양측 교대의 흉벽 사이를 교량 중심선에 따라 측정한 거리를 말한다.
4. 도로교량의 "복개구조물"이란 하천 등을 복개하여 도로의 용도로 사용하는 모든 구조물을 말한다.
5. 터널 및 지하차도의 "연장"이란 각 본체 구간과 하나의 구조로 연결된 구간을 포함한 거리를 말한다.
6. "방파제, 파제제 및 호안"이란 「항만법」 제2조제5호가목2)의 외곽시설을 말한다.
7. "계류시설"이란 「항만법」 제2조제5호가목4)의 계류시설을 말한다.
8. "댐"이란 「저수지·댐의 안전관리 및 재해예방에 관한 법률」 제2조제1호의 저수지·댐을 말한다.
9. 위 표 제4호의 지방상수도전용댐과 용수전용댐이 위 표 제7호가목의 광역상수도·공업용수도 또는 지방상수도의 수원지시설에 해당하는 경우에는 위 표 제7호의 상하수도시설로 본다.
10. 위 표의 건축물에는 그 부대시설인 옹벽과 절토사면을 포함하며, 건축설비, 소방설비, 승강기 설비 및 전기설비는 포함하지 않는다.
11. 건축물의 연면적은 지하층을 포함한 동별로 계산한다. 다만, 2동 이상의 건축물이 하나의 구조로 연결된 경우와 둘 이상의 지하도상가가 연속되어 있는 경우에는 연면적의 합계로 한다.
12. 건축물의 층수에는 필로티나 그 밖에 이와 비슷한 구조로 된 층을 포함한다.
13. "건축물"은 「건축법 시행령」 별표 1에서 정한 용도별 분류를 따른다.
14. "운수시설 중 여객용 시설"이란 「건축법 시행령」 별표 1 제8호의 운수시설 중 여객자동차터미널, 일반철도역사, 공항청사, 항만여객터미널을 말한다.
15. "철도 역 시설"이란 「철도의 건설 및 철도시설 유지관리에 관한 법률」 제2조제6호가목의 역 시설(물류시설은 제외한다)을 말한다. 다만, 선하역사(시설이 선로 아래 설치되는 역사를 말한다)의 선로구간은 연속되는 교량시설물에 포함하고, 지하역사의 선로구간은 연속되는 터널시설물에 포함한다.
16. 하천시설물이 행정구역 경계에 있는 경우 상위 행정구역에 위치한 것으로 한다.
17. "포용조수량"이란 최고 만조(滿潮) 시 간척지에 유입될 조수(潮水)의 양을 말한다.
18. "방조제"란 「공유수면 관리 및 매립에 관한 법률」 제37조, 「농어촌정비법」 제2조제6호, 「방조제 관리법」 제2조제1호 및 「산업입지 및 개발에 관한 법률」 제20조제1항에 따라 설치한 방조제를 말한다.
19. 하천의 "통관"이란 제방을 관통하여 설치한 원형 단면의 문짝을 가진 구조물을 말한다.
20. 하천의 "다기능 보"란 용수 확보, 소수력 발전이나 도로(하천을 횡단하는 것으로 한정한다) 등 두 가지 이상의 기능을 갖는 보를 말한다.
21. 위 표 제7호의 상하수도의 광역상수도, 공업용수도 및 지방상수도에는 수원지시설, 도수관로·송수관로(터널을 포함한다) 및 취수시설을 포함하고, 정수장, 취수·가압펌프장, 배수지, 배수관로 및 급수시설은 제외한다.

## 라. 공중이용시설 (중대재해처벌법 제2조 제4호 다목의 시설물)

**공중이용시설**

4. "공중이용시설"이란 다음 각 목의 시설 중 시설의 규모나 면적 등을 고려하여 대통령령으로 정하는 시설을 말한다.

　다. 「다중이용업소의 안전관리에 관한 특별법」 제2조제1항제1호에 따른 영업장 중 해당 영업에 사용하는 바닥면적(「건축법」 제84조에 따라 산정한 면적을 말한다)의 합계가 1천제곱미터 이상인 것

---

### [세부조항] 건축법 제84조 [바닥 면적 산정]

- 법 제84조 (면적 · 높이 및 층수의 산정)

　건축물의 대지면적, 연면적, 바닥면적, 높이, 처마, 천장, 바닥 및 층수의 산정방법은 대통령령으로 정한다.

- 건축법 시행령 제119조(면적 등의 산정방법)

① 법 제84조에 따라 건축물의 면적 · 높이 및 층수 등은 다음 각 호의 방법에 따라 산정한다 〈개정 2023. 9. 12.〉

　3. 바닥면적: 건축물의 각 층 또는 그 일부로서 벽, 기둥, 그 밖에 이와 비슷한 구획의 중심선으로 둘러싸인 부분의 수평투영면적으로 한다. 다만, 다음 각 목의 어느 하나에 해당하는 경우에는 각 목에서 정하는 바에 따른다.

　가. 벽 · 기둥의 구획이 없는 건축물은 그 지붕 끝부분으로부터 수평거리 1미터를 후퇴한 선으로 둘러싸인 수평투영면적으로 한다.

　나. 건축물의 노대등의 바닥은 난간 등의 설치 여부에 관계없이 노대등의 면적(외벽의 중심선으로부터 노대등의 끝부분까지의 면적을 말한다)에서 노대등이 접한 가장 긴 외벽에 접한 길이에 1.5미터를 곱한 값을 뺀 면적을 바닥면적에 산입한다.

　다. 필로티나 그 밖에 이와 비슷한 구조(벽면적의 2분의 1 이상이 그 층의 바닥면에서 위층 바닥 아래면까지 공간으로 된 것만 해당한다)의 부분은 그 부분이 공중의 통행이나 차량의 통행 또는 주차에 전용되는 경우와 공동주택의 경우에는 바닥면적에 산입하지 아니한다.

　라. 승강기탑(옥상 출입용 승강장을 포함한다), 계단탑, 장식탑, 다락[층고(層高)가 1.5미터(경사진 형태의 지붕인 경우에는 1.8미터) 이하인 것만 해당한다], 건축물의 내부에 설치하는 냉방설비 배기장치 전용 설치공간(각 세대나 실별로 외부 공기에 직접 닿는 곳에 설치하는 경우로서 1제곱미터 이하로 한정한다), 건축물의 외부 또는 내부에 설치하는 굴뚝, 더스트슈트, 설비덕트, 그 밖에 이와 비슷한 것과 옥상 · 옥외 또는 지하에 설치하는 물탱크, 기름탱크, 냉각탑, 정화조, 도시가스 정압기, 그 밖에 이와 비슷한 것을 설치하기 위한 구조물과 건축물 간에 화물의 이동에 이용되는 컨베이어벨트만을 설치하기 위한 구조물은 바닥면적에 산입하지 않는다.

　마. 공동주택으로서 지상층에 설치한 기계실, 전기실, 어린이놀이터, 조경시설 및 생활폐기물 보관시설의 면적은 바닥면적에 산입하지 않는다.

바. 「다중이용업소의 안전관리에 관한 특별법 시행령」 제9조에 따라 기존의 다중이용업소(2004년 5월 29일 이전의 것만 해당한다)의 비상구에 연결하여 설치하는 폭 1.5미터 이하의 옥외 피난계단(기존 건축물에 옥외 피난계단을 설치함으로써 법 제56조에 따른 용적률에 적합하지 아니하게 된 경우만 해당한다)은 바닥면적에 산입하지 아니한다.

사. 제6조제1항제6호에 따른 건축물을 리모델링하는 경우로서 미관 향상, 열의 손실 방지 등을 위하여 외벽에 부가하여 마감재 등을 설치하는 부분은 바닥면적에 산입하지 아니한다.

아. 제1항제2호나목3)의 건축물의 경우에는 단열재가 설치된 외벽 중 내측 내력벽의 중심선을 기준으로 산정한 면적을 바닥면적으로 한다.

자. 「영유아보육법」 제15조에 따른 어린이집(2005년 1월 29일 이전에 설치된 것만 해당한다)의 비상구에 연결하여 설치하는 폭 2미터 이하의 영유아용 대피용 미끄럼대 또는 비상계단의 면적은 바닥면적(기존 건축물에 영유아용 대피용 미끄럼대 또는 비상계단을 설치함으로써 법 제56조에 따른 용적률 기준에 적합하지 아니하게 된 경우만 해당한다)에 산입하지 아니한다.

차. 「장애인·노인·임산부 등의 편의증진 보장에 관한 법률 시행령」 별표 2의 기준에 따라 설치하는 장애인용 승강기, 장애인용 에스컬레이터, 휠체어리프트 또는 경사로는 바닥면적에 산입하지 아니한다.

카. 「가축전염병 예방법」 제17조제1항제1호에 따른 소독설비를 갖추기 위하여 같은 호에 따른 가축사육시설(2015년 4월 27일 전에 건축되거나 설치된 가축사육시설로 한정한다)에서 설치하는 시설은 바닥면적에 산입하지 아니한다.

타. 「매장문화재 보호 및 조사에 관한 법률」 제14조제1항제1호 및 제2호에 따른 현지보존 및 이전보존을 위하여 매장문화재 보호 및 전시에 전용되는 부분은 바닥면적에 산입하지 아니한다.

파. 「영유아보육법」 제15조에 따른 설치기준에 따라 직통계단 1개소를 갈음하여 건축물의 외부에 설치하는 비상계단의 면적은 바닥면적(같은 조에 따른 어린이집이 2011년 4월 6일 이전에 설치된 경우로서 기존 건축물에 비상계단을 설치함으로써 법 제56조에 따른 용적률 기준에 적합하지 않게 된 경우만 해당한다)에 산입하지 않는다.

하. 지하주차장의 경사로(지상층에서 지하 1층으로 내려가는 부분으로 한정한다)는 바닥면적에 산입하지 않는다.

거. 제46조제4항제3호에 따른 대피공간의 바닥면적은 건축물의 각 층 또는 그 일부로서 벽의 내부선으로 둘러싸인 부분의 수평투영면적으로 한다.

너. 제46조제5항제3호 또는 제4호에 따른 구조 또는 시설(해당 세대 밖으로 대피할 수 있는 구조 또는 시설만 해당한다)을 같은 조 제4항에 따른 대피공간에 설치하는 경우 또는 같은 조 제5항제4호에 따른 대체시설을 발코니(발코니의 외부에 접하는 경우를 포함한다. 이하 같다)에 설치하는 경우에는 해당 구조 또는 시설이 설치되는 대피공간 또는 발코니의 면적 중 다음의 구분에 따른 면적까지를 바닥면적에 산입하지 않는다.
1) 인접세대와 공동으로 설치하는 경우: 4제곱미터
2) 각 세대별로 설치하는 경우: 3제곱미터

## 마. 공중이용시설 (중대재해처벌법 제2조 제4호 라목의 시설물)

**공중이용시설**                                         중대재해처벌법 제2조의 4

4. "공중이용시설"이란 다음 각 목의 시설 중 시설의 규모나 면적 등을 고려하여
   대통령령으로 정하는 시설을 말한다.
   라. 그 밖에 가목부터 다목까지에 준하는 시설로서 재해 발생 시 생명·신체상의
       피해가 발생할 우려가 높은 장소

**공중이용시설**                                         중대재해처벌법 제2조의 2

2. "중대시민재해"란 「산업안전보건법」 제2조제1호에 따른 산업재해 중 다음 각
   목의 어느 하나에 해당하는 결과를 야기한 재해를 말한다.
   가. 사망자가 1명 이상 발생
   나. 동일한 사고로 2개월 이상 치료가 필요한 부상자가 10명 이상 발생
   다. 동일한 원인으로 3개월 이상 치료가 필요한 질병자가 10명 이상 발생

─ 중대재해처벌법 시행령 제3조제2호 ─────────────

4. 법 제2조제4호라목의 시설 중 다음 각 목의 시설(제2호의 시설물은 제외)
   가. 「도로법」 제10조 각 호의 도로에 설치된 연장 20미터 이상인 도로교
       량 중 준공 후 10년이 지난 도로교량
   나. 「도로법」 제10조제4호부터 제7호까지에서 정한 지방도·시도·군
       도·구도의 도로터널과 「농어촌도로 정비법 시행령」 제2조제1호
       의 터널 중 준공 후 10년이 지난 도로터널
   다. 「철도산업발전기본법」 제3조제2호의 철도시설 중 준공 후 10년이
       지난 철도교량
   라. 「철도산업발전기본법」 제3조제2호의 철도시설 중 준공 후 10년이
       지난 철도터널(특별시 및 광역시 외의 지역에 있는 철도터널로 한정)
   마. 다음의 시설 중 개별 사업장 면적이 2천제곱미터 이상인 시설
       1) 「석유 및 석유대체연료 사업법 시행령」 제2조제3호의 주유소
       2) 「액화석유가스의 안전관리 및 사업법」 제2조제4호의 액화석유
          가스 충전사업의 사업소
   바. 「관광진흥법 시행령」 제2조제1항제5호가목의 종합유원시설업의 시
       설 중 같은 법 제33조제1항에 따른 안전성검사 대상인 유기시설 또는
       유기기구

## 바. 공중교통수단 (중대재해처벌법 제2조의 5)

5. "공중교통수단"이란 불특정다수인이 이용하는 다음 각 목의 어느 하나에 해당하는 시설을 말한다.

가. 「도시철도법」 제2조제2호에 따른 도시철도의 운행에 사용되는 도시철도차량

나. 「철도산업발전기본법」 제3조제4호에 따른 철도차량 중 동력차·객차(「철도사업법」 제2조제5호에 따른 전용철도에 사용되는 경우는 제외한다)

다. 「여객자동차 운수사업법 시행령」 제3조제1호라목에 따른 노선 여객자동차운송사업에 사용되는 승합자동차

라. 「해운법」 제2조제1호의2의 여객선

마. 「항공사업법」 제2조제7호에 따른 항공운송사업에 사용되는 항공기

## 사. 제조물 (중대재해처벌법 제2조의 6)

6. "제조물"이란 제조되거나 가공된 동산(다른 동산이나 부동산의 일부를 구성하는 경우를 포함한다)을 말한다.

# 제3장

# 사업주와 경영책임자 등의 안전 및 보건 확보 의무

## 01 개 요

※ 중대재해처벌법에서의 중대시민재해 관련 조항은, 법 제9조· 제10조(처벌)· 제11조(양벌규정)으로 구성되어 있으며, 실질적인 안전 및 보건 확보 의무는 법 제9조와 이에 따른 시행령 제8조· 제9조· 제10조· 제11조로 구성되어 있으며, 개요는 다음의 표와 같다.

중대시민재해의 안전 및 보건 확보 의무 조항 개요

| 안전보건확보의무 | 내용구분 | 항목별 내용 | 세부 내용(시행령) | 반기 1회 이상 점검/필요조치 |
|---|---|---|---|---|
| 중대시민재해 관련 사업주와 경영책임자 등의 안전 및 보건 확보 의무 (중대재해처벌법 제9조 제1항 ~4항) | 원료나 제조물 관련 (법 제9조 제1항) | 법 제9조 제1항 1호: 안전보건관리체계 구축 및 이행 조치 (인력·예산·점검 등) | 시행령 제8조 1호: 인력 구성하여 업무 수행(가· 나·다의 내용) | 반기 1회 점검 및 조치 |
| | | | 시행령 제8조 2호: 필요한 예산을 편성·집행(가·나·다의 내용) | 반기 1회 점검 및 조치 |
| | | | 시행령 제8조 3호: 별표5의 내용의 중대시민재해 예방조치(가·나·다·라의 내용) | 3호(별표5): 조치 및 업무처리절차 마련 |
| | | | 시행령 제8조 4호: 3호의 조치 및 업무처리절차 마련 (소상공인기본법:소상공인 제외) | – |
| | | 법 제9조 제1항 2호: 재발방지대책 수립 및 이행조치 | – | – |
| | | 법 제9조 제1항 3호: 중앙행정기관·지방자치단체의 명한 사항의 이행조치 | – | – |
| | | 법 제9조 제1항 4호: 안전·보건관계법령의 관리상 조치 | 시행령 제9조 제2항 1호: 의무 이행 점검 / 직접 점검이 아닌 경우: 보고받음 | 반기 1회 점검 및 조치 |
| | | | 시행령 제9조 제2항 2호: 점검 내용 중 미조치사항은 의무 이행조치 | – |
| | | | 시행령 제9조 제2항 3호: 의무 교육의 이행 여부 점검 또는 보고받음 | 반기 1회 점검 또는 보고받음 |
| | | | 시행령 제9조 제2항 4호: 교육 미실시에 대한 필요 조치할 것. | 교육실시 조치 |

| 안전보건확보의무 | 내용 구분 | 항목별 내용 | 세부 내용(시행령) | 반기 1회 이상 점검/필요조치 |
|---|---|---|---|---|
| 중대시민재해 관련 사업주와 경영책임자 등의 안전 및 보건 확보 의무 (중대재해처벌법 제9조 제1항~제4항) | 공중이용시설 또는 공중교통수단 (법 제9조 제2항)/ 제3자에게 도급·용역·위탁도 1호~4호 준수 의무 (법 제9조 제3항) | 법 제10조 제2항 1호: 안전보건관리체계 구축 및 이행 조치 (인력·예산·점검 등) | 시행령 제10조 1호:인력 구성 및 중대시민재해예방 업무 수행 의무(가·나·다의 내용 수행) | – 5호: 1호~4호 내용을 반기 1회 점검 또는 보고받음 |
| | | | 시행령 제10조 2호: 가·나·다항의 내용 수행을 위한 예산을 편성· 집행 | |
| | | | 시행령 제10조 3호: 안전점검 수행계획 수행 | |
| | | | 시행령 제10조 4호: 가·나·다항의 내용을 포함한 안전계획 수립 및 이행 | |
| | | | 시행령 제10조 6호: 점검 결과 반영하여 인력 또는 예산 추가편성 등 예방 필요조치 | – |
| | | | 시행령 제10조 7호:가~라항을 반영한 업무처리 절차 마련 및 이행할 것. | – |
| | | | 시행령 제10조 8호:도급·용역·위탁의 경우–가 및 나항을 포함한 기준과 절차 마련/ 연 1회 이상 점검 또는 직접 점검이 아닌 경우에 보고받음. | – |
| | | 법 제10조 제2항 2호: 재발방지대책 수립 및 이행조치 | – | – |
| | | 법 제10조 제2항 3호: 중앙행정기관·지방자치단체의 명한 사항의 이행조치 | – | – |
| | | 법 제10조 제2항 4호: 안전·보건관계법령의 관리상 조치 | 시행령 제11조 1호: 의무 이행 점검/ 직접 점검이 아닌 경우: 보고받음 | – |
| | | | 시행령 제11조 2호:점검 내용 중 미조치 사항은 의무 이행조치 | |
| | | | 시행령 제11조 3호:의무 교육의 이행 여부 점검 또는 보고받음 | |
| | | | 시행령 제11조 4호: 교육 미실시에 대한 필요 조치할 것 | |

## ■ 중대시민재해의 안전 및 보건확보 의무 개요

**사업주와 경영책임자 등의 안전 및 보건 확보의무**   중대재해처벌법 제9조

① 사업주 또는 경영책임자 등은 사업주나 법인 또는 기관이 실질적으로 지배·운영 ·관리하는 사업 또는 사업장에서 생산·제조·판매·유통 중인 원료나 제조물의 설계·제조·관리상의 결함으로 인한 그 이용자 또는 그 밖의 사람의 생명·신체의 안전을 위하여 다음 각 호에 따른 조치를 하여야 한다.

1. 재해예방에 필요한 인력·예산·점검 등 안전보건관리체계의 구축 및 그 이행에 관한 조치
2. 재해 발생 시 재발방지 대책의 수립 및 그 이행에 관한 조치
3. 중앙행정기관·지방자치단체가 관계 법령에 따라 개선·시정 등을 명한 사항의 이행에 관한 조치
4. 안전·보건 관계 법령에 따른 의무이행에 필요한 관리상의 조치

② 사업주 또는 경영책임자 등은 사업주나 법인 또는 기관이 실질적으로 지배·운영 ·관리하는 공중이용시설 또는 공중교통수단의 설계·설치·관리상의 결함으로 인한 그 이용자 또는 그 밖의 사람의 생명·신체의 안전을 위하여 다음 각 호에 따른 조치를 하여야 한다.

1. 재해예방에 필요한 인력·예산·점검 등 안전보건관리체계의 구축 및 그 이행에 관한 조치
2. 재해 발생 시 재발방지 대책의 수립 및 그 이행에 관한 조치
3. 중앙행정기관·지방자치단체가 관계 법령에 따라 개선, 시정 등을 명한 사항의 이행에 관한 조치
4. 안전·보건 관계 법령에 따른 의무이행에 필요한 관리상의 조치

③ 사업주 또는 경영책임자 등은 사업주나 법인 또는 기관이 공중이용시설 또는 공중교통수단과 관련하여 제3자에게 도급·용역·위탁 등을 행한 경우에는 그 이용자 또는 그 밖의 사람의 생명·신체의 안전을 위하여 제2항의 조치를 하여야 한다. 다만, 사업주나 법인 또는 기관이 그 시설·장비·장소 등에 대하여 실질적으로 지배·운영·관리하는 책임이 있는 경우에 한정한다.

④ 제1항제1호·제4호 및 제2항제1호·제4호의 조치에 관한 구체적인 사항은 대통령령으로 정한다.

## 02 원료나 제조물 관련 안전보건 관리 체계 구축 및 이행

[ 중대재해처벌법 제9조 제1항 ]

## 가. 개요

**(1)** 중대시민재해는 사업주나 법인 또는 기관이 실질적으로 지배·운영·관리하는 사업 또는 사업장에서 생산·제조·판매·유통 중인 원료와 제조물이 대상이다.

**(2) 원료와 제조물의 결함**

① 생산·제조·판매·유통 중인 원료의 결함

② 제조물의 결함이 발생했을 때

㉮ 제조물의 설계상 결함

㉯ 제조물의 제조상 결함

㉰ 제조물의 관리상 결함

**(3) 피해자**

① 제조물·원료의 이용자

② 그 밖의 사람의 제조물로 인한 생명·신체적 안전의 피해 발생

**(4) 안전 및 보건조치**

① 제1호 내지 제4호는 중대시민재해와 유사한 형태의 안전 및 보건 확보의무를 이행하여야 한다.

[법 제9조 제1항 제1호]

**사업주와 경영책임자 등의 안전 및 보건 확보의무** 중대재해처벌법제9조제1항제1호

1. 재해예방에 필요한 인력·예산·점검 등 안전보건관리체계의 구축 및 그 이행에 관한 조치

※ 법 제9조제1항 제1호(사업주와 경영책임자 등의 안전 및 보건 확보의무)에 따른 조치의 구체적인 사항은 아래의 시행령 8조의 1~5호의 내용과 같다.

─ 중대재해서벌법 시행령 제8조 **안전보건관체계 구축·이행의 구체적 내용** ─

법 제9조제1항 제1호에 따른 조치의 구체적인 사항은 다음 각 호와 같다.
1. 다음 각 목의 사항을 이행하는 데 필요한 인력을 갖추어 중대시민재해 예방을 위한 업무를 수행하도록 할 것
   가. 법 제9조 제1항 제4호의 안전·보건 관계 법령에 따른 안전·보건 관리 업무의 수행
   나. 유해·위험요인의 점검과 위험징후 발생 시 대응
   다. 그 밖에 원료·제조물 관련 안전·보건 관리를 위해 환경부장관이 정하여 고시하는 사항
2. 다음 각 목의 사항을 이행하는 데 필요한 예산을 편성·집행할 것
   가. 법 제9조제1항제4호의 안전·보건 관계 법령에 따른 인력·시설 및 장비 등의 확보·유지
   나. 유해·위험요인의 점검과 위험징후 발생 시 대응
   다. 그 밖에 원료·제조물 관련 안전·보건 관리를 위해 환경부장관이 정하여 고시하는 사항
3. 별표 5에서 정하는 원료 또는 제조물로 인한 중대시민재해를 예방하기 위해 다음 각 목의 조치를 할 것
   가. 유해·위험요인의 주기적인 점검
   나. 제보나 위험징후의 감지 등을 통해 발견된 유해·위험요인을 확인한 결과 중대시민재해의 발생 우려가 있는 경우의 신고 및 조치
   다. 중대시민재해가 발생한 경우의 보고, 신고 및 조치
   라. 중대시민재해 원인조사에 따른 개선조치
4. 제3호 각 목의 조치를 포함한 업무처리절차의 마련. 다만, 「소상공인기본법」 제2조에 따른 소상공인의 경우는 제외한다.
5. 제1호 및 제2호의 사항을 반기 1회 이상 점검하고, 점검 결과에 따라 인력을 배치하거나 예산을 추가로 편성·집행하도록 하는 등 중대시민재해 예방에 필요한 조치를 할 것

# 가. 개요

① 제2호 다항 그 밖의 원료, 제조물 관련 안전·보건 관리를 위해 환경부 장관이 정하는 고시사항(대상별로 확인 필요)

② 별표5에서 정하는 원료 및 제조물로 인한 주기적 점검·신고 및 조치·개선조치 등을 하여야 한다.

### [별표 5] 제8조 제3호에 따른 조치 대상 원료 또는 제조물

1. 「고압가스 안전관리법」 제28조제2항제13호의 독성가스
2. 「농약관리법」 제2조제1호, 제1호의2, 제3호 및 제3호의2의 농약, 천연식물보호제, 원제(原劑) 및 농약활용기자재
3. 「마약류 관리에 관한 법률」 제2조제1호의 마약류
4. 「비료관리법」 제2조제2호 및 제3호의 보통비료 및 부산물비료
5. 「생활화학제품 및 살생물제의 안전관리에 관한 법률」 제3조제7호 및 제8호의 살생물물질 및 살생물제품
6. 「식품위생법」 제2조제1호, 제2호, 제4호 및 제5호의 식품, 식품첨가물, 기구 및 용기·포장
7. 「약사법」 제2조제4호의 의약품, 같은 조 제7호의 의약외품(醫藥外品) 및 같은 법 제85조제1항의 동물용 의약품·의약외품
8. 「원자력안전법」 제2조제5호의 방사성물질
9. 「의료기기법」 제2조제1항의 의료기기
10. 「총포·도검·화약류 등의 안전관리에 관한 법률」 제2조제3항의 화약류
11. 「화학물질관리법」 제2조제7호의 유해화학물질
12. 그 밖에 제1호부터 제11호까지의 규정에 준하는 것으로서 관계 중앙행정기관의 장이 정하여 고시하는 생명·신체에 해로운 원료 또는 제조물

[법 제9조 제1항 4호]

**안전·보건 관계 법령에 따른 의무이행에 필요한 관리상의 조치**　중대재해처벌법 제9조

4. 안전·보건 관계 법령에 따른 의무이행에 필요한 관리상의 조치

― 중대재해처벌법 시행령 제9조 ―

① 법 제9조제1항제4호에서 "안전·보건 관계 법령"이란 해당 사업 또는 사업장에서 생산·제조·판매·유통 중인 원료나 제조물에 적용되는 것으로서 그 원료나 제조물이 사람의 생명·신체에 미칠 수 있는 유해·위험 요인을 예방하고 안전하게 관리하는 데 관련되는 법령을 말한다.

② 법 제9조제1항제4호에 따른 조치의 구체적인 사항은 다음 각 호와 같다.

  1. 안전·보건 관계 법령에 따른 의무를 이행했는지를 반기 1회 이상 점검(해당 안전·보건 관계 법령에 따라 중앙행정기관의 장이 지정한 기관 등에 위탁하여 점검하는 경우를 포함한다. 이하 이 호에서 같다)하고, 직접 점검하지 않은 경우에는 점검이 끝난 후 지체 없이 점검 결과를 보고받을 것

  2. 제1호에 따른 점검 또는 보고 결과 안전·보건 관계 법령에 따른 의무가 이행되지 않은 사실이 확인되는 경우에는 인력을 배치하거나 예산을 추가로 편성·집행하도록 하는 등 해당 의무 이행에 필요한 조치를 할 것

  3. 안전·보건 관계 법령에 따라 의무적으로 실시해야 하는 교육이 실시되는지를 반기 1회 이상 점검하고, 직접 점검하지 않은 경우에는 점검이 끝난 후 지체 없이 점검 결과를 보고받을 것

  4. 제3호에 따른 점검 또는 보고 결과 실시되지 않은 교육에 대해서는 지체 없이 그 이행의 지시, 예산의 확보 등 교육 실시에 필요한 조치를 할 것

## 가. 개요

### (1) 안전·보건관계법령의 정의

해당 사업 또는 사업장에서 생산·제조·판매·유통 중인 원료나 제조물에 적용되는 것으로서 그 원료나 제조물이 사람의 생명·신체에 미칠 수 있는 유해·위험 요인을 예방하고 안전하게 관리하는 데 관련되는 법령

## (2) 안전·보건관계법령에 따른 의무이행의 구체적인 관리상 조치

① 안전·보건관계법령의 의무이행 점검

② 인력배치·예산추가편성·집행의 의무이행 조치

③ 안전·보건관계법령의 교육

④ 실시되지 않는 교육 실시에 필요한 이행지시, 예산 확보 등 조치


**05** 공중이용시설·공중교통수단 관련 안전보건관리체계 구축 및 이행에 관한 조치

**사업주와 경영책임자 등의 안전 및 보건 확보의무**  중대재해처벌법 제9조

② 사업주 또는 경영책임자등은 사업주나 법인 또는 기관이 실질적으로 지배·운영·관리하는 공중이용시설 또는 공중교통수단의 설계, 설치, 관리상의 결함으로 인한 그 이용자 또는 그 밖의 사람의 생명, 신체의 안전을 위하여 다음 각 호에 따른 조치를 하여야 한다.
   1. 재해예방에 필요한 인력·예산·점검 등 안전보건관리체계의 구축 및 그 이행에 관한 조치

─ 중대재해처벌법 시행령 제10조 ─

법 제9조제2항제1호에 따른 조치의 구체적인 사항은 다음 각 호와 같다.
1. 다음 각 목의 사항을 이행하는 데 필요한 인력을 갖추어 중대시민재해 예방을 위한 업무를 수행하도록 할 것
   가. 법 제9조제2항제4호의 안전·보건 관계 법령에 따른 안전관리 업무의 수행
   나. 제4호에 따라 수립된 안전계획의 이행
   다. 그 밖에 공중이용시설 또는 공중교통수단과 그 이용자나 그 밖의 사람의 안전에 관하여 국토교통부장관이 정하여 고시하는 사항
2. 다음 각 목의 사항을 이행하는 데 필요한 예산을 편성·집행할 것
   가. 법 제9조제2항제4호의 안전·보건 관계 법령에 따른 인력·시설 및 장비 등의 확보·유지와 안전점검 등의 실시
   나. 제4호에 따라 수립된 안전계획의 이행
   다. 그 밖에 공중이용시설 또는 공중교통수단과 그 이용자나 그 밖의 사람의 안전에 관하여 국토교통부장관이 정하여 고시하는 사항

3. 공중이용시설 또는 공중교통수단에 대한 법 제9조제2항제4호의 안전·보건 관계 법령에 따른 안전점검 등을 계획하여 수행되도록 할 것

4. 공중이용시설 또는 공중교통수단에 대해 연 1회 이상 다음 각 목의 내용이 포함된 안전계획을 수립하게 하고, 충실히 이행하도록 할 것. 다만, 공중이용시설에 대해 「시설물의 안전 및 유지관리에 관한 특별법」 제6조에 따라 시설물에 대한 안전 및 유지관리계획을 수립·시행하거나 공중이용시설 또는 공중교통수단에 대해 철도운영자가 「철도안전법」 제6조에 따라 연차별 시행계획을 수립·추진하는 경우로서 사업주 또는 경영책임자 등이 그 수립 여부 및 내용을 직접 확인하거나 보고받은 경우에는 안전계획을 수립하여 이행한 것으로 본다.

   가. 공중이용시설 또는 공중교통수단의 안전과 유지관리를 위한 인력의 확보에 관한 사항

   나. 공중이용시설의 안전점검 또는 정밀안전진단의 실시와 공중교통수단의 점검·정비(점검·정비에 필요한 장비를 확보하는 것을 포함한다)에 관한 사항

   다. 공중이용시설 또는 공중교통수단의 보수·보강 등 유지관리에 관한 사항

5. 제1호부터 제4호까지에서 규정한 사항을 반기 1회 이상 점검하고, 직접 점검하지 않은 경우에는 점검이 끝난 후 지체 없이 점검 결과를 보고받을 것

6. 제5호에 따른 점검 또는 보고 결과에 따라 인력을 배치하거나 예산을 추가로 편성·집행하도록 하는 등 중대시민재해 예방에 필요한 조치를 할 것

7. 중대시민재해 예방을 위해 다음 각 목의 사항이 포함된 업무처리절차를 마련하여 이행할 것. 다만, 철도운영자가 「철도안전법」 제7조에 따라 비상대응계획을 포함한 철도안전관리체계를 수립하여 시행하거나 항공운송사업자가 「항공안전법」 제58조 제2항에 따라 위기대응계획을 포함한 항공안전관리시스템을 마련하여 운용한 경우로서 사업주 또는 경영책임자 등이 그 수립 여부 및 내용을 직접 점검하거나 점검 결과를 보고받은 경우에는 업무처리절차를 마련하여 이행한 것으로 본다.

   가. 공중이용시설 또는 공중교통수단의 유해·위험요인의 확인·점검에 관한 사항

   나. 공중이용시설 또는 공중교통수단의 유해·위험요인을 발견한 경우 해당 사항의 신고·조치요구, 이용 제한, 보수·보강 등 그 개선에 관한 사항

   다. 중대시민재해가 발생한 경우 사상자 등에 대한 긴급구호조치, 공중이용시설 또는 공중교통수단에 대한 긴급안전점검, 위험표지 설치 등 추가 피해방지 조치, 관계 행정기관 등에 대한 신고와 원인조사에 따른 개선조치에 관한 사항

   라. 공중교통수단 또는 「시설물의 안전 및 유지관리에 관한 특별법」 제7조제1호의 제1종시설물에서 비상상황이나 위급상황 발생 시 대피훈련에 관한 사항

8. 제3자에게 공중이용시설 또는 공중교통수단의 운영·관리 업무의 도급, 용역, 위탁 등을 하는 경우 공중이용시설 또는 공중교통수단과 그 이용자나 그 밖의 사람의 안전을 확보하기 위해 다음 각 목에 따른 기준과 절차를 마련하고, 그 기준과 절차에 따라 도급, 용역, 위탁 등이 이루어지는지를 연 1회 이상 점검하고, 직접 점검하지 않은 경우에는 점검이 끝난 후 지체 없이 점검 결과를 보고받을 것

  가. 중대시민재해 예방을 위한 조치능력 및 안전관리능력에 관한 평가기준·절차

  나. 도급, 용역, 위탁 등의 업무 수행 시 중대시민재해 예방을 위해 필요한 비용에 관한 기준

## 가. 개요

### (1) 관련 안전·보건관리체계 구축 및 이행 사항

  ① 중대시민재해 예방을 위한 업무 수행

  ② 필요한 예산 편성 및 집행

  ③ 안전 점검 계획 및 수행

  ④ 년간 안전 계획수립 및 이행

### (2) 제5호 내지 제8호 내용에 대한 구체적인 안전·보건관리체계를 구축하고 이행해야 한다.

---
### 중대재해처벌법 시행령 제11조
---

① 법 제9조제2항제4호에서 "안전·보건 관계 법령"이란 해당 공중이용시설·공중교통수단에 적용되는 것으로서 이용자나 그 밖의 사람의 안전·보건을 확보하는 데 관련되는 법령을 말한다.

② 법 제9조제2항제4호에 따른 조치의 구체적인 사항은 다음 각 호와 같다.

1. 안전·보건 관계 법령에 따른 의무를 이행했는지를 연 1회 이상 점검(해당 안전·보건 관계 법령에 따라 중앙행정기관의 장이 지정한 기관 등에 위탁하여 점검하는 경우를 포함한다. 이하 이 호에서 같다)하고, 직접 점검하지 않은 경우에는 점검이 끝난 후 지체 없이 점검 결과를 보고받을 것

2. 제1호에 따른 점검 또는 보고 결과 안전·보건 관계 법령에 따른 의무가 이행되지 않은 사실이 확인되는 경우에는 인력을 배치하거나 예산을 추가로 편성·집행하도록 하는 등 해당 의무 이행에 필요한 조치를 할 것

3. 안전·보건 관계 법령에 따라 공중이용시설의 안전을 관리하는 자나 공중교통수단의 시설 및 설비를 정비·점검하는 종사자가 의무적으로 이수해야 하는 교육을 이수했는지를 연 1회 이상 점검하고, 직접 점검하지 않은 경우에는 점검이 끝난 후 지체 없이 점검 결과를 보고받을 것

4. 제3호에 따른 점검 또는 보고 결과 실시되지 않은 교육에 대해서는 지체 없이 그 이행의 지시 등 교육 실시에 필요한 조치를 할 것

## 가. 개요

### (1) 안전·보건관계법령의 정의

해당 공중이용시설·공중교통수단에 적용되는 것으로서 이용자나 그 밖의 사람의 안전·보건을 확보하는 데 관련되는 법령

### (2) 관계법령 관련 관리상 조치

제1호 내지 제4호의 관계법령 관련 필요한 조치를 해야 한다.

# 제4장

# 중대시민재해의 처벌

## 중대시민재해 사업주와 경영책임자 등의 처벌     중대재해처벌법 제10조

① 제9조를 위반하여 제2조 제3호 가목의 중대시민재해에 이르게 한 사업주 또는 경영책임자 등은 1년 이상의 징역 또는 10억원 이하의 벌금에 처한다. 이 경우 징역과 벌금을 병과할 수 있다.

② 제9조를 위반하여 제2조제3호나목 또는 다목의 중대시민재해에 이르게 한 사업주 또는 경영책임자 등은 7년 이하의 징역 또는 1억원 이하의 벌금에 처한다.

# 제5장

# 중대시민재해의 양벌규정

## 중대시민재해의 양벌규정
중대재해처벌법 제11조

법인 또는 기관의 경영책임자 등이 그 법인 또는 기관의 업무에 관하여 제10조에 해당하는 위반행위를 하면 그 행위자를 벌하는 외에 그 법인 또는 기관에게 다음 각 호의 구분에 따른 벌금형을 과(科)한다. 다만, 법인 또는 기관이 그 위반행위를 방지하기 위하여 해당 업무에 관하여 상당한 주의와 감독을 게을리하지 아니한 경우에는 그러하지 아니하다.

1. 제10조제1항의 경우: 50억원 이하의 벌금
2. 제10조제2항의 경우: 10억원 이하의 벌금

## 중대시민재해 사업주와 경영책임자등의 처벌
중대재해처벌법 제10조

① 제9조를 위반하여 제2조제3호가목의 중대시민재해에 이르게 한 사업주 또는 경영책임자등은 1년 이상의 징역 또는 10억원 이하의 벌금에 처한다. 이 경우 징역과 벌금을 병과할 수 있다.

② 제9조를 위반하여 제2조제3호나목 또는 다목의 중대시민재해에 이르게 한 사업주 또는 경영책임자등은 7년 이하의 징역 또는 1억원 이하의 벌금에 처한다.

## 가. 양벌규정의 정의

① 동법 제10호에 해당하는 위반행위에 대한 그 법인 또는 기관에게 벌급형을 과한다.

② 법인과 기관은 위반행위를 방지하기 위한 해당업무에 관하여 상당한 주의와 감독을 하여야 한다.

# 중대재해처벌법 처벌기준

## 01 중대 산업재해의 처벌

### 중대산업재해 사업주와 경영책임자 등의 처벌 　중대재해처벌법 제6조

① 제4조 또는 제5조를 위반하여 제2조제2호가목의 중대산업재해에 이르게 한 사업주 또는 경영책임자 등은 1년 이상의 징역 또는 10억원 이하의 벌금에 처한다. 이 경우 징역과 벌금을 병과할 수 있다.

② 제4조 또는 제5조를 위반하여 제2조제2호나목 또는 다목의 중대산업재해에 이르게 한 사업주 또는 경영책임자 등은 7년 이하의 징역 또는 1억원 이하의 벌금에 처한다.

③ 제1항 또는 제2항의 죄로 형을 선고받고 그 형이 확정된 후 5년 이내에 다시 제1항 또는 제2항의 죄를 저지른 자는 각 항에서 정한 형의 2분의 1까지 가중한다.

### 중대산업재해의 양벌규정 　중대재해처벌법 제7조

법인 또는 기관의 경영책임자 등이 그 법인 또는 기관의 업무에 관하여 제6조에 해당하는 위반행위를 하면 그 행위자를 벌하는 외에 그 법인 또는 기관에 다음 각 호의 구분에 따른 벌금형을 과(科)한다. 다만, 법인 또는 기관이 그 위반행위를 방지하기 위하여 해당 업무에 관하여 상당한 주의와 감독을 게을리하지 아니한 경우에는 그러하지 아니하다.

1. 제6조제1항의 경우 : 50억원 이하의 벌금
2. 제6조제2항의 경우 : 10억원 이하의 벌금

## 가. 사업주·경영책임자 등의 책임

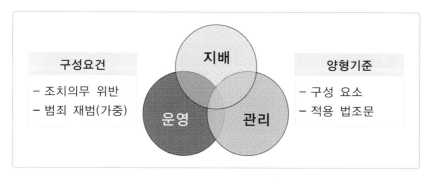

[별표4] 중대재해 처벌 등에 관한 법률 시행령

### 과태료의 부과기준 (제7조 관련)

#### 1. 일반기준

가. 위반행위의 횟수에 따른 과태료의 가중된 부과기준은 최근 1년간 같은 위반행위로 과태료 부과처분을 받은 경우에 적용한다. 이 경우 기간의 계산은 위반행위에 대해 과태료 부과처분을 받은 날과 그 처분 후 다시 같은 위반행위를 하여 적발된 날을 기준으로 한다.

나. 가목에 따라 가중된 부과처분을 하는 경우 가중처분의 적용 차수는 그 위반행위 전 부과처분 차수(가목에 따른 기간 내에 과태료 부과처분이 둘 이상 있었던 경우에는 높은 차수를 말한다)의 다음 차수로 한다.

다. 부과권자는 다음의 어느 하나에 해당하는 경우에는 제3호의 개별기준에 따른 과태료 (제2호에 따라 과태료 감경기준이 적용되는 사업 또는 사업장의 경우에는 같은 호에 따른 감경기준에 따라 산출한 금액을 말한다)의 2분의 1 범위에서 그 금액을 줄여 부과할 수 있다. 다만, 과태료를 체납하고 있는 위반행위자에 대해서는 그렇지 않다.

1) 위반행위자가 자연재해·화재 등으로 재산에 현저한 손실을 입었거나 사업여건의 악화로 사업이 중대한 위기에 처하는 등의 사정이 있는 경우

2) 위반행위가 사소한 부주의나 오류로 인한 것으로 인정되는 경우

3) 위반행위자가 법 위반상태를 시정하거나 해소하기 위해 노력한 것이 인정되는 경우

4) 그 밖에 위반행위의 정도, 위반행위의 동기와 그 결과 등을 고려하여 과태료 금액을 줄일 필요가 있다고 인정되는 경우

#### 2. 사업·사업장의 규모나 공사 규모에 따른 과태료 감경기준

상시근로자 수가 50명 미만인 사업 또는 사업장이거나 공사금액이 50억원 미만인 건설공사의 사업 또는 사업장인 경우에는 제3호의 개별기준에도 불구하고 그 과태료의 2분의 1 범위에서 감경할 수 있다.

### 3. 개별기준

| 위반행위 | 근거 법조문 | 과태료 | | |
|---|---|---|---|---|
| | | 1차위반 | 2차위반 | 3차 이상위반 |
| 법 제8조제1항을 위반하여 경영책임자 등이 안전보건교육을 정당한 사유없이 이행하지 않은 경우 | 법 제8조 제2항 | 1천만원 | 3천만원 | 5천만원 |

## 나. 중대재해처벌법과 산업안전보건법의 처벌 비교

| 항목 | 중대재해처벌법 | 산업안전보건법 |
|---|---|---|
| 중대 재해시 처벌 | **사망 재해시**<br>– 1년 이상 징역 또는 10억원 이하 벌금<br>– 법인 50억원 이하 벌금 | **사망 재해시**<br>– 7년 이하 징역 또는 1억원 이하 벌금<br>– 법인 1억원 이하(양벌) |
| | **기타 중재해시**<br>– 7년 이하 징역 또는 1억원 이하 벌금<br>– 법인 10억원 이하 벌금 | **안전보건 조치 미준수시**<br>– 5년 이하 징역<br>– 5천만원 이하 벌금 |
| 징벌적 처벌 손해배상 | 경영책임자 등 고의 또는 중과실 시 손해액의 5배 이하 배상 책임 | – |

## 다. 안전/리스크를 방지하기 위한 상당한 주의와 감독

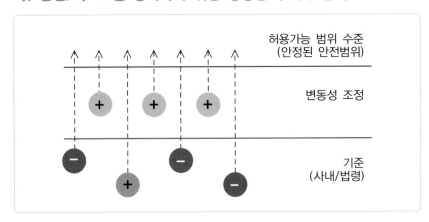

**02**    중대 시민재해 사업주와 경영책임자 등의 처벌

중대시민재해 사업주와 경영책임자 등의 처벌    중대재해처벌법 제10조

① 제9조를 위반하여 제2조 제3호 가목의 중대시민재해에 이르게 한 사업주 또는 경영책임자등은 1년 이상의 징역 또는 10억원 이하의 벌금에 처한다. 이 경우 징역과 벌금을 병과할 수 있다.
② 제9조를 위반하여 제2조 제3호 나목 또는 다목의 중대시민재해에 이르게 한 사업주 또는 경영책임자등은 7년 이하의 징역 또는 1억원 이하의 벌금에 처한다.

중대시민재해의 양벌규정    중대재해처벌법 제11조

① 법인 또는 기관의 경영책임자등이 그 법인 또는 기관의 업무에 관하여제10조에 해당하는 위반행위를 하면 그 행위자를 벌하는 외에 그 법인 또는 기관에게 다음 각 호의 구분에 따른 벌금형을 과(科)한다. 다만, 법인 또는 기관이 그 위반행위를 방지하기 위하여 해당 업무에 관하여 상당한 주의와 감독을 게을리하지 아니한 경우에는 그러하지 아니하다.
1. 제10조 제1항의 경우: 50억원 이하의 벌금
2. 제10조 제2항의 경우: 10억원 이하의 벌금

# 제2장

# 양형기준

## 01 양형인자표

### 가. 특별양형인자

| 구분 | 감경요소 | 가중요소 |
|---|---|---|
| 행위 | • 피해자에게도 사고 발생 또는 피해 확대에 상당한 과실이 있는 경우<br>• 사고 발생 경위에 특히 참작할 사유가 있는 경우<br>• 경미한 상해가 발생한 경우 (2유형) | • 중상해가 발생한 경우(2유형)<br>• 주의의무 또는 안전·보건조치 의무위반의 정도가 중한 경우 |
| 행위자/기타 | • 농아자<br>• 심신미약(본인 책임 없음)<br>• 처벌불원(피해 회복을 위한 진지한 노력 포함) | • 동종누범 |

### 나. 일반양형인자

| 구분 | 감경요소 | 가중요소 |
|---|---|---|
| 행위 | | • 중상해가 아닌 중한 상해가 발생한 경우(2유형) |
| 행위자/기타 | • 상당 금액 공탁<br>• 보험 가입<br>• 진지한 반성<br>• 형사처벌 전력 없음 | • 사고 후 구호조치를 취하지 아니한 경우<br>• 범행 후 증거은폐 또는 은폐 시도<br>• 이종 누범, 누범에 해당하지 않는 동종 전과 |

## 다. 산업안전보건 범죄 양형기준

| 유형 | 구분 | 내용 | 감경 | 기본 | 가중 |
|---|---|---|---|---|---|
| 1 | 도급인의 안전·보건 조치의무위반 | 관계수급인의 근로자·현장실습생에 대한 안전·보건 조치의무위반 | ~6월 | 4~10월 | 8월~1년6월 |
| 2 | 사업주의 안전·보건 조치의무위반 | 근로자·현장실습생에 대한 안전·보건조치의무위반 | 4~8월 | 6월~1년6월 | 1년~2년6월 |
| 3 | 안전·보건 조치의무위반 치사 | 사업주·도급인의 안전·보건조치의무위반으로 근로자, 관계수급인 근로자, 현장실습생 사망 | 6월~1년6월 | 1년~2년6월 | 2년~5년 |

※ 3유형 범죄 확정 후 5년 내 재범 시 형량 범위의 상한과 하한을 1.5배 가중

## 라. 안전보건조치위반치사 범죄 권고 형량 범위 상향 내용

| 구분 | 감경 | 기본 | 가중 | 특별가중 | 다수범 | 5년내 재범 |
|---|---|---|---|---|---|---|
| 양형기준 | 6월~1년6월 | 1년~2년6월 | 2년~5년 | 2년~7년 | 2년~10년6월 | 3년~10년6월 |

| 구성요건 | 적용법조 | 법정형 |
|---|---|---|
| 설비, 물질, 에너지에 관한 안전조치 의무위반 치사 | – 산업안전보건법 제167조 제1항<br>– 산업안전보건법 제38조 제1항 제1호(기계, 기구, 설비)<br>– 산업안전보건법 제38조 제1항 제2호(물질)<br>– 산업안전보건법 제38조 제1항 제3호(에너지) | 7년↓,<br>1억 원↓ |
| 작업방법 등에 관한 안전조치 의무위반 치사 | – 산업안전보건법 제167조 제1항<br>– 산업안전보건법 제38조 제2항 | |
| 장소에 관한 안전조치 의무위반 치사 | – 산업안전보건법 제167조 제1항<br>– 산업안전보건법 제38조 제3항 제1호(추락)<br>– 산업안전보건법 제38조 제3항 제2호(붕괴)<br>– 산업안전보건법 제38조 제3항 제3호(물체 낙하, 비산)<br>– 산업안전보건법 제38조 제3항 제4호(천재지변) | |
| 보건조치 의무위반 치사 | – 산업안전보건법 제167조 제1항<br>– 산업안전보건법 제39조 제1항 제1호(원재료 등)<br>– 산업안전보건법 제2호(방사선 등)<br>– 산업안전보건법 제3호(기체 등)<br>– 산업안전보건법 제4호(계측감시 등)<br>– 산업안전보건법 제5호(단순반복작업 등)<br>– 산업안전보건법 제6호(환기 등) | 7년↓,<br>1억 원↓ |
| 도급인의 안전조치, 보건조치 의무위반 치사 | – 산업안전보건법 제167조 제1항<br>– 산업안전보건법 제167조 제63조 본문 | |
| 현장실습생 치사 | – 산업안전보건법 제167조 제1항<br>– 산업안전보건법 제167조 제38조 제1-3항<br>– 산업안전보건법 제167조 제39조 제1항<br>– 산업안전보건법 제167조 제63조 본문<br>– 산업안전보건법 제167조 제166조의2 | |
| 위 각 범죄 확정 후 5년 이내 위 각 범죄 재범 | – 산업안전보건법 제167조 제2항<br>– 산업안전보건법 제167조 제1항 | 10.5년<br>↓,<br>1.5억<br>원↓ |

# 제3장

# 산업안전보건법 처벌기준

## 01  7년 이하의 징역 또는 1억원 이하 벌금

— 산업안전보건법 제167조 벌칙 —

① 제38조제1항부터 제3항까지(제166조의2에서 준용하는 경우를 포함한다), 제39조제1항(제166조의2에서 준용하는 경우를 포함한다) 또는 제63조(제166조의2에서 준용하는 경우를 포함한다)를 위반하여 근로자를 사망에 이르게 한 자는 7년 이하의 징역 또는 1억원 이하의 벌금에 처한다. 〈개정 2020. 3. 31.〉

② 제1항의 죄로 형을 선고받고 그 형이 확정된 후 5년 이내에 다시 제1항의 죄를 저지른 자는 그 형의 2분의 1까지 가중한다. 〈개정 2020. 5. 26.〉

| 안전 조치<br>[산업안전보건법 제38조제1항~제3항] | 보건조치<br>[산업안전보건법 제39조제1항] |
|---|---|
| – 제1항 제1호(기계·기구 설비)<br>– 제1항 제2호(물질)<br>– 제1항 제3호(에너지)<br>– 제3항 제2호(붕괴)<br>– 제3항 제3호(물체 낙하, 비산)<br>– 제3항 제4호(천재지변) | – 제1항 제1호(원재료 등)<br>– 제1항 제2호(방사선 등)<br>– 제1항 제3호(기체 등)<br>– 제1항 제4호(계측 감시 등)<br>– 제1항 제5호(단순반복작업 등)<br>– 제1항 제6호(환기 등) |
| | **산업안전보건법 제63조** |
| | 도급인의 안전조치 및 보건조치 |

---

┌─ 산업안전보건법 제168조 벌칙 ─────────────────────────────

다음 각 호의 어느 하나에 해당하는 자는 5년 이하의 징역 또는 5천만원 이하의 벌금에 처한다. 〈개정 2020. 3. 31., 2020. 6. 9.〉

1. 제38조제1항부터 제3항까지(제166조의2에서 준용하는 경우를 포함한다), 제39조제1항(제166조의2에서 준용하는 경우를 포함한다), 제51조(제166조의2에서 준용하는 경우를 포함한다), 제54조제1항(제166조의2에서 준용하는 경우를 포함한다), 제117조제1항, 제118조제1항, 제122조제1항 또는 제157조제3항(제166조의2에서 준용하는 경우를 포함한다)을 위반한 자

2. 제42조제4항 후단, 제53조제3항(제166조의2에서 준용하는 경우를 포함한다), 제55조제1항(제166조의2에서 준용하는 경우를 포함한다)·제2항(제166조의2에서 준용하는 경우를 포함한다) 또는 제118조제5항에 따른 명령을 위반한 자

─────────────────────────────────────────────────────

| 벌칙 조항 | 내 용 |
|---|---|
| 제38조제1항~제3항 (앞과 동일) | 안전조치 |
| 제39조제1항(앞과 동일) | 보건조치 |
| 제42조 | 유해위험방지계획서의 작성·제출 등 |
| 제51조 | 사업주의 작업중지 |
| 제53조 | 고용노동부장관의 시정조치 등 |
| 제54조 | 중대재해 발생 시 사업주의 조치 |
| 제55조 | 중대재해 발생 시 고용노동부장관의 작업중지 조치 |
| 제117조 | 유해·위험물질의 제조 등 금지 |
| 제118조 | 유해·위험물질의 제조 등 허가 |
| 제122조 | 석면의 해체·제거 |
| 제157조 | 감독기관에 대한 신고 |

┌─ 산업안전보건법 제169조 벌칙 ─────────────────

다음 각 호의 어느 하나에 해당하는 자는 3년 이하의 징역 또는 3천만원 이하의 벌금에 처한다. 〈개정 2020. 3. 31.〉

| 벌칙 조항 | 내 용 |
|---|---|
| 제44조 제1항 후단 | 공정안전보고서의 작성 및 제출에 통보 전 설비 가동 |
| 제45조 | 공정안전보고서의 심사 등 |
| 제46조 | 공정안전보고서의 이행 등 |
| 제53조 | 고용노동부장관의 시정조치 등 |
| 제58조제3항 | 유해한 작업의 도급금지, 승인받기 위한 평가 |
| 제58조제5항 후단 | 유해한 작업의 도급금지, 기간연장평가 |
| 제63조 | 도급인의 안전조치 및 보건조치 |
| 제76조 제76조 | 기계·기구 등에 대한 건설공사도급인의 안전조치 |
| 제81조 | 기계·기구 등의 대여자 등의 조치 |
| 제82조 | 타워크레인 설치·해체업의 등록 등 |
| 제84조 | 안전인증 |
| 제84조제1항 | 안전인증대상기계 안전안전인증 |
| 제84조제3항 | 안전인증대상기계 안전안전인증 |
| 제87조 | 안전인증대상기계등의 제조 등의 금지 등 |
| 제93조제1항 | 안전검사대상기계 안전검사 |
| 제98조 | 자율검사프로그램에 따른 안전검사 |
| 제118조 | 유해·위험물질의 제조 등 허가 |
| 제119조 | 석면조사 |
| 제123조 | 석면해체·제거 작업기준의 준수 |
| 제131조 | 임시건강진단 명령 등 |
| 제139조 | 유해·위험작업에 대한 근로시간 제한 등 |
| 제140조 | 자격 등에 의한 취업 제한 등 |

## 04 1년 이하의 징역 또는 1천만원 이하 벌금

**산업안전보건법 제170조 벌칙**

다음 각 호의 어느 하나에 해당하는 자는 1년 이하의 징역 또는 1천만원 이하의 벌금에 처한다. 〈개정 2020. 3. 31.〉

1. 제41조제3항(제166조의2에서 준용하는 경우를 포함한다)을 위반하여 해고나 그 밖의 불리한 처우를 한 자
2. 제56조제3항(제166조의2에서 준용하는 경우를 포함한다)을 위반하여 중대재해 발생 현장을 훼손하거나 고용노동부장관의 원인조사를 방해한 자
3. 제57조제1항(제166조의2에서 준용하는 경우를 포함한다)을 위반하여 산업재해 발생 사실을 은폐한 자 또는 그 발생 사실을 은폐하도록 교사(敎唆)하거나 공모(共謀)한 자
4. 제65조제1항, 제80조제1항·제2항·제4항, 제85조제2항·제3항, 제92조제1항, 제141조제4항 또는 제162조를 위반한 자
5. 제85조제4항 또는 제92조제2항에 따른 명령을 위반한 자
6. 제101조에 따른 조사, 수거 또는 성능시험을 방해하거나 거부한 자
7. 제153조제1항을 위반하여 다른 사람에게 자기의 성명이나 사무소의 명칭을 사용하여 지도사의 직무를 수행하게 하거나 자격증·등록증을 대여한 사람
8. 제153조제2항을 위반하여 지도사의 성명이나 사무소의 명칭을 사용하여 지도사의 직무를 수행하거나 자격증·등록증을 대여받거나 이를 알선한 사람

| 벌칙 조항 | 내 용 |
|---|---|
| 제41조 제3항 | 고객의 폭언 등으로 인한 건강장해 예방조치 |
| 제56조 제3항 | 중대 재해 원인 조사를 방해 |
| 제57조 제1항 | 산업재해 발생 은폐 금지 및 보고 등 |
| 제65조 제1항 | 도급인의 안전 및 보건에 관한 정보 제공 등 |
| 제80조 제1항 | 유해하거나 위험한 기계·기구에 대한 방호조치 |
| 제85조 | 안전인증의 표시 등 |
| 제92조 | 자율안전확인대상기계 등의 제조 등의 금지 등 |
| 제141조 제4항 | 역학조사 |
| 제162조 | 비밀 유지 |
| 제101조 | 성능시험 등 |

# 부 록

# 중대재해 처벌 등에 관한 법률 및 시행령

## 01 총칙

### 중대재해처벌법 제1조 목적

이 법은 사업 또는 사업장, 공중이용시설 및 공중교통수단을 운영하거나 인체에 해로운 원료나 제조물을 취급하면서 안전·보건 조치의무를 위반하여 인명피해를 발생하게 한 사업주, 경영책임자, 공무원 및 법인의 처벌 등을 규정함으로써 중대재해를 예방하고 시민과 종사자의 생명과 신체를 보호함을 목적으로 한다.

#### 시행령 제1조 목적

이 영은 「중대재해 처벌 등에 관한 법률」에서 위임된 사항과 그 시행에 필요한 사항을 규정함을 목적으로 한다.

### 중대재해처벌법 제2조 정의

이 법에서 사용하는 용어의 뜻은 다음과 같다.
1. "중대재해"란 "중대산업재해"와 "중대시민재해"를 말한다.
2. "중대산업재해"란 「산업안전보건법」 제2조제1호에 따른 산업재해 중 다음 각 목의 어느 하나에 해당하는 결과를 야기한 재해를 말한다.
  가. 사망자가 1명 이상 발생
  나. 동일한 사고로 6개월 이상 치료가 필요한 부상자가 2명 이상 발생
  다. 동일한 유해요인으로 급성중독 등 대통령령으로 정하는 직업성 질병자가 1년 이내에 3명 이상 발생
3. "중대시민재해"란 특정 원료 또는 제조물, 공중이용시설 또는 공중교통수단의 설계, 제조, 설치, 관리상의 결함을 원인으로 하여 발생한 재해로서 다음 각 목의 어느 하나에 해당하는 결과를 야기한 재해를 말한다. 다만, 중대산업재해에 해당하는 재해는 제외한다.
  가. 사망자가 1명 이상 발생
  나. 동일한 사고로 2개월 이상 치료가 필요한 부상자가 10명 이상 발생
  다. 동일한 원인으로 3개월 이상 치료가 필요한 질병자가 10명 이상 발생

4. **"공중이용시설"**이란 다음 각 목의 시설 중 시설의 규모나 면적 등을 고려하여 대통령령으로 정하는 시설을 말한다. 다만, 「소상공인 보호 및 지원에 관한 법률」 제2조에 따른 소상공인의 사업 또는 사업장 및 이에 준하는 비영리시설과 「교육시설 등의 안전 및 유지관리 등에 관한 법률」 제2조제1호에 따른 교육시설은 제외한다.

　가. 「실내공기질 관리법」 제3조제1항의 시설(「다중이용업소의 안전관리에 관한 특
　　별법」 제2조제1항제1호에 따른 영업장은 제외한다)

　나. 「시설물의 안전 및 유지관리에 관한 특별법」 제2조제1호의 시설물(공동주택은
　　제외한다)

　다. 「다중이용업소의 안전관리에 관한 특별법」 제2조제1항제1호에 따른 영업장
　　중 해당 영업에 사용하는 바닥면적(「건축법」 제84조에 따라 산정한 면적을 말한다)
　　의 합계가 1천제곱미터 이상인 것

　라. 그 밖에 가목부터 다목까지에 준하는 시설로서 재해 발생 시 생명·신체상의
　　피해가 발생할 우려가 높은 장소

5. **"공중교통수단"**이란 불특정다수인이 이용하는 다음 각 목의 어느 하나에 해당하는 시설을 말한다.

　가. 「도시철도법」 제2조제2호에 따른 도시철도의 운행에 사용되는 도시철도차량

　나. 「철도산업발전기본법」 제3조제4호에 따른 철도차량 중 동력차·객차(「철도
　　사업법」 제2조제5호에 따른 전용철도에 사용되는 경우는 제외한다)

　다. 「여객자동차 운수사업법 시행령」 제3조제1호라목에 따른 노선 여객자동차운송
　　사업에 사용되는 승합자동차

　라. 「해운법」 제2조제1호의2의 여객선

　마. 「항공사업법」 제2조제7호에 따른 항공운송사업에 사용되는 항공기

6. **"제조물"**이란 제조되거나 가공된 동산(다른 동산이나 부동산의 일부를 구성하는 경우를 포함한다)을 말한다.

7. **"종사자"**란 다음 각 목의 어느 하나에 해당하는 자를 말한다.

　가. 「근로기준법」상의 근로자

　나. 도급, 용역, 위탁 등 계약의 형식에 관계없이 그 사업의 수행을 위하여 대가를
　　목적으로 노무를 제공하는 자

　다. 사업이 여러 차례의 도급에 따라 행하여지는 경우에는 각 단계의 수급인 및
　　수급인과 가목 또는 나목의 관계가 있는 자

8. **"사업주"**란 자신의 사업을 영위하는 자, 타인의 노무를 제공받아 사업을 하는 자를 말한다.

9. **"경영책임자등"**이란 다음 각 목의 어느 하나에 해당하는 자를 말한다.

　가. 사업을 대표하고 사업을 총괄하는 권한과 책임이 있는 사람 또는 이에 준하여
　　안전보건에 관한 업무를 담당하는 사람

　나. 중앙행정기관의 장, 지방자치단체의 장, 「지방공기업법」에 따른 지방공기업
　　의 장, 「공공기관의 운영에 관한 법률」 제4조부터 제6조까지의 규정에 따라
　　지정된 공공기관의 장

「중대재해 처벌 등에 관한 법률」(이하 "법"이라 한다) 제2조제2호다목에서 "대통령령으로 정하는 직업성 질병자"란 별표 1에서 정하는 직업성 질병에 걸린 사람을 말한다.

── 시행령 제3조 **공중이용시설** ─────────────

이 법 제2조제4호 각 목 외의 부분 본문에서 "대통령령으로 정하는 시설"이란 다음 각 호의 시설을 말한다.

1. 법 제2조제4호가목의 시설 중 별표 2에서 정하는 시설
2. 법 제2조제4호나목의 시설물 중 별표 3에서 정하는 시설물. 다만, 다음 각 목의 건축물은 제외한다.
   가. 주택과 주택 외의 시설을 동일 건축물로 건축한 건축물
   나. 건축물의 주용도가 「건축법 시행령」 별표 1 제14호나목2)의 오피스텔인 건축물
3. 법 제2조제4호다목의 영업장
4. 법 제2조제4호라목의 시설 중 다음 각 목의 시설(제2호의 시설물은 제외한다)
   가. 「도로법」 제10조 각 호의 도로에 설치된 연장 20미터 이상인 도로교량 중 준공 후 10년이 지난 도로교량
   나. 「도로법」 제10조제4호부터 제7호까지에서 정한 지방도·시도·군도·구도의 도로터널과 「농어촌도로 정비법 시행령」 제2조제1호의 터널 중 준공 후 10년이 지난 도로터널
   다. 「철도산업발전기본법」 제3조제2호의 철도시설 중 준공 후 10년이 지난 철도교량
   라. 「철도산업발전기본법」 제3조제2호의 철도시설 중 준공 후 10년이 지난 철도터널(특별시 및 광역시 외의 지역에 있는 철도터널로 한정한다)
   마. 다음의 시설 중 개별 사업장 면적이 2천제곱미터 이상인 시설
      1)「석유 및 석유대체연료 사업법 시행령」 제2조제3호의 주유소
      2)「액화석유가스의 안전관리 및 사업법」 제2조제4호의 액화석유가스 충전사업의 사업소
   바. 「관광진흥법 시행령」 제2조제1항제5호가목의 종합유원시설업의 시설 중 같은 법 제33조제1항에 따른 안전성검사 대상인 유기시설 또는 유기기구

## 중대재해처벌법 제3조 적용 범위

상시 근로자가 5명 미만인 사업 또는 사업장의 사업주(개인사업주에 한정한다. 이하 같다) 또는 경영책임자등에게는 이 장의 규정을 적용하지 아니한다.

## 중대재해처벌법 제4조 사업주와 경영책임자등의 안전 및 보건 확보의무

① 사업주 또는 경영책임자등은 사업주나 법인 또는 기관이 실질적으로 지배·운영·관리하는 사업 또는 사업장에서 종사자의 안전·보건상 유해 또는 위험을 방지하기 위하여 그 사업 또는 사업장의 특성 및 규모 등을 고려하여 다음 각 호에 따른 조치를 하여야 한다.

1. 재해예방에 필요한 인력 및 예산 등 안전보건관리체계의 구축 및 그 이행에 관한 조치
2. 재해 발생 시 재발방지 대책의 수립 및 그 이행에 관한 조치
3. 중앙행정기관·지방자치단체가 관계 법령에 따라 개선, 시정 등을 명한 사항의 이행에 관한 조치
4. 안전·보건 관계 법령에 따른 의무이행에 필요한 관리상의 조치

② 제1항제1호·제4호의 조치에 관한 구체적인 사항은 대통령령으로 정한다.

### 시행령 제4조 안전보건관리체계의 구축 및 이행 조치

법 제4조제1항제1호에 따른 조치의 구체적인 사항은 다음 각 호와 같다.

1. 사업 또는 사업장의 안전·보건에 관한 목표와 경영방침을 설정할 것
2. 「산업안전보건법」 제17조부터 제19조까지 및 제22조에 따라 두어야 하는 인력이 총 3명 이상이고 다음 각 목의 어느 하나에 해당하는 사업 또는 사업장인 경우에는 안전·보건에 관한 업무를 총괄·관리하는 전담 조직을 둘 것. 이 경우 나목에 해당하지 않던 건설사업자가 나목에 해당하게 된 경우에는 공시한 연도의 다음 연도 1월 1일까지 해당 조직을 두어야 한다.
   가. 상시근로자 수가 500명 이상인 사업 또는 사업장
   나. 「건설산업기본법」 제8조 및 같은 법 시행령 별표 1에 따른 토목건축공사업에 대해 같은 법 제23조에 따라 평가하여 공시된 시공능력의 순위가 상위 200위 이내인 건설사업자

3. 사업 또는 사업장의 특성에 따른 유해·위험요인을 확인하여 개선하는 업무절차를 마련하고, 해당 업무절차에 따라 유해·위험요인의 확인 및 개선이 이루어지는지를 반기 1회 이상 점검한 후 필요한 조치를 할 것. 다만, 「산업안전보건법」 제36조에 따른 위험성평가를 하는 절차를 마련하고, 그 절차에 따라 위험성 평가를 직접 실시하거나 실시하도록 하여 실시 결과를 보고받은 경우에는 해당 업무절차에 따라 유해·위험요인의 확인 및 개선에 대한 점검을 한 것으로 본다.

4. 다음 각 목의 사항을 이행하는 데 필요한 예산을 편성하고 그 편성된 용도에 맞게 집행하도록 할 것
   가. 재해 예방을 위해 필요한 안전·보건에 관한 인력, 시설 및 장비의 구비
   나. 제3호에서 정한 유해·위험요인의 개선
   다. 그 밖에 안전보건관리체계 구축 등을 위해 필요한 사항으로서 고용노동부장관이 정하여 고시하는 사항

5. 「산업안전보건법」 제15조, 제16조 및 제62조에 따른 안전보건관리책임자, 관리감독자 및 안전보건총괄책임자(이하 이 조에서 "안전보건관리책임자등"이라 한다)가 같은 조에서 규정한 각각의 업무를 각 사업장에서 충실히 수행할 수 있도록 다음 각 목의 조치를 할 것
   가. 안전보건관리책임자등에게 해당 업무 수행에 필요한 권한과 예산을 줄 것
   나. 안전보건관리책임자등이 해당 업무를 충실하게 수행하는지를 평가하는 기준을 마련하고, 그 기준에 따라 반기 1회 이상 평가·관리할 것

6. 「산업안전보건법」 제17조부터 제19조까지 및 제22조에 따라 정해진 수 이상의 안전관리자, 보건관리자, 안전보건관리담당자 및 산업보건의를 배치할 것. 다만, 다른 법령에서 해당 인력의 배치에 대해 달리 정하고 있는 경우에는 그에 따르고, 배치해야 할 인력이 다른 업무를 겸직하는 경우에는 고용노동부장관이 정하여 고시하는 기준에 따라 안전·보건에 관한 업무 수행시간을 보장해야 한다.

7. 사업 또는 사업장의 안전·보건에 관한 사항에 대해 종사자의 의견을 듣는 절차를 마련하고, 그 절차에 따라 의견을 들어 재해 예방에 필요하다고 인정하는 경우에는 그에 대한 개선방안을 마련하여 이행하는지를 반기 1회 이상 점검한 후 필요한 조치를 할 것. 다만, 「산업안전보건법」 제24조에 따른 산업안전보건위원회 및 같은 법 제64조·제75조에 따른 안전 및 보건에 관한 협의체에서 사업 또는 사업장의 안전·보건에 관하여 논의하거나 심의·의결한 경우에는 해당 종사자의 의견을 들은 것으로 본다.

8. 사업 또는 사업장에 중대산업재해가 발생하거나 발생할 급박한 위험이 있을 경우를 대비하여 다음 각 목의 조치에 관한 매뉴얼을 마련하고, 해당 매뉴얼에 따라 조치하는지를 반기 1회 이상 점검할 것

가. 작업 중지, 근로자 대피, 위험요인 제거 등 대응조치

나. 중대산업재해를 입은 사람에 대한 구호조치

다. 추가 피해방지를 위한 조치

9. 제3자에게 업무의 도급, 용역, 위탁 등을 하는 경우에는 종사자의 안전·보건을 확보하기 위해 다음 각 목의 기준과 절차를 마련하고, 그 기준과 절차에 따라 도급, 용역, 위탁 등이 이루어지는지를 반기 1회 이상 점검할 것

가. 도급, 용역, 위탁 등을 받는 자의 산업재해 예방을 위한 조치 능력과 기술에 관한 평가기준·절차

나. 도급, 용역, 위탁 등을 받는 자의 안전·보건을 위한 관리비용에 관한 기준

다. 건설업 및 조선업의 경우 도급, 용역, 위탁 등을 받는 자의 안전·보건을 위한 공사기간 또는 건조기간에 관한 기준

---

**시행령 제5조** **안전·보건 관계 법령에 따른 의무이행에 필요한 관리상의 조치**

① 법 제4조제1항제4호에서 "안전·보건 관계 법령"이란 해당 사업 또는 사업장에 적용되는 것으로서 종사자의 안전·보건을 확보하는 데 관련되는 법령을 말한다.

② 법 제4조제1항제4호에 따른 조치에 관한 구체적인 사항은 다음 각 호와 같다.

1. 안전·보건 관계 법령에 따른 의무를 이행했는지를 반기 1회 이상 점검(해당 안전·보건 관계 법령에 따라 중앙행정기관의 장이 지정한 기관 등에 위탁하여 점검하는 경우를 포함한다. 이하 이 호에서 같다)하고, 직접 점검하지 않은 경우에는 점검이 끝난 후 지체 없이 점검 결과를 보고받을 것

2. 제1호에 따른 점검 또는 보고 결과 안전·보건 관계 법령에 따른 의무가 이행되지 않은 사실이 확인되는 경우에는 인력을 배치하거나 예산을 추가로 편성·집행하도록 하는 등 해당 의무 이행에 필요한 조치를 할 것

3. 안전·보건 관계 법령에 따라 의무적으로 실시해야 하는 유해·위험한 작업에 관한 안전·보건에 관한 교육이 실시되었는지를 반기 1회 이상 점검하고, 직접 점검하지 않은 경우에는 점검이 끝난 후 지체 없이 점검 결과를 보고받을 것

4. 제3호에 따른 점검 또는 보고 결과 실시되지 않은 교육에 대해서는 지체 없이 그 이행의 지시, 예산의 확보 등 교육 실시에 필요한 조치를 할 것

**도급, 용역, 위탁 등 관계에서의 안전 및 보건 확보의무**

사업주 또는 경영책임자등은 사업주나 법인 또는 기관이 제3자에게 도급, 용역, 위탁 등을 행한 경우에는 제3자의 종사자에게 중대산업재해가 발생하지 아니하도록 제4조의 조치를 하여야 한다. 다만, 사업주나 법인 또는 기관이 그 시설, 장비, 장소 등에 대하여 실질적으로 지배·운영·관리하는 책임이 있는 경우에 한정한다.

중대재해처벌법 제6조　　**중대산업재해 사업주와 경영책임자등의 처벌**

① 제4조 또는 제5조를 위반하여 제2조제2호가목의 중대산업재해에 이르게 한 사업주 또는 경영책임자등은 1년 이상의 징역 또는 10억원 이하의 벌금에 처한다. 이 경우 징역과 벌금을 병과할 수 있다.
② 제4조 또는 제5조를 위반하여 제2조제2호나목 또는 다목의 중대산업재해에 이르게 한 사업주 또는 경영책임자등은 7년 이하의 징역 또는 1억원 이하의 벌금에 처한다.
③ 제1항 또는 제2항의 죄로 형을 선고받고 그 형이 확정된 후 5년 이내에 다시 제1항 또는 제2항의 죄를 저지른 자는 각 항에서 정한 형의 2분의 1까지 가중한다.

중대재해처벌법 제7조　　**중대산업재해의 양벌규정**

법인 또는 기관의 경영책임자등이 그 법인 또는 기관의 업무에 관하여 제6조에 해당하는 위반행위를 하면 그 행위자를 벌하는 외에 그 법인 또는 기관에 다음 각 호의 구분에 따른 벌금형을 과(科)한다. 다만, 법인 또는 기관이 그 위반행위를 방지하기 위하여 해당 업무에 관하여 상당한 주의와 감독을 게을리하지 아니한 경우에는 그러하지 아니하다.
　1. 제6조제1항의 경우: **50억원 이하의 벌금**
　2. 제6조제2항의 경우: **10억원 이하의 벌금**

중대재해처벌법 제8조　　**안전보건교육의 수강**

① 중대산업재해가 발생한 법인 또는 기관의 경영책임자등은 대통령령으로 정하는 바에 따라 안전보건교육을 이수하여야 한다.
② 제1항의 안전보건교육을 정당한 사유 없이 이행하지 아니한 경우에는 5천만원 이하의 과태료를 부과한다.
③ 제2항에 따른 과태료는 대통령령으로 정하는 바에 따라 고용노동부장관이 부과·징수한다.

① 법 제8조제1항에 따른 안전보건교육(이하 "안전보건교육"이라 한다)은 총 20시간 의 범위에서 고용노동부장관이 정하는 바에 따라 이수해야 한다.

② 안전보건교육에는 다음 각 호의 사항이 포함되어야 한다.

  1. 안전보건관리체계의 구축 등 안전·보건에 관한 경영 방안

  2. 중대산업재해의 원인 분석과 재발 방지 방안

③ 고용노동부장관은 「한국산업안전보건공단법」에 따른 한국산업안전보건공단 이나 「산업안전보건법」제33조에 따라 등록된 안전보건교육기관(이하 "안전보 건교육기관등"이라 한다)에 안전보건교육을 의뢰하여 실시할 수 있다.

④ 고용노동부장관은 분기별로 중대산업재해가 발생한 법인 또는 기관을 대상으로 안전보건교육을 이수해야 할 교육대상자를 확정하고 안전보건교육 실시일 30일 전까지 다음 각 호의 사항을 해당 교육대상자에게 통보해야 한다.

  1. 안전보건교육을 실시하는 안전보건교육기관등

  2. 교육일정

  3. 그 밖에 안전보건교육의 실시에 필요한 사항

⑤ 제4항에 따른 통보를 받은 교육대상자는 해당 교육일정에 참여할 수 없는 정당한 사유가 있는 경우에는 안전보건교육 실시일 7일 전까지 고용노동부장관에게 안전보건교육의 연기를 한 번만 요청할 수 있다.

⑥ 고용노동부장관은 제5항에 따른 연기 요청을 받은 날부터 3일 이내에 연기 가능 여부를 교육대상자에게 통보해야 한다.

⑦ 안전보건교육을 연기하는 경우 교육일정 등의 통보에 관하여는 제4항을 준용한 다.

⑧ 안전보건교육에 드는 비용은 안전보건교육기관등에서 수강하는 교육대상자가 부담한다.

⑨ 안전보건교육기관등은 안전보건교육을 실시한 경우에는 지체 없이 안전보건교 육 이수자 명단을 고용노동부장관에게 통보해야 한다.

⑩ 안전보건교육을 이수한 교육대상자는 필요한 경우 안전보건교육이수확인서를 발급해 줄 것을 고용노동부장관에게 요청할 수 있다.

⑪ 제10항에 따른 요청을 받은 고용노동부장관은 고용노동부장관이 정하는 바에 따라 안전보건교육이수확인서를 지체 없이 내주어야 한다.

─ 시행령 제7조  **과태료의 부과기준** ─

법 제8조제2항에 따른 과태료의 부과기준은 별표 4와 같다.

**중대재해처벌법 제9조** 사업주와 경영책임자등의 안전 및 보건 확보의무

① 사업주 또는 경영책임자등은 사업주나 법인 또는 기관이 실질적으로 지배·운영·관리하는 사업 또는 사업장에서 생산·제조·판매·유통 중인 원료나 제조물의 설계, 제조, 관리상의 결함으로 인한 그 이용자 또는 그 밖의 사람의 생명, 신체의 안전을 위하여 다음 각 호에 따른 조치를 하여야 한다.
1. 재해예방에 필요한 인력·예산·점검 등 안전보건관리체계의 구축 및 그 이행에 관한 조치
2. 재해 발생 시 재발방지 대책의 수립 빛 그 이행에 관한 조지
3. 중앙행정기관·지방자치단체가 관계 법령에 따라 개선, 시정 등을 명한 사항의 이행에 관한 조치
4. 안전·보건 관계 법령에 따른 의무이행에 필요한 관리상의 조치
② 사업주 또는 경영책임자등은 사업주나 법인 또는 기관이 실질적으로 지배·운영·관리하는 공중이용시설 또는 공중교통수단의 설계, 설치, 관리상의 결함으로 인한 그 이용자 또는 그 밖의 사람의 생명, 신체의 안전을 위하여 다음 각 호에 따른 조치를 하여야 한다.
1. 재해예방에 필요한 인력·예산·점검 등 안전보건관리체계의 구축 및 그 이행에 관한 조치
2. 재해 발생 시 재발방지 대책의 수립 및 그 이행에 관한 조치
3. 중앙행정기관·지방자치단체가 관계 법령에 따라 개선, 시정 등을 명한 사항의 이행에 관한 조치
4. 안전·보건 관계 법령에 따른 의무이행에 필요한 관리상의 조치
③ 사업주 또는 경영책임자등은 사업주나 법인 또는 기관이 공중이용시설 또는 공중교통수단과 관련하여 제3자에게 도급, 용역, 위탁 등을 행한 경우에는 그 이용자 또는 그 밖의 사람의 생명, 신체의 안전을 위하여 제2항의 조치를 하여야 한다. 다만, 사업주나 법인 또는 기관이 그 시설, 장비, 장소 등에 대하여 실질적으로 지배·운영·관리하는 책임이 있는 경우에 한정한다.
④ 제1항제1호·제4호 및 제2항제1호·제4호의 조치에 관한 구체적인 사항은 대통령령으로 정한다.

**시행령 제8조 원료·제조물 관련 안전보건관리체계의 구축 및 이행 조치**

법 제9조제1항제1호에 따른 조치의 구체적인 사항은 다음 각 호와 같다.

1. 다음 각 목의 사항을 이행하는 데 필요한 인력을 갖추어 중대시민재해 예방을 위한 업무를 수행하도록 할 것

   가. 법 제9조제1항제4호의 안전·보건 관계 법령에 따른 안전·보건 관리 업무의 수행

   나. 유해·위험요인의 점검과 위험징후 발생 시 대응

   다. 그 밖에 원료·제조물 관련 안전·보건 관리를 위해 환경부장관이 정하여 고시하는 사항

2. 다음 각 목의 사항을 이행하는 데 필요한 예산을 편성·집행할 것

   가. 법 제9조제1항제4호의 안전·보건 관계 법령에 따른 인력·시설 및 장비 등의 확보·유지

   나. 유해·위험요인의 점검과 위험징후 발생 시 대응

   다. 그 밖에 원료·제조물 관련 안전·보건 관리를 위해 환경부장관이 정하여 고시하는 사항

3. 별표 5에서 정하는 원료 또는 제조물로 인한 중대시민재해를 예방하기 위해 다음 각 목의 조치를 할 것

 가. 유해·위험요인의 주기적인 점검

   나. 제보나 위험징후의 감지 등을 통해 발견된 유해·위험요인을 확인한 결과 중대시민재해의 발생 우려가 있는 경우의 신고 및 조치

   다. 중대시민재해가 발생한 경우의 보고, 신고 및 조치

   라. 중대시민재해 원인조사에 따른 개선조치

4. 제3호 각 목의 조치를 포함한 업무처리절차의 마련. 다만, 「소상공인기본법」 제2조에 따른 소상공인의 경우는 제외한다.

5. 제1호 및 제2호의 사항을 반기 1회 이상 점검하고, 점검 결과에 따라 인력을 배치하거나 예산을 추가로 편성·집행하도록 하는 등 중대시민재해 예방에 필요한 조치를 할 것

**원료·제조물 관련 안전·보건 관계 법령에 따른 의무이행에 필요한 관리상의 조치**

① 법 제9조제1항제4호에서 "안전·보건 관계 법령"이란 해당 사업 또는 사업장에서 생산·제조·판매·유통 중인 원료나 제조물에 적용되는 것으로서 그 원료나 제조물이 사람의 생명·신체에 미칠 수 있는 유해·위험 요인을 예방하고 안전하게 관리하는 데 관련되는 법령을 말한다.

② 법 제9조제1항제4호에 따른 조치의 구체적인 사항은 다음 각 호와 같다.

1. 안전·보건 관계 법령에 따른 의무를 이행했는지를 반기 1회 이상 점검(해당 안전·보건 관계 법령에 따라 중앙행정기관의 장이 지정한 기관 등에 위탁하여 점검하는 경우를 포함한다. 이하 이 호에서 같다)하고, 직접 점검하지 않은 경우에는 점검이 끝난 후 지체 없이 점검 결과를 보고받을 것

2. 제1호에 따른 점검 또는 보고 결과 안전·보건 관계 법령에 따른 의무가 이행되지 않은 사실이 확인되는 경우에는 인력을 배치하거나 예산을 추가로 편성·집행하도록 하는 등 해당 의무 이행에 필요한 조치를 할 것

3. 안전·보건 관계 법령에 따라 의무적으로 실시해야 하는 교육이 실시되는지를 반기 1회 이상 점검하고, 직접 점검하지 않은 경우에는 점검이 끝난 후 지체 없이 점검 결과를 보고받을 것

4. 제3호에 따른 점검 또는 보고 결과 실시되지 않은 교육에 대해서는 지체 없이 그 이행의 지시, 예산의 확보 등 교육 실시에 필요한 조치를 할 것

**공중이용시설·공중교통수단 관련 안전보건관리체계 구축 및 이행에 관한 조치**

법 제9조제2항제1호에 따른 조치의 구체적인 사항은 다음 각 호와 같다.

1. 다음 각 목의 사항을 이행하는 데 필요한 인력을 갖추어 중대시민재해 예방을 위한 업무를 수행하도록 할 것

   가. 법 제9조제2항제4호의 안전·보건 관계 법령에 따른 안전관리 업무의 수행

   나. 제4호에 따라 수립된 안전계획의 이행

   다. 그 밖에 공중이용시설 또는 공중교통수단과 그 이용자나 그 밖의 사람의 안전에 관하여 국토교통부장관이 정하여 고시하는 사항

2. 다음 각 목의 사항을 이행하는 데 필요한 예산을 편성·집행할 것

   가. 법 제9조제2항제4호의 안전·보건 관계 법령에 따른 인력·시설 및 장비 등의 확보·유지와 안전점검 등의 실시

   나. 제4호에 따라 수립된 안전계획의 이행

   다. 그 밖에 공중이용시설 또는 공중교통수단과 그 이용자나 그 밖의 사람의 안전에 관하여 국토교통부장관이 정하여 고시하는 사항

3. 공중이용시설 또는 공중교통수단에 대한 법 제9조제2항제4호의 안전·보건 관계 법령에 따른 안전점검 등을 계획하여 수행되도록 할 것

4. 공중이용시설 또는 공중교통수단에 대해 연 1회 이상 다음 각 목의 내용이 포함된 안전계획을 수립하게 하고, 충실히 이행하도록 할 것. 다만, 공중이용시설에 대해 「시설물의 안전 및 유지관리에 관한 특별법」 제6조에 따라 시설물에 대한 안전 및 유지관리계획을 수립·시행하거나 공중이용시설 또는 공중교통수단에 대해 철도운영자가 「철도안전법」 제6조에 따라 연차별 시행계획을 수립·추진하는 경우로서 사업주 또는 경영책임자등이 그 수립 여부 및 내용을 직접 확인하거나 보고받은 경우에는 안전계획을 수립하여 이행한 것으로 본다.

가. 공중이용시설 또는 공중교통수단의 안전과 유지관리를 위한 인력의 확보에 관한 사항

나. 공중이용시설의 안전점검 또는 정밀안전진단의 실시와 공중교통수단의 점검·정비(점검·정비에 필요한 장비를 확보하는 것을 포함한다)에 관한 사항

다. 공중이용시설 또는 공중교통수단의 보수·보강 등 유지관리에 관한 사항

5. 제1호부터 제4호까지에서 규정한 사항을 반기 1회 이상 점검하고, 직접 점검하지 않은 경우에는 점검이 끝난 후 지체 없이 점검 결과를 보고받을 것

6. 제5호에 따른 점검 또는 보고 결과에 따라 인력을 배치하거나 예산을 추가로 편성·집행하도록 하는 등 중대시민재해 예방에 필요한 조치를 할 것

7. 중대시민재해 예방을 위해 다음 각 목의 사항이 포함된 업무처리절차를 마련하여 이행할 것. 다만, 철도운영자가 「철도안전법」 제7조에 따라 비상대응계획을 포함한 철도안전관리체계를 수립하여 시행하거나 항공운송사업자가 「항공안전법」 제58조제2항에 따라 위기대응계획을 포함한 항공안전관리시스템을 마련하여 운용한 경우로서 사업주 또는 경영책임자등이 그 수립 여부 및 내용을 직접 점검하거나 점검 결과를 보고받은 경우에는 업무처리절차를 마련하여 이행한 것으로 본다.

가. 공중이용시설 또는 공중교통수단의 유해·위험요인의 확인·점검에 관한 사항

나. 공중이용시설 또는 공중교통수단의 유해·위험요인을 발견한 경우 해당 사항의 신고·조치요구, 이용 제한, 보수·보강 등 그 개선에 관한 사항

다. 중대시민재해가 발생한 경우 사상자 등에 대한 긴급구호조치, 공중이용시설 또는 공중교통수단에 대한 긴급안전점검, 위험표지 설치 등 추가 피해방지 조치, 관계 행정기관 등에 대한 신고와 원인조사에 따른 개선조치에 관한 사항

라. 공중교통수단 또는 「시설물의 안전 및 유지관리에 관한 특별법」 제7조제1호의 제1종시설물에서 비상상황이나 위급상황 발생 시 대피훈련에 관한 사항

8. 제3자에게 공중이용시설 또는 공중교통수단의 운영·관리 업무의 도급, 용역, 위탁 등을 하는 경우 공중이용시설 또는 공중교통수단과 그 이용자나 그 밖의 사람의 안전을 확보하기 위해 다음 각 목에 따른 기준과 절차를 마련하고, 그 기준과 절차에 따라 도급, 용역, 위탁 등이 이루어지는지를 연 1회 이상 점검하고, 직접 점검하지 않은 경우에는 점검이 끝난 후 지체 없이 점검 결과를 보고받을 것

가. 중대시민재해 예방을 위한 조치능력 및 안전관리능력에 관한 평가기준 ·절차

나. 도급, 용역, 위탁 등의 업무 수행 시 중대시민재해 예방을 위해 필요한 비용에 관한 기준

**시행령 제11조** — 공중이용시설 · 공중교통수단 관련 안전 · 보건 관계 법령에 따른 의무이행에 필요한 관리상의 조치

① 법 제9조제2항제4호에서 "안전·보건 관계 법령"이란 해당 공중이용시설· 공중교통수단에 적용되는 것으로서 이용자나 그 밖의 사람의 안전·보건을 확보하는 데 관련되는 법령을 말한다.

② 법 제9조제2항제4호에 따른 조치의 구체적인 사항은 다음 각 호와 같다.

1. 안전·보건 관계 법령에 따른 의무를 이행했는지를 연 1회 이상 점검(해당 안전·보건 관계 법령에 따라 중앙행정기관의 장이 지정한 기관 등에 위탁하여 점검하는 경우를 포함한다. 이하 이 호에서 같다)하고, 직접 점검하지 않은 경우에는 점검이 끝난 후 지체 없이 점검 결과를 보고받을 것

2. 제1호에 따른 점검 또는 보고 결과 안전·보건 관계 법령에 따른 의무가 이행되지 않은 사실이 확인되는 경우에는 인력을 배치하거나 예산을 추가로 편성·집행하도록 하는 등 해당 의무 이행에 필요한 조치를 할 것

3. 안전·보건 관계 법령에 따라 공중이용시설의 안전을 관리하는 자나 공중교통수단의 시설 및 설비를 정비·점검하는 종사자가 의무적으로 이수해야 하는 교육을 이수했는지를 연 1회 이상 점검하고, 직접 점검하지 않은 경우에는 점검이 끝난 후 지체 없이 점검 결과를 보고받을 것

4. 제3호에 따른 점검 또는 보고 결과 실시되지 않은 교육에 대해서는 지체 없이 그 이행의 지시 등 교육 실시에 필요한 조치를 할 것

**중대재해처벌법 제10조** **중대시민재해 사업주와 경영책임자등의 처벌**

① 제9조를 위반하여 제2조제3호가목의 중대시민재해에 이르게 한 사업주 또는 경영책임자등은 1년 이상의 징역 또는 10억원 이하의 벌금에 처한다. 이 경우 징역과 벌금을 병과할 수 있다.

② 제9조를 위반하여 제2조제3호나목 또는 다목의 중대시민재해에 이르게 한 사업주 또는 경영책임자등은 7년 이하의 징역 또는 1억원 이하의 벌금에 처한다.

**중대재해처벌법 제11조** **중대시민재해의 양벌규정**

법인 또는 기관의 경영책임자등이 그 법인 또는 기관의 업무에 관하여 제10조에 해당하는 위반행위를 하면 그 행위자를 벌하는 외에 그 법인 또는 기관에게 다음 각 호의 구분에 따른 벌금형을 과(科)한다. 다만, 법인 또는 기관이 그 위반행위를 방지하기 위하여 해당 업무에 관하여 상당한 주의와 감독을 게을리하지 아니한 경우에는 그러하지 아니하다.

1. 제10조제1항의 경우: **50억원 이하의 벌금**
2. 제10조제2항의 경우: **10억원 이하의 벌금**

**중대재해처벌법 제12조**　　**형 확정 사실의 통보**

법무부장관은 제6조, 제7조, 제10조 또는 제11조에 따른 범죄의 형이 확정되면 그 범죄사실을 관계 행정기관의 장에게 통보하여야 한다.

**중대재해처벌법 제13조**　　**중대산업재해 발생사실 공표**

① 고용노동부장관은 제4조에 따른 의무를 위반하여 발생한 중대산업재해에 대하여 사업장의 명칭, 발생 일시와 장소, 재해의 내용 및 원인 등 그 발생사실을 공표할 수 있다.
② 제1항에 따른 공표의 방법, 기준 및 절차 등은 대통령령으로 정한다.

**시행령 제12조 중대산업재해 발생사실의 공표**

① 법 제13조제1항에 따른 공표(이하 이 조에서 "공표" 라 한다)는 법 제4조에 따른 의무를 위반하여 발생한 중대산업재해로 법 제12조에 따라 범죄의 형이 확정되어 통보된 사업장을 대상으로 한다.
② 공표 내용은 다음 각 호의 사항으로 한다.
　1. "중대산업재해 발생사실의 공표" 라는 공표의 제목
　2. 해당 사업장의 명칭
　3. 중대산업재해가 발생한 일시·장소
　4. 중대산업재해를 입은 사람의 수
　5. 중대산업재해의 내용과 그 원인(사업주 또는 경영책임자등의 위반사항을 포함한다)
　6. 해당 사업장에서 최근 5년 내 중대산업재해의 발생 여부
③ 고용노동부장관은 공표하기 전에 해당 사업장의 사업주 또는 경영책임자등에게 공표하려는 내용을 통지하고 30일 이상의 기간을 정하여 그에 대해 소명자료를 제출하게 하거나 의견을 진술할 수 있는 기회를 주어야 한다.
④ 공표는 관보, 고용노동부나 「한국산업안전보건공단법」 에 따른 한국산업안전보건공단의 홈페이지에 게시하는 방법으로 한다.
⑤ 제4항에 따라 홈페이지에 게시하는 방법으로 공표하는 경우 공표기간은 1년으로 한다.

---
**시행령 제13조** **조치 등의 이행사항에 관한 서면의 보관**

---

사업주 또는 경영책임자등(「소상공인기본법」 제2조에 따른 소상공인은 제외한다)은 제4조, 제5조 및 제8조부터 제11조까지의 규정에 따른 조치 등의 이행에 관한 사항을 서면(「전자문서 및 전자거래 기본법」 제2조제1호에 따른 전자문서를 포함한다)으로 작성하여 그 조치 등을 이행한 날부터 5년간 보관해야 한다.

**중대재해처벌법 제14조** **심리절차에 관한 특례**

① 이 법 위반 여부에 관한 형사재판에서 법원은 직권으로 「형사소송법」 제294조의2에 따라 피해자 또는 그 법정대리인(피해자가 사망하거나 진술할 수 없는 경우에는 그 배우자·직계친족·형제자매를 포함한다)을 증인으로 신문할 수 있다.
② 이 법 위반 여부에 관한 형사재판에서 법원은 검사, 피고인 또는 변호인의 신청이 있는 경우 특별한 사정이 없으면 해당 분야의 전문가를 전문심리위원으로 지정하여 소송절차에 참여하게 하여야 한다.

**중대재해처벌법 제15조** **손해배상의 책임**

① 사업주 또는 경영책임자등이 고의 또는 중대한 과실로 이 법에서 정한 의무를 위반하여 중대재해를 발생하게 한 경우 해당 사업주, 법인 또는 기관이 중대재해로 손해를 입은 사람에 대하여 그 손해액의 5배를 넘지 아니하는 범위에서 배상책임을 진다. 다만, 법인 또는 기관이 해당 업무에 관하여 상당한 주의와 감독을 게을리하지 아니한 경우에는 그러하지 아니하다.
② 법원은 제1항의 배상액을 정할 때에는 다음 각 호의 사항을 고려하여야 한다.
 1. 고의 또는 중대한 과실의 정도
 2. 이 법에서 정한 의무위반행위의 종류 및 내용
 3. 이 법에서 정한 의무위반행위로 인하여 발생한 피해의 규모
 4. 이 법에서 정한 의무위반행위로 인하여 사업주나 법인 또는 기관이 취득한 경제적 이익
 5. 이 법에서 정한 의무위반행위의 기간·횟수 등
 6. 사업주나 법인 또는 기관의 재산상태
 7. 사업주나 법인 또는 기관의 피해구제 및 재발방지 노력의 정도

**정부의 사업주 등에 대한 지원 및 보고**

① 정부는 중대재해를 예방하여 시민과 종사자의 안전과 건강을 확보하기 위하여 다음 각 호의 사항을 이행하여야 한다.

1. 중대재해의 종합적인 예방대책의 수립·시행과 발생원인 분석
2. 사업주, 법인 및 기관의 안전보건관리체계 구축을 위한 지원
3. 사업주, 법인 및 기관의 중대재해 예방을 위한 기술 지원 및 지도
4. 이 법의 목적 달성을 위한 교육 및 홍보의 시행

② 정부는 사업주, 법인 및 기관에 대하여 유해·위험 시설의 개선과 보호 장비의 구매, 종사자 건강진단 및 관리 등 중대재해 예방사업에 소요되는 비용의 전부 또는 일부를 예산의 범위에서 지원할 수 있다.

③ 정부는 제1항 및 제2항에 따른 중대재해 예방을 위한 조치 이행 등 상황 및 중대재해 예방사업 지원 현황을 반기별로 국회 소관 상임위원회에 보고하여야 한다.

## 1. 중대재해처벌법 〈제17907호, 2021. 1. 26〉

### 제1조 시행일

① 이 법은 공포 후 1년이 경과한 날부터 시행한다. 다만, 이 법 시행 당시 개인사업자 또는 상시 근로자가 50명 미만인 사업 또는 사업장(건설업의 경우에는 공사금액 50억원 미만의 공사)에 대해서는 공포 후 3년이 경과한 날부터 시행한다.

② 제1항에도 불구하고 제16조는 공포한 날부터 시행한다.

### 제2조 다른 법률의 개정

법원조직법 중 일부를 다음과 같이 개정한다.

제32조제1항제3호에 아목을 다음과 같이 신설한다.

아. 「중대재해 처벌 등에 관한 법률」 제6조제1항·제3항 및 제10조제1항에 해당하는 사건


## 2. 중대재해처벌법 시행령 〈제33023호,2022.12.6.(도서관법 시행령)〉

### 제1조(시행일)

이 영은 2022년 12월 8일부터 시행한다.

### 제2조 부터 제4조까지 생략

### 제5조(다른 법령의 개정)

①부터 ⑳까지 생략

㉑ 중대재해 처벌 등에 관한 법률 시행령 일부를 다음과 같이 개정한다.

별표 2 제7호 중 "「도서관법」 제2조제1호"를 "「도서관법」 제3조제1호"로 한다.

㉒부터 ㉕까지 생략

제6조 생략

# 제2장

# 직업성질병 참고자료
## [시행령 제2조 별표1]

**01** 염화비닐·유기주석·메틸브로마이드(bromomethane)·일산화탄소에 노출되어 발생한 중추신경계장해 등의 급성중독

## 가. 염화비닐

> 염화비닐 분자식은 $C_2H_2Cl$이며, 향긋한 냄새가 나는 무색의 가연성 기체

### 1) 발생원 및 노출가능상황

① 염화비닐의 합성, PVC 수지 제조 및 관련 공정에서 노출이 가능

② 유기약품, 화장품 제조 공정, 냉장고 냉매, 에어로솔 추진제 등으로도 사용 가능

## 나. 유기주석

> 유기주석 주석 원자(Sn)에 메틸기($CH_3-$)와 같은 알킬기나 페닐기($C_6H_5-$) 등이 결합되어 형성된 유기금속화합물로서 신경장해, 백혈구 감소 등 인체에 영향을 미치는 유독성 물질

### 1) 발생원 및 노출가능상황

① 플라스틱·음식포장재·플라스틱 파이프· 농약· 살충제· 살균제 제조 등에 이용

PVC 제품의 첨가물로 사용되는 메틸주석 계열 중 트리메틸주석이 급성으로 중추신경계 이상을 유발할 수 있는 것으로 알려져 있다.

## 다. 메틸브로마이드(bromomethane)

> 메틸브로마이드 화학식은 $CH_3Br$이며, 무색무취의 기체로서 호흡기계, 신장, 신경계에 영향을 끼칠 수 있다.

### 1) 발생원 및 노출가능상황

① 수출입 농산물이나 임산물(원목 쌀 목재 과실류 종자류 및 곡류 등)에 대한 검역 과정에서 사용되는 가장 대표적인 농약 훈증제로 무색투명한 액체 또는 기체상의 물질

② 수출입 농산물이나 임산물을 검역하는 과정 또는 훈증 소독하는 과정에서 노출 가능

## 라. 일산화탄소

> 일산화탄소 분자식 CO이며, 무색무취의 기체. 일산화탄소는 산소($O_2$)에 비해 헤모글로빈(산소 운반체)에 대한 친화력이 200~250배 강해서 인체 흡입 시 헤모글로빈과 산소 결합을 방해하는 화학적 질식제이다.

### 1) 발생원 및 노출가능상황

① 모든 유기물의 연소과정에서 발생할 수 있다.

② 제철, 탄광, 코크스 제조, 주물업, 터널작업, 내연기관 운전, 기관실, 석유, 화학, 유기합성, 초산제조, 암모니아제조, 맥주발효 등 다양한 공정에서 노출 가능

## 02 납이나 그 화합물(유기납은 제외)에 노출되어 발생한 납 창백(蒼白)·복부 산통(産痛)·관절통 등의 급성중독

> 납 원자식은 Pb이며, 푸른색이나 회색의 연질 금속으로 자연상태에서는 다른 원소와 결합한 화합물(예: $PbCl_2$) 형태로 존재. 납은 모든 비철금속 중 가장 많이 사용되는 금속(1년 평균 1,080만톤 생산, '12년)
> 무기납 일산화납(PbO)과 같은 무기납화합물은 호흡기, 입, 피부 등으로 흡수되며 주로 중추·말초신경계 장해, 조혈계, 신장, 간, 생식계에 영향을 미침

## 가. 발생원 및 노출가능상황

① 특성상 다양한 산업에서 사용이 가능하다. 인간이 최초로 이용하기 시작한 금속 중의 하나

② 대표적으로 축전지 제조·탄환의 재료·산화제(페인트, 유리, 세라믹 및 기타 색소, 화합물 산업)·금형주조(전자기기 부품, 자동차부품)·케이블 피복제·방사선 차폐재·방음재·시트 및 연관 제작 등에 다양하게 사용

③ (주요 노출 공정) 연광석과 연원광의 제련, 함연 고물(고금속) 관련 작업 및 연 화합물의 생산 및 제조, 연 도금, 염료, 축전지, 플라스틱제품 생산 시 분말 형태의 연 화합물 사용작업, 특히 철거나 해체 작업, 연, 연 합금 또는 함연 보호막을 연마하고 광을 내어 다듬는 작업, 연 함유 물질의 납땜이나 용해작업 등

## 03 수은이나 그 화합물에 노출되어 발생한 급성중독

> 수은 원자식은 Hg이며, 상온에서 액체상을 갖는 은백색 금속으로 증발하기 쉬워 무색의 기체를 만들어서 주로 호흡기를 통해 흡입된다.
> 무기수은 염소(Cl), 황(S) 등과 결합하여 흰색분말의 형태를 띄는 고체상이며 주로 호흡기를 흡수되고 신장에 주로 축적된다.
> 유기수은 메틸수은($CH_3Hg$)과 같은 유기수은에 의한 중추신경계 장해는 인체에 치명적인 독성효과를 보인다.

## 가. 발생원 및 노출가능상황

① (수은 및 무기화합물) 상온에서 액체상태인 금속이며, 쉽게 휘발하므로 직업적인 노출의 경우는 대부분 수은증기의 흡입에 의한 것이다.

- 온도계, 압력계, 기압계, 밸브 등에 사용되어 왔고, 기타 다양한 용도로 산업에서 사용

- 형광등 제조업 작업자들과 형광등 제조시설 철거 공장에서 노출이 된 경우가 있다.

② (유기수은) 의약품이나 농약, 방부제, 나무 보존을 위한 훈증제 등의 제조에 사용되며 주로 경구섭취를 통해 독작용을 일으킨다.

- 대부분 직업적 노출보다는 환경오염 사건과 관련이 있는데 메틸수은에 오염된 생선을 섭취하거나 알킬수은 화합물(농약)로 처리된 곡물을 먹은 경우가 해당된다.

크롬이나 그 화합물에 노출되어 발생한 세뇨관 기능 손상, 급성세뇨관 괴사, 급성신부전 등의 급성중독

> 크롬 원자식은 Cr이며 은색광택이 있는 단단한 금속으로, 자연상태에서는 주로 다른 원소와 결합한 화합물(FeOCr$_2$O$_3$)로 존재
>
> 크롬화합물 산화크롬(Cr$_2$O$_3$)과 같은 3가크롬화물(Cr3+), 중크롬산나트륨(Na2Cr$_2$O$_7$)과 같은 6가크롬화물(Cr6+)이 있는데, 주로 6가크롬화물(Cr6+)이 강한 독성이 있어서 기관지염, 폐암 등 인체에 영향을 미침

## 가. 발생원 및 노출가능상황

① 지각에 -2에서 +6가의 다양한 형태로 존재하는 푸른 빛을 띄는 회색 금속

② 채광과 분쇄공정에서 산화크롬에, 스테인리스강의 생산이나 아크 용접시 크롬 흄 또는 크롬화합물에, 전기도금공정에서 크롬산 미스트에 노출될 수 있다.

- 페인트 직물 가죽제품 유리제품 고무제품 석판 인쇄 프린트 사진술 등의 종사자는 크롬산염에도 노출될 수 있다.
- 일부 시멘트에도 고농도의 크롬이 함유되어 있어 시멘트를 취급하는 근로자들도 크롬에 노출될 수 있다.
- 물, 도시의 대기 및 음식물에서도 미량의 크롬이 검출됨

**05** 벤젠에 노출되어 발생한 경련, 급성 기질성 뇌증후군, 혼수상태 등의 급성중독

> 벤젠 분자식은 C$_6$H$_6$이며 방향족 화합물의 기초가 되는 가장 간단한 방향족 탄화수소(aromatic hydrocarbon), 상온에서 독특한 냄새가 있는 무색의 투명한 액체로 휘발성이 큰 특징이 있어 대기중에서 독특한 냄새로 쉽게 감지할 수 있다.

## 가. 발생원 및 노출가능상황

① 스티렌, 페놀, 사이클로헥산 같은 다른 유기화학물질의 제조에 이용되고 그밖에 농약, 약품제조에 사용되며 납이 없는 휘발유에도 항녹킹제로서 미량 함유

② 가장 많이 사용되는 것은 라텍스나 수지합성을 위한 스티렌 제조이다.

③ 주로 화학·페인트·고무·인쇄·석유산업 등에서 발생되며, 특히 보수·유지(maintenance), 세척, 시료추출, 대량운송 공정에서 고농도의 노출이 발생

④ 현재 산업보건기준에 관한 규칙상 특별관리물질에 고농도로 노출되는 경우는 드물다.


**06** **납톨루엔**(toluene)·**크실렌**(xylene)·**스티렌**(styrene)·**시클로헥산**(cyclohexane)·**노말헥산**(n-hexane)·**트리클로로에틸렌**(trichloroethylene) **등 유기화합물에 노출되어 발생한 의식장해, 경련, 급성 기질성 뇌증후군, 부정맥 등의 급성중독**

## 가. 톨루엔과 크실렌

> 톨루엔 분자식은 $C_6H_5CH_3$이며, 벤젠의 수소 1개가 메틸기($CH_3-$)로 치환된 방향족 탄화수소로서 무색투명한 휘발성 액체로 달콤하지만 자극적인 냄새가 나는 특징이 있다.
> 크실렌 분자식은 $C_6H_4(CH_3)_2$이며, 벤젠의 수소 2개가 메틸기($CH_3-$)로 치환된 방향족 탄화수소로서 무색투명한 휘발성 액체로 달콤하지만 자극적인 냄새가 나는 특징이 있다.

### 1) 발생원 및 노출가능상황

① 톨루엔과 크실렌은 벤젠의 대체제로 주로 사용

② (톨루엔) 공업용 혼합유기용제인 시너에 가장 흔하게 사용

- 시너(thinner), 잉크, 향수, 염료, 온도계 등에 용제 또는 원료로 사용되어 화학, 고무, 페인트, 제약 산업 등 분야에서 광범위하게 사용

- 오일, 합성수지, 페인트 등의 용제로 이용될 뿐 아니라 페놀, 톨루엔 이소시아네이트, 트리니트로 톨루엔, 염료, 약품, 사카린 같은 화합물 제조에도 사용되는 등 산업 현장에서 가장 널리 사용되는 유기용제 중의 하나이다.

- 용제 취급 공정(페인트, 락카, 코팅, 염료, 페인트 제거제, 살충제 등); 화학 물질 제조; 인조 고무제조, 직물/종이 코팅; 자동차 및 항공기 연료 취급 등 공정에서 노출 가능

③ (크실렌) 페인트·락카·니스·잉크·염료·접착제·세척제의 용제로서 사용 되므로, 화학 합성제 및 플라스틱·향료·구충제·에폭시수지·의

약품·피혁 제조업장에서 노출 가능

## 나. 스티렌

> 스티렌 분자식은 $C_6H_5CH=CH_2$이며, 벤젠의 수소 1개가 비닐기($CH=CH_2$)로 치환된 방향족 탄화수소로서 상온에서 무색의 달콤한 냄새가나는 휘발성 액체

### 1) 발생원 및 노출가능상황

① 스티렌은 스티렌 중합과정에 주로 사용

② 합성 고무(스티렌 부타디엔 고무)의 제조, 유리강화에 사용되는 불포화 폴리에스테르 수지의 용제 기본 플라스틱·합성고무·레진·절연체 제조 등에 사용

③ 포장제·절연제·파이프·타이어·합성수지 등의 제조업에서 원료의 투입, 교반, 유리강화섬유 적층가공작업 등에서 노출 가능

## 다. 시클로헥산

> 시클로헥산 분자식은 $C_6H_{12}$이며 고리형 구조를 갖는 탄화수소(hydrocarbon)로 상온에서 무색의 액체상태로 달콤하면서 휘발유 냄새와 같은 자극적 냄새가 있는 휘발성 액체

### 1) 발생원 및 노출가능상황

① 페인트와 니스의 제거제(락카와 수지의 용제)로 많이 사용

② 락카 제조업· 아디프산· 벤젠· 시클로헥실 클로라이드(cyclohexyl chloride)· 니트로 시클로헥산(nitro cyclohexane)· 시클로헥사놀(cyclohexanol) 시클로헥사논(cyclohexaone)의 제조과정과 화학물질 분석 실험실에서 많이 사용

## 라. 노말헥산

> 노말헥산 분자식은 $C_6H_{14}$이며, 지방족 탄화수소(aliphatic hydrocarbon)으로 석유냄새가 나는 휘발성이 강한 액체로서, 말초신경독성을 갖는 대표적인 유기용제

### 1) 발생원 및 노출가능상황

① 페인트· 코팅·접착제의 용제· 종자의 기름 추출용 용제· 에탄올 변성제· 세척제(섬유, 가구, 가죽 산업, 시험실 시약 (ex.중합반응 매체), 저온 측정용 온도계)

제조에 사용

- 폴리올레핀과 탄성중합체의 제조, 식물성기름, 페인트, 접착제 제조 공정, 섬유, 가구, 가구 제조 공정, 저온 측정용 온도계 제조 공정 등에서 노출가능
- 기본적으로 용매로 사용되며, 접착제로 사용되는 경우가 많다.

## 마. 트리클로로에틸렌

> 트리클로로에틸렌 분자식은 $C_2HCl_3$이며, 무색의 불연성 액체로 달콤한 냄새가 나며 휘발성 물질로 지방에 잘 녹는 성질이 있다.

### 1) 발생원 및 노출가능상황

① 용매, 희석제, 탈지제, 추출제, 살충제 등으로 다양하게 사용
- 금속의 탈지, 페이트 신너 등 다양한 용도의 용제, 염색, 드라이클리닝, 냉매 및 열교환액, 훈증제, 화학생산품의 중간산물, 전자제품의 청소 및 건조, 식품가공업의 추출제, 수술용 마취제 및 진통제 등의 원료로 사용
- 드라이클리닝 및 염색, 금속 탈지 및 세척작업, 살충제, 접착제, 왁스, 수지, 타르, 페인트, 고무, 니스, 클로르아세트산 제조의 화학적 중간 공정, 도장 작업 등에서 노출 가능

**07** 이산화질소에 노출되어 발생한 메트헤모글로빈혈증(methemoglobinemia), 청색증(靑色症) 등의 급성중독

> 이산화질소 분자식은 $NO_2$이며 적갈색이면서 자극성 냄새가 나는 유독성 기체

## 가. 발생원 및 노출가능상황

① 고온 연소 시 산소는 질소와 반응하여 질소산화물을 만들게 되는데, 이산화질소가 작업현장에서 흡입성 호흡기질환의 주요 원인물질이다.
- 직업적 노출원으로는 사일로에 저장된 건초나 곡식의 발효, 금속을 질산으로 닦거나 에칭(etching), 절단용 화염이나 용접용 아크 연료연소, 광부의 지하폭파 잔여물 노출, 소방관의 질소포함물질 연소에 의한 노출 등이 있다.

- 환경적 노출원은 자동차 배기가스에 의한 대기오염과 실내에서 사용되는 조리용 가스렌지나 석유난방기구 등이다.

## 08 황화수소에 노출되어 발생한 의식 소실(消失), 무호흡, 폐부종, 후각 신경마비 등의 급성중독

> 황화수소 분자식은 $H_2S$이며, 무색이면서 특유의 달걀 썩은 냄새가 나는 유독성 기체

### 가. 발생원 및 노출가능상황

① 황화수소는 유기물의 분해에 의해 자연적으로 발생되는 독성물질로 썩은 달걀의 자극적인 냄새가 나는데 후각은 쉽게 마비되므로 (후각 피로현상) 곧 냄새를 맡을 수 없게 된다.

② 지열 및 화석연료에너지의 추출은 황화수소의 주요 산업적 노출원이며, 퇴비를 만드는 공정, 하수구 관리, 생선가공, 가열된 타르나 아스팔트를 사용하는 지붕이나 도로포장작업 등도 황화수소의 노출위험군이다.

- 어선의 선창이나 퇴비저장실 같은 제한된 공간에서 특히 위험하다.
- 대부분의 경우 황화수소뿐만 아니라 일산화탄소·암모니아·아황산가스·탄산가스·메탄 등 다양한 가스에 복합적으로 노출되는 경우가 많다. 우리나라에서도 단무지 제조공장에서 발효조에 들어갔던 근로자가 중독되어 사망한 사례가 있다.

> 시안화수소 분자식이 HCN이며 무색이면서 아몬드 향이 나는 맹독성 화합물로서 물에 잘녹는 성질이 있어, 물에 녹으면서 발생하는 시안화이온(CN-)이 세포호흡을 방해하면서 인체에 치명적인 영향을 끼침
> 시안화물 시아노기(CN-)를 갖고있는 화합물로서 시안화칼륨(KCN)과 같은 무기시안화물과 아세토니트릴($CH_3CN$)과 같은 유기시안화물이 있으며 일반적독성이 있다.

## 가. 발생원 및 노출가능상황

① 시안화염의 제조·전기 도금·금·은 등 광물의 제련 및 보석가공·사진 현상·합성고무·플라스틱의 합성·훈증 소독제·의약품의 첨가제 등에 사용된다.

- 시안화염의 제조·전기 도금·보석가공·사진 현상·합성고무의 생산·플라스틱의 합성과 제조·곤충과 쥐 등에 대한 훈증 소독·짐승 가죽의 털 제거 등에 종사하며 시안화물을 취급하는 작업

**10** 불화수소·불산에 노출되어 발생한 화학적 화상·청색증·폐수종·부정맥 등의 급성중독

> 불화수소·불산 불화수소의 분자식은 HF이며 자극성 냄새가 나는 무색의 기체 또는 액체로 물에 녹은 수용액 형태를 불산이라고 한다. 불산은 부식성이 커서 피부노출시 화학적 화상위험이 있으며 불화수소를 흡입시 불규칙한 심장박동, 질식 위험이 있다.

## 가. 발생원 및 노출가능상황

① 무색의 불화수소 또는 액상의 불산(hydrofluoric acid)은 공업적으로 불소의 공급원으로서 제약 또는 중합체(polymer) 산업에 이용되며, 광물의 제거와 유리의 식각(etching) 작업과 광택작업 시에도 사용된다.

② 옥탄가가 높은 휘발유 제조, 탄화수소 제조, 금속 주조공장, 반도체 제조 사업장의 식각 및 연마공정(유리 등), 금속 주조물에서 모래 제거공정 등에서 노출 가능

**11** 인[백린(白燐), 황린(黃燐) 등 금지물질에 해당하는 동소체(同素體)로 한정한다]이나 그 화합물에 노출되어 발생한 급성중독

> **백린** 백린은 인 원자(P) 4개로 이루어진 분자인($P_4$)으로 투명한 왁스질 고체이나, 빛에 노출되면 빠르게 노란색으로 변색되어 황린이라고도 한다. 공기 중에서 자연발화성이 있으며 독성이 있어 흡입시 간손상, 괴사 등의 영향을 끼친다.

## 가. 발생원 및 노출가능상황

① 자연 상태에서 흰색, 붉은색, 검은색 인의 동소체 형태로 존재하는 비금속 고체로서 황린성냥 제조공장, 농약 제조 등에 사용되었다.

- 백린은 폭발물, 쥐약, 비료 제조에 사용이 되며 적린은 성냥 제조 과정에서 사용된다. 흑린은 산업적으로 사용되지 않는다. 백린은 20세기 초반에 사용이 금지되어 노출 인구가 거의 없다.

- 성냥 및 비료 생산 시 노출이 잘 되며, 산업적으로는 포스핀의 형태로 사용하는 경우가 많다.

> ※ 동소체는 한 종류의 원소로 이루어져 있으나 그 성질이 다른 물질이 있는 경우(예. 흑연 vs 다이아몬드)를 의미한다. 금지물질인 백린과 황린의 동소체로 직업적 노출이 가장 흔한 것은 적린이라고 할 수 있다. 포스핀은 황린과 백린의 동소체가 아니다.

**12** 카드뮴이나 그 화합물에 노출되어 발생한 급성중독

> **카드뮴** 원자식은 Cd이며, 은백색을 띄는 무른 금속으로 독성이 강하고 체내에 잘 축적되면서 배출되지 않아 이타이이타이병과 같은 인체에 심각한 중독증상을 야기한다.
> **카드뮴화합물** 산소(O), 황(S) 등과 카드뮴(Cd)이 결합하여 생성되는 화합물

## 가. 발생원 및 노출가능상황

① 유리 및 도자기의 착색원료로서 동 물질을 칭량, 배합, 용해하는 공정이나 도료 등을 제조하는 사업장·플라스틱안료·페인트·인쇄잉크 등의 착색원료로 사용하는 사업장, 합성수지 제조공정에서 중합촉매제로 사용하는 사업장에서 다양하게 사용

- 치과용 아말감의 합금 또는 취급을 하는 작업, 카드뮴 축전지를 제조 또는 그 부분품을 제조, 수리 또는 해체하는 공정

- 카드뮴 또는 카드뮴 물질의 용해, 주조, 혼합 등의 작업, PVC 플라스틱

제품의 열안정제로 동 물질을 사용하는 작업

- 살균 및 살충제를 제조 또는 취급하는 작업, 타 금속과 동 물질을 전기
도금하는 작업

② 카드뮴 처리된 금속의 용접과 합금 및 가공작업 등에 종사하는 경우 노출[1]

- 작업장에서 오염된 손으로 음식을 먹거나 흡연도 카드뮴 노출의 원인이
다.

### 13 다음 각 목의 화학적 인자에 노출되어 발생한 급성중독

가. 「산업안전보건법」 제125조제1항에 따른 작업환경측정 대상
유해인자 중 화학적 인자

나. 「산업안전보건법」 제130조제1항제1호에 따른 특수건강진단
대상 유해인자 중 화학적 인자

> **화학적 인자** 산업안전보건법 시행규칙 별표21, 22에 있는 화학적 인자 목록에 있
> 는 유해인자로서 인자별 특성은 물질안전보건자료시스템(한국산업안
> 전보건공단), 화학 물질정보시스템(국립환경과학원)에서 참고

## 가. 발생원 및 노출가능상황

① 특수건강진단 유해인자 중 화학적 인자는 유기화합물(109종)·금속류(20
종)·산 및 알칼리류(8종)·가스 상태 물질류(14종)·허가대상유해물질(12종)
을 의미한다.

② 유기화합물 중 유기용제는 화학적 성상에 따라 1)지방족 탄화수소 및 방향
족 탄화수소, 2)알콜류, 3)에스텔·아세테이트류, 4)알데히드류, 5)케톤
류, 6)글리콜류, 7)에텔류, 8)아미드/아민류 등과 같이 8가지로 분류할
수 있으며 지방족 탄화수소의 상당부분은 염소화된 할로겐화 탄화수소물
이다.

- 산업안전보건기준에 관한 규칙에서는 유기화합물을 상온-상압에서 휘
발성이 있는 액체로서 다른 물질을 녹이는 성질이 있는 유기용제를
포함한 탄화수소계 화합물 중 별표12 제1호에 따른 물질로 정의하고
있으며 이는 117종에 이른다.

- 유기용제의 취급 업종으로는 화학제품, 합성세제, 의약품, 농약, 사진

---

4) 제3장 화학적 요인, 제3편 환경과 건강, 예방의학과 공중보건학, 제4판, 2021.

약품, 폭약, 방충제, 방부제 등 광범위한 화학공업제품 제조를 비롯하여 접착제, 금속코팅, 착색, 세척, 고무 및 가죽가공 등이 있으며 사용목적에 따라 단독 혹은 혼합하여 사용한다. 다른 물질을 녹이는 용매로서 사용하는 경우에는 시너(thinner, 희석제)로 불리는 공업용 혼합 유기용제를 주로 사용한다.

- 유기용제의 건강영향은 그 종류에 관계없이 공통적으로 나타나는 일반적인 것과 개개의 유기용제가 가지고 있는 특이적인 것으로 나눌 수 있는데 그 건강영향은 유기용제의 구조, 노출정도와 기간, 다른 유기용제와의 복합노출, 작업의 강도 및 개인의 감수성 등에 따라 다르다.
- 할로겐화 탄화수소물을 제외한 대부분의 유기용제는 화재와 폭발사고의 위험성도 있다.

③ 금속류는 개별 금속의 특성에 따른 영향이 나타나는 것이 일반적이다.

④ 산 및 알칼리류는 자극성과 부식성이 강한 것이 일반적이다.

⑤ 가스 상태 물질은 다양한 과정으로 질식제로서의 역할을 하여 산소결핍으로 인한 증상을 유발하는 것이 일반적이다.

⑥ 허가대상 유해물질은 발암성을 가지고 있는 경우가 많다.

## 14 디이소시아네이트(diisocyanate), 염소, 염화수소 또는 염산에 노출되어 발생한 반응성 기도과민증후군

### 가. 반응성 기도과민증후군[2)]

#### 1) 발생원 및 노출가능상황

① 원인으로 보고된 물질이나 환경은 다양하고 비특이적인 화학물질을 포함하고 있다.

- 염소(chlorine)· 톨루엔 디이소시아네이트· 질소 산화물(oxides of nitrogen)· 아세트산(acetic acid)· 이산화황(sulphur dioxide) 페인트 등이 흔한 물질이다.
- 국내에서 문헌을 통해 보고된 반응성 기도과민증후군 사례는 톨루엔 디이소 시아네이트· 염소가스· 화재· 바퀴벌레 훈연살충제 등에 의한 6례 정도이다.

---

6) 박해심. 직업성 천식과 반응성 기도과민증후군. 대한천식알레르기학회 초록집. 1997

## 나. 톨루엔-2,4-디이소시아네이트

> 톨루엔-2,4-디이소시아네이트 화학식은 $C_6H_3(CH_3)(N{=}C{=}O)_2$이며, 톨루엔($C_6H_5CH_3$)의 2개의 수소가 이소시아네이트기($N{=}C{=}O-$)로 치환된 화학 물질로서 흡입시 기관지, 폐에 자극을 주는 독성 물질

### 1) 발생원 및 노출가능상황

① 폴레우레탄 사용 공정, 가구공장이나 악기 제조공장의 도장작업, 낚시대 제조공장의 도장작업, 냉동기 제조공장의 단열재 제작작업, 은박지 제조 공정, 전선 피막코팅 등의 공정

## 다. 염산, 염화수소

> 염산, 염화수소 염화의 분자식은 $HCl$이며 상온에서 무색의 유독성 기체. 물에 녹은 수 용액 형태를 염산이라고 한다. 염산은 부식성이 크며 고농도의 염화수소는 눈, 피부, 창자 등의 생체 조직에 손상을 입힐 수 있다.

### 1) 발생원 및 노출가능상황

① 염화알킬 제조·전지·의약품·염료·비료·인조 실크 제조·페인트 색소 제조·금속 제정·도금·비누 정제 사업장·도금의 산 처리 공정·금속 표면 세척 공정 등

---

**15** 트리클로로에틸렌에 노출(해당 물질에 노출되는 업무에 종사하지 않게 된 후 3개월이 지난 경우는 제외한다)되어 발생한 스티브스존슨 증후군(stevens-johnson syndrome). 다만, 약물, 감염, 후천성면역 결핍증, 악성 종양 등 다른 원인으로 발생한 스티브스존슨 증후군은 제외한다.

> 트리클로로에틸렌 분자식은 $C_2HCl_3$이며, 무색의 불연성 액체로 달콤한 냄새가 나며 휘발성 물질로 지방에 잘 녹는 성질이 있다.

## 가. 발생원 및 노출가능상황

① 용매·희석제·탈지제·추출제·살충제 등으로 다양하게 사용
  • 금속의 탈지·페인트의 신나 등 다양한 용도의 용제·염색·드라이클리

닝·냉매 및 열교환액·훈증제·화학생산품의 중간산물·전자제품의 청소 및 건조·식품가공업의 추출제·수술용 마취제 및 진통제 등의 원료로 사용

- 드라이클리닝 및 염색·금속 탈지 및 세척작업·살충제·접착제·왁스·수지·타르·페인트·고무·니스·클로르아세트산 제조의 화학적 중간 공정, 도장 작업 등에서 노출 가능

**16** **트리클로로에틸렌 또는 디메틸포름아미드**(dimethylformamide)**에 노출**(해당 물질에 노출되는 업무에 종사하지 않게 된 후 3개월이 지난 경우는 제외한다)**되어 발생한 독성 간염. 다만, 약물·알코올·과체중·당뇨병 등 다른 원인으로 발생하거나 다른 질병이 원인이 되어 발생한 간염은 제외한다.**

## 가. 트리클로로에틸렌

> 트리클로로에틸렌 분자식은 $C_2HCl_3$이며, 무색의 불연성 액체로 달콤한 냄새가 나며 휘발성 물질로 지방에 잘 녹는 성질이 있다.

### 1) 발생원 및 노출가능상황

① 용매·희석제·탈지제·추출제·살충제 등으로 다양하게 사용

- 금속의 탈지, 페인트의 신나 등 다양한 용도의 용제·염색, 드라이클리닝·냉매 및 열교환액·훈증제·화학생산품의 중간산물·전자제품의 청소 및 건조·식품가공업의 추출제·수술용 마취제 및 진통제 등의 원료로 사용
- 드라이클리닝 및 염색 금속 탈지 및 세척작업·살충제·접착제·왁스·수지·타르·페인트·고무·니스·클로르아세트산 제조의 화학적 중간 공정·도장 작업 등에서 노출 가능

## 나. 디메틸포름아미드

> 디메틸포름아미드 분자식은 $C_3H_7NO$이며 무색의 약한 암모니아 냄새가 나는 액체로서 세계적으로 많이 사용되는 유기용제이며 주로 간독성이 문제가 된다.

### 1) 발생원 및 노출가능상황

① 디메틸포름아미드(N,N-dimethylformamide, DMF)는 약한 암모니아 냄새가 나는 무색의 수용성 유기용제로서 산업장에서는 레진이나 극성폴리머로 이용된다.

② 합성피혁제조, 제화, 보호코팅, 스판덱스 섬유 제조 공정, 분석 시약, 가스 흡수제, 접착제, 필름과 인쇄용 잉크, 색소 사용 공정에서 노출 가능

## 17 보건의료 종사자에게 발생한 B형 간염, C형 간염, 매독 또는 후천성면역결핍증의 혈액전파성 질병

## 가. B형, C형 간염

### 1) 발생원 및 노출가능상황

① 병원에서 근무하는 근로자의 경우 혈액을 통하여 간염이 전염될 수 있다. 주사바늘이나 수술 도구 등에 의하여 B형 및 C형 바이러스 간염의 전파가 가능하다.

- B형 간염 표면항원(HBsAg)과 B형 간염 e항원(HBeAg)이 둘 다 양성인 혈액이 묻은 주사바늘에 찔리는 등 피부 손상으로 감염될 확률은 22~31%로 알려져 있으며 이는 강력한 전염 경로이다.
- B형 간염바이러스는 실온의 마른 혈액 속에서 최소 1주일간 생존할 수 있다.
- 혈액 외에도 모유, 담즙, 뇌척수액, 대변, 정액, 타액, 땀, 관절 활액에서도 발견된다.
- C형 간염의 경우 감염된 혈액이 손상된 피부를 통하여 감염될 확률은 1.8% 정도이다.

② (노출 경로) 감염된 사람의 혈액이 의료 종사자의 혈류에 들어갈 수 있는 경우

- 의료 종사자를 B형 간염 바이러스(HBV) 또는 C형 간염 바이러스(HCV) 감염의 위험에 빠뜨릴 수 있는 노출은 경피적 손상(예: 바늘에 찔리거나 날카로운 물건으로 베임) 또는 점막, 온전하지 않은 점막이나 피부에 접촉되는 것(예 갈라짐 찰과상 등)

- 혈액 및 감염자의 뇌척수액, 활액, 흉막, 복막, 심낭액 및 양수에 노출되어 감염될 수도 있다.
- 대변, 코, 분비물, 가래, 땀, 눈물, 소변 및 구토물은 혈액을 포함하지 않는 한 일반적으로 전염성이 없다.

## 나. 매독

### 1) 발생원 및 노출가능상황

① 환자가 매독 1,2기인 경우에는 환자에게 사용한 주사바늘에 찔릴 경우 감염될 수 있으나 3기 매독인 경우 감염 가능성이 매우 낮다.

## 다. 인간면역결핍바이러스(Human Immunodeficiency Virus, HIV)

### 1) 발생원 및 노출가능상황

① 의료 환경에서 HIV 감염에 대한 직업적 감염은 거의 전적으로 감염된 혈액에 직접 접촉한 경우 발생한다.
- 대부분의 경우 주사바늘이나 수술도구에 피부 손상을 받아 감염된다.
- 바이러스가 결막 등 점막에 접촉하여 감염될 가능성은 극히 낮다.

## 18 근로자에게 건강장해를 일으킬 수 있는 습한 상태에서 하는 작업으로 발생한 렙토스피라증(leptospirosis)

## 가. 감염원 및 노출가능상황

① 설치류에 의해 전파. 야외에서 설치류나 설치류 배설물에 노출이 되는 경우 감염 가능
- 쥐와의 접촉이 가장 중요하나 소, 돼지, 염소, 개, 여우 및 들쥐 등에 의해서도 전파 가능
- 병원체가 자생하고 있는 수분이 많은 환경(예:논)에서 근무하는 농부, 하수관 업무, 광부, 수의사, 도축장 근무자 등에서 발생

② 지구상에 널리 퍼져 있어 도시와 농촌, 선진국과 원시림 등 모든 곳에서 발생
- 농부, 사탕수수밭 종사자, 하수구 청소부, 광부, 수의사, 축산업자, 도축장 종사자, 군인 등의 직업군에서 감염이 많다.

## 19　동물이나 그 사체, 짐승의 털·가죽, 그 밖의 동물성 물체를 취급하여 발생한 탄저, 단독(erysipelas) 또는 브루셀라증(brucellosis)

## 가. 탄저

### 1) 감염원 및 노출가능상황

① 탄저(anthrax)는 기본적으로 초식동물의 질환으로 사람은 우연히 감염되는 숙주이다.

- 병원체는 탄저균(Bacillus anthracis)이며, 죽은 가축 및 야생 동물의 혈액 등을 통해 균이 전파된다.
- 감염된 동물의 털이나 가죽도 오랫동안 아포를 가지고 있어 이로 인한 감염도 가능
- 이런 경로를 감안할 때 동물과 그 사체, 털·가죽 등을 취급하는 업무에서 노출 가능성이 높다.

② 탄저는 동물 탄저가 흔한 아메리카의 중앙 및 남부, 유럽의 동·남부 아시아와 아프리카의 농업 지역에 토착화되어 있다. 감염 경로는 다음과 같다.

- 위장관 감염은 오염된 소고기를 충분히 익히지 않고 먹을 때
- 피부 감염은 탄저로 죽은 동물의 조직과 접촉할 때, 오염된 털과 가죽으로 만든 제품(양탄자 털솔 가죽북)이나 오염된 흙에 접촉할 때 발생 가능하다.
- 폐(흡입) 감염은 가죽이나 털을 가공하는 과정에서 탄저균 아포를 호흡기로 흡입하여 감염
- 실험실에서는 사고로 다양한 경로를 통해 감염 가능하다.

> 가축에 대한 예방접종이 철저한 국가에서 사람 탄저는 거의 발생하지 않고 있다. 한국의 경우 2000년 8월 법정감염병 지정 이후 사람에서 발생한 사례 보고는 없다.

## 나. 단독(Erysipelas)

### 1) 감염원 및 노출가능상황

① 피부가 연쇄상 구균 등에 감염되어 진피의 상층부에 병변이 발생하여 주위 정상조직과 경계가 명확한 특성이 있다.

- 피부의 손상된 부분, 작은 상처나 습진, 궤양 등에 세균이 침투하여 감염되기 때문에 의료진이 환자와 접촉시 손상된 피부를 통해 감염

가능

- 항생제 치료를 원칙으로 하며 일주일 내 회복 가능하며 예후도 좋은 편이나 재발이 흔하다.

## 다. 브루셀라증

### 1) 감염원 및 노출가능상황

① 인수공통전염병으로 감염된 동물을 통해서 전파가 가능하다. 주로 염소, 양, 낙타, 돼지, 개, 말, 토끼 등을 통해 감염될 수 있다.

- 감염된 우유를 마시거나, 감염된 동물을 돌보거나, 감염된 사체를 취급함으로써 인간에서 발생 가능하다. 이 경우 병원체는 베인 상처와 찰과상을 통해 몸에 들어갈 수 있다.

② 주로 가축과 부산물을 다루는 축산업자, 도축장 종사자, 수의사, 가축인공수정사 및 실험실 근무자에서 발생 가능성이 높다.

- 전파경로는 다양하여 감염된 동물의 점막 및 혈액, 대소변, 태반, 분비물 등과 접촉시 혹은 오염된 우유 및 유제품을 생으로 섭취하거나, 드물게 육류를 생으로 먹고 감염될 수 있다.
- 실험실과 도축장에서는 공기감염으로 전파가 가능하다. 사람 간 전파는 드물지만 성 접촉, 수직감염(분만, 출산, 수유, 등), 수혈, 장기 이식, 비경구적(주로 정맥 내 주사) 경로 등으로 감염될 수 있다.

## 20 오염된 냉각수로 발생한 레지오넬라증(legionellosis)

## 가. 감염원 및 노출가능상황

① 레지오넬라증은 물에서 서식하는 레지오넬라균에 의해 발생하는 감염성 질환이다.

- 주로 발생하는 장소는 대형건물(병원, 호텔, 빌딩, 공장 등)이며 해당 건물의 냉각탑, 에어컨, 수계시설(샤워기, 수도꼭지), 가습기, 중증 호흡기 치료기기, 온천, 분수 등에서 발생하는 에어로졸로 전파
- 물속의 균이 비말 형태로 인체에 흡입되어 전파되며, 사람 간 전파에 대한 보고는 없다.
- 여름부터 초가을에 주로 발생하는 급성 호흡기 질환

- 조기에 치료하면 대부분 완쾌되지만 치료를 받지 않았을 경우 15~20% 의 치명률을 나타내기도 한다.

② 레지오넬라균은 25~45℃의 따뜻한 물에서 잘 번식하며, 수돗물이나 증류수 내에서 수 개월간 생존할 수 있고 온수기, 에어컨의 냉각탑, 가습기, 온천, 분수 등에도 존재한다.

**21** 고기압 또는 저기압에 노출되거나 중추신경계 산소 독성으로 발생한 건강장해, 감압병(잠수병) 또는 공기색전증(기포가 동맥이나 정맥을 따라 순환하다가 혈관을 막는 것)[3]

## 가. 발생원 및 노출가능상황

① 중추신경계 산소 독성, 감압병, 공기색전증은 모두 고기압 환경에서 기체의 분압이 높아지면서 기체가 혈액과 조직에 과다하게 용해되는 것이 근본적 발생원인이다. 단, 질환의 발현과 증상은 고기압에서 정상기압으로 복귀하는 과정과도 관련이 있다.

- 즉, 고기압 환경에 노출되지 않으면 산소독성, 감압병, 공기색전증은 발생하지 않는다.

② 고기압 환경은 주로 잠수작업에서 볼 수 있다. 단순히 숨을 참고 잠수하거나 SCUBA(self-contained underwater breathing apparatus) 잠수 모두가 해당된다. 그 외에 의료기관에서 사용하는 치료목적의 고압산소치료기로 인한 노출 가능

- 주요 노출 작업으로는 1)수중 해산물 채취 작업(해녀) 및 수중인양 잠수 작업, 2)수중교량 건설작업 및 케이슨(caisson)공법 작업, 3)터널 굴착 시 압축공기 쉴드(shield)공법 작업, 4)기타 고압산소치료기 등의 고기압환경 등이 있다.
- 국내에서 케이슨 공법의 사용이 거의 없다는 점을 감안하면 주된 노출은 잠수작업과 관련이 되어 있다고 보는 것이 타당함

③ 저기압환경에서는 고공(고도 약 2,500m 이상)에서 저산소증이 나타난다.

- 호흡기체의 산소분압이 낮아지면 근육 피로도가 증가할 뿐만 아니라 정신 기능도 감소하여 기억이나 계산, 판단 능력에 장해 발생

---

8) 제3장 화학적 요인. 제3편 환경과 건강. 예방의학과 공중보건학. 제4판. 2021.

## 22 공기 중 산소농도가 부족한 장소에서 발생한 산소결핍증

### 가. 발생원 및 노출가능상황

① (산소결핍) 산업안전보건법 산업안전보건기준에 관한 규칙에서 산소농도
가 18% 미만일 경우로 규정
- 산소결핍증 이란 산소가 결핍된 공기를 흡입함으로써 생기는 이상증상
을 말한다.
- 산소결핍은 물질의 산화나 부식, 미생물의 호흡작용, 식물, 곡물, 목재
등의 부패, 작업공간의 공기가 다른 가스로 치환되는 경우에 발생한다.
② 환기가 충분하지 않은 밀폐된 공간에서 발생 가능
- 지하 맨홀이나 분뇨탱크, 폐수 또는 하수처리설비 등에서 호발
- 습도와 온도, 유기물의 영양분 등으로 미생물의 번식이 쉬워 이산화탄
소, 황화수소, 메탄가스 등이 발생하며 산소농도는 급격히 저하된다.
- 환기가 부족한 밀폐된 공간에서 철제 보일러, 압력용기, 반응탑, 선박
등 금속산화물 또는 녹슬기 쉬운 철재, 산화반응이 쉬운 탱크가 있는
경우는 공기 중 산소와의 산화반응으로 산소의 농도가 낮아지게 된다.

## 23 전리방사선(물질을 통과할 때 이온화를 일으키는 방사선)에 노출되어 발생한 급성 방사선증 또는 무형성 빈혈

### 가. 발생원 및 노출가능상황

① 전리방사선이란 물질과 충돌하거나 물질을 통과할 때 진행로 상의 원자
및 분자와 충돌하여 그것을 붕괴시킴으로써 이온과 유리기(free radical)를
생성하는 고에너지를 갖는 방사선을 의미한다.
② 전리방사선의 종류와 주요 노출원은 다음과 같다.
- 알파 입자(α) : 핵에서 방출되는 입자로 자연적으로 존재하는 우라늄과
플루토늄과 같은 인공방사성 원소에서 나온다. 알파선의 투과력은 아
주 약하여, 종이 한 장으로도 차단 가능
- 베타 입자(β) : 방사성원자의 원자핵으로부터 나오는 전자 알파 입자보
다는 크기가 작지만 에너지가 많고 투과력이 알파 입자보다 강하다.
1~2cm 두께의 물을 투과할 수 있어서, 과도한 노출시 피부화상을 일으

킨다. 얇은 알루미늄 판으로 차단할 수 있다.

- 중성자 : 투과력이 상당히 강한 입자로, 멀리 우주로부터 날아오기도 하고, 공기 중에 있는 원자가 서로 부딪칠 때에 나오기도 한다. 원자로 안에서 우라늄 원자가 핵분열 할 때에 튀어나오기도 한다. 중성자 자체는 불안정하여 양자로 붕괴되면서 베타 입자를 방출한다.
- γ선 및 X선 : X선은 전자를 가속하는 장치로부터 얻어지는 인공적인 방사선 이고 γ선은 원자핵 전환 또는 원자핵 붕괴에 따라 방출되는 자연발생적인 방사선이다. 산업적으로 이용되는 γ선의 예는 코발트60, 세슘137, 이리듐192 등이며 X선은 전자관과 전자 현미경의 제작이나 의학적 용도로 사용된다.

③ 직업성 노출

- 핵에너지시설, 방사선 약제공장, 의료시설의 진단방사선 및 핵의학 분야, 재료의 두께를 측정하거나 용접결과의 평가(결함유무) 등 산업장 전반에 걸쳐서 종사자들이 방사선에 노출 가능
- 최근 사용되는 작업에서의 노출은 통상의 산업장 허용기준을 훨씬 밑돌고 있어 일반적으로 급성 방사선증이나 무형성 빈혈을 유발할 가능성은 낮다.
- X-선 장치의 사용 또는 X-선 발생을 수반하는 당해 장치의 검사업무
- 사이클로트론(cyclotron), 베타트론, 기타의 하전입자(荷電粒子)를 가속시키는 장치의 사용 또는 방사선의 발생을 수반하는 당해 장치의 검사업무
- 방사선 물질을 장비하고 있는 기기의 취급업무
- 방사선을 방출하는 동위원소인 방사성 물질 또는 이것에 오염된 물질을 취급하는 업무
- 원자로의 운전업무, 갱내에서의 핵연료 물질 굴채업무

**24** 고열작업 또는 폭염에 노출되는 장소에서 하는 작업으로 발생한 심부체온상승을 동반하는 열사병

## 가. 증상 및 진단

① 장시간 고온에 노출되거나 뜨거운 환경에서 육체노동을 할 때 열을 발산 시키는 체온조절 기전에 문제가 생겨(thermal regulatory failure) 심부체온 이 섭씨 40도 이상 증가하는 것을 특징으로 한다.

- 고열, 두통, 어지럼증, 의식장애, 비정상적 활력징후, 고온 건조한 피부 등이 나타난다.

# 제3장

# 안전관리자, 보건관리자, 산업보건의 및 안전보건관리담당자의 배치기준

■ : 안전관리자　　▲ : 보건관리자

*▲가 있는 경우, 보건관리자 중 의사가 없으면 산업보건의 1명을 추가 채용하여야 함

☒ : 안전보건관리담당자(안전관리자나 보건관리자가 없는 20인~50인 미만 사업장(일부 산업))

| 대분류 | 중분류 | 소분류 | 세분류 | 세세분류 | 20-49 | 50-99 | 100-299 | 300-499 | 500-999 | 1000-3999 | 4000-4999 | 5000 이상 |
|---|---|---|---|---|---|---|---|---|---|---|---|---|
| A 농업 및 임업(01~03) | 01 농업 | | | | | ■▲▲ | ■▲▲ | ■▲▲ | ■▲▲ | ■▲▲ | ■▲▲ | ■▲▲ |
| | 02 임업 | | | | ☒ | ■▲▲ | ■▲▲ | ■▲▲ | ■▲▲ | ■▲▲ | ■▲▲ | ■▲▲ |
| | 03 어업 | | | | | ▲ | ▲ | ▲ | ▲ | ▲ | ▲ | ▲ |
| B 광업(05~08) | 05 석탄, 원유 및 천연가스 광업 | | | | | | | | ▲ | ▲ | ▲ | ▲ |
| | 06 금속 광업 | | | | | | | ▲ | ▲ | ▲ | ▲ | ▲ |
| | 07 비금속광물 광업 | 071 토사석 광업 | | | | | | | | | | |
| | | 072 기타 비금속광물 광업 | | | | | | | | | | |
| | 08 광업 지원 서비스업 | | | | | | | | | | | |
| C 제조업(10~34) | 10 식료품 제조업 | | | | ☒ | ■▲▲ | ■▲▲ | ■▲▲ | ■▲▲ | ■▲▲ | ■▲▲ | ■▲▲ |
| | 11 음료 제조업 | | | | ☒ | ■▲▲ | ■▲▲ | ■▲▲ | ■▲▲ | ■▲▲ | ■▲▲ | ■▲▲ |
| | 12 담배 제조업 | | | | ☒ | ■▲▲ | ■▲▲ | ■▲▲ | ■▲▲ | ■▲▲ | ■▲▲ | ■▲▲ |
| | 13 섬유제품 제조업; 의복 제외 | 131 방적 및 가공사 제조업 | | | ☒ | ■▲▲ | ■▲▲ | ■▲▲ | ■▲▲ | ■▲▲ | ■▲▲ | ■▲▲ |
| | | 132 직물 직조 및 직물제품 제조업 | | | ☒ | ■▲▲ | ■▲▲ | ■▲▲ | ■▲▲ | ■▲▲ | ■▲▲ | ■▲▲ |
| | | 133 편조 원단 제조업 | | | ☒ | ■▲▲ | ■▲▲ | ■▲▲ | ■▲▲ | ■▲▲ | ■▲▲ | ■▲▲ |
| | | 134 섬유제품 염색, 정리 및 마무리 가공업 | | | ☒ | ■▲▲ | ■▲▲ | ■▲▲ | ■▲▲ | ■▲▲ | ■▲▲ | ■▲▲ |
| | | 139 기타 섬유제품 제조업 | | | ☒ | ■▲▲ | ■▲▲ | ■▲▲ | ■▲▲ | ■▲▲ | ■▲▲ | ■▲▲ |
| | 14 의복, 의복 액세서리 및 모피제품 제조업 | 141 봉제의복 제조업 | | | ☒ | ■▲▲ | ■▲▲ | ■▲▲ | ■▲▲ | ■▲▲ | ■▲▲ | ■▲▲ |
| | | 142 모피제품 제조업 | | | ☒ | ■▲▲ | ■▲▲ | ■▲▲ | ■▲▲ | ■▲▲ | ■▲▲ | ■▲▲ |
| | | 143 편조의복 제조업 | | | ☒ | ■▲▲ | ■▲▲ | ■▲▲ | ■▲▲ | ■▲▲ | ■▲▲ | ■▲▲ |
| | | 144 의복 액세서리 제조업 | 1441 편조 의복 액세서리 제조업 | | ☒ | ■▲▲ | ■▲▲ | ■▲▲ | ■▲▲ | ■▲▲ | ■▲▲ | ■▲▲ |
| | | | 1449 기타 의복 액세서리 제조업 | | ☒ | ■▲▲ | ■▲▲ | ■▲▲ | ■▲▲ | ■▲▲ | ■▲▲ | ■▲▲ |
| | 15 가죽, 가방 및 신발 제조업 | 151 가죽, 가방 및 유사제품 제조업 | 1511 모피 및 가죽 제조업 | | ☒ | ■▲▲ | ■▲▲ | ■▲▲ | ■▲▲ | ■▲▲ | ■▲▲ | ■▲▲ |
| | | | 1512 핸드백 기반 및 기타 보호용 케이스 제조업 | | ☒ | ■▲▲ | ■▲▲ | ■▲▲ | ■▲▲ | ■▲▲ | ■▲▲ | ■▲▲ |
| | | | 1519 기타 가죽제품 제조업 | | ☒ | ■▲▲ | ■▲▲ | ■▲▲ | ■▲▲ | ■▲▲ | ■▲▲ | ■▲▲ |
| | | 152 신발 및 신발 부분품 제조업 | | | ☒ | ■▲▲ | ■▲▲ | ■▲▲ | ■▲▲ | ■▲▲ | ■▲▲ | ■▲▲ |
| | 16 목재 및 나무제품 제조업; 가구 제외 | | | | ☒ | ■▲▲ | ■▲▲ | ■▲▲ | ■▲▲ | ■▲▲ | ■▲▲ | ■▲▲ |
| | 17 펄프, 종이 및 종이제품 제조업 | | | | ☒ | ■▲▲ | ■▲▲ | ■▲▲ | ■▲▲ | ■▲▲ | ■▲▲ | ■▲▲ |
| | 18 인쇄 및 기록매체 복제업 | | | | ☒ | ■▲▲ | ■▲▲ | ■▲▲ | ■▲▲ | ■▲▲ | ■▲▲ | ■▲▲ |
| | 19 코크스, 연탄 및 석유정제품 제조업 | | | | ☒ | ■▲▲ | ■▲▲ | ■▲▲ | ■▲▲ | ■▲▲ | ■▲▲ | ■▲▲ |
| | 20 화학 물질 및 화학제품 제조업; 의약품 제외 | | | | ☒ | ■▲▲ | ■▲▲ | ■▲▲ | ■▲▲ | ■▲▲ | ■▲▲ | ■▲▲ |
| | 21 의료용 물질 및 의약품 제조업 | | | | ☒ | ■▲▲ | ■▲▲ | ■▲▲ | ■▲▲ | ■▲▲ | ■▲▲ | ■▲▲ |
| | 22 고무 및 플라스틱제품 제조업 | | | | ☒ | ■▲▲ | ■▲▲ | ■▲▲ | ■▲▲ | ■▲▲ | ■▲▲ | ■▲▲ |

| 대분류 | 중분류 | 소분류 | 세분류 | 세세분류 | 20-49 | 50-99 | 100-299 | 300-499 | 500-999 | 1000-3999 | 4000-4999 | 5000 이상 |
|---|---|---|---|---|---|---|---|---|---|---|---|---|
| | 23 비금속 광물제품 제조업 | | | | ⊠ | ▲ | ▲ | ▲ | ■▲ | ■▲ | ■▲ | ■▲ |
| | 24 1차 금속 제조업 | | | | ⊠ | ▲ | ▲ | ▲ | ■▲ | ■▲ | ■▲ | ■▲ |
| | 25 금속 가공제품 제조업; 기계 및 가구 제외 | | | | ⊠ | ▲ | ▲ | ▲ | ■▲ | ■▲ | ■▲ | ■▲ |
| | 26 전자 부품, 컴퓨터, 영상, 음향 및 통신장비 제조업 | | | | ⊠ | ▲ | ▲ | ▲ | ■ | ■▲ | ■▲ | ■▲ |
| | 27 의료, 정밀, 광학 기기 및 시계 제조업 | | | | ⊠ | ▲ | ▲ | ▲ | ▲ | ■▲ | ■▲ | ■▲ |
| | 28 전기장비 제조업 | | | | ⊠ | ▲ | ▲ | ▲ | ▲ | ■▲ | ■▲ | ■▲ |
| | 29 기타 기계 및 장비 제조업 | | | | ⊠ | ▲ | ▲ | ▲ | ▲ | ■▲ | ■▲ | ■▲ |
| | 30 자동차 및 트레일러 제조업 | | | | ⊠ | ▲ | ▲ | ▲ | ▲ | ■▲ | ■▲ | ■▲ |
| | 31 기타 운송장비 제조업 | | | | ⊠ | ▲ | ▲ | ▲ | ■ | ■▲ | ■▲ | ■▲ |
| | 32 가구 제조업 | | | | ⊠ | ▲ | ▲ | ▲ | ▲ | ■▲ | ■▲ | ■▲ |
| | 33 기타 제품 제조업 | | | | ⊠ | ▲ | ▲ | ▲ | ▲ | ■▲ | ■▲ | ■▲ |
| | 34 산업용 기계 및 장비 수리업 | | | | ⊠ | | ▲ | ▲ | ▲ | ▲ | ▲ | ▲ |
| D 전기, 가스, 증기 및 공기조절 공급업(35) | 35 전기, 가스, 증기 및 공기조절 공급업 | 351 전기업 | 3511 발전업 | | | ▲ | ▲ | ▲ | ▲ | ■▲ | ■▲ | ■▲ |
| | | | 3512 송전 및 배전업 | | | ▲ | ▲ | ▲ | ▲ | ▲ | ▲ | ▲ |
| | | | 3513 전기 판매업 | | | ▲ | ▲ | ▲ | ▲ | ▲ | ▲ | ▲ |
| | | 352 연료용 가스 제조 및 배관공급업 | | | | ▲ | ▲ | ▲ | ▲ | ▲ | ▲ | ▲ |
| | | 353 증기, 냉온수 및 공기 조절 공급업 | | | | ▲ | ▲ | ▲ | ▲ | ▲ | ▲ | ▲ |
| E 수도, 하수 및 폐기물 처리, 원료 재생업(36-39) | 36 수도업 | | | | | ▲ | ▲ | ▲ | ▲ | ▲ | ▲ | ▲ |
| | 37 하수, 폐수 및 분뇨 처리업 | | | | ⊠ | ▲ | ▲ | ▲ | ▲ | ▲ | ■▲ | ■▲ |
| | 38 폐기물 수집, 운반, 처리 및 원료 재생업 | 381 폐기물 수집, 운반업 | | | ⊠ | ▲ | ▲ | ▲ | ▲ | ■▲ | ■▲ | ■▲ |
| | | 382 폐기물 처리업 | | | | ▲ | ▲ | ▲ | ■▲ | ■▲ | ■▲ | ■▲ |
| | | 383 해체, 선별 및 원료 재생업 | | | | ▲ | ▲ | ▲ | ▲ | ▲ | ▲ | ▲ |
| | 39 환경 정화 및 복원업 | | | | ⊠ | ▲ | ▲ | ▲ | ■▲ | ■▲ | ■▲ | ■▲ |
| F 건설업(41-42) | 1) 안전관리자<br>공사금액 80억원 이상부터 1조원 이상까지 공사금액 기준으로 연 위기준 상이<br>(1일 이상~11일 이상)<br>2) 보건관리자<br>공사금액 800억원 이상(토목공사는 1천억 이상) 또는 상시 근로자 600명 이상인 경우 1명 이상<br>1,400억원이 증가할 때마다 또는 600명이 증가할 때마다 1명씩 추가됨<br>3) 신호보건관리<br>상시 근로자 50인 이상인 경우에 해당, 보건관리자가 의사가 아닌 경우 1명의 산업보건의를<br>두어야 함 | | | | | | | | | | | |
| G 도매 및 소매업(45~47) | | | | | | ■ | ■▲ | ▲ | ▲ | ■▲ | ■▲ | ■▲ |
| H 운수 및 창고업(49~52) | | | | | | ■ | ■▲ | ■▲ | ■▲ | ■▲ | ■▲ | ■▲ |
| I 숙박 및 음식점업(55~56) | | | | | | ■ | ▲ | ▲ | ▲ | ▲ | ▲ | ▲ |
| J 정보통신업(58~63) | 58 출판업 | 581 서적, 잡지 및 기타 인쇄물 출판업 | | | | ■ | ■ | ▲ | ▲ | ■ | ■ | ■▲ |
| | | 582 소프트웨어 개발 및 공급업 | | | | | | | | | | |
| | 59 영상·오디오 기록물 제작 및 배급업 | | | | | ■ | ▲ | ▲ | ▲ | ▲ | ▲ | ■▲ |
| | 60 방송업 | | | | | | | | | | | |
| | 61 우편 및 통신업 | | | | | | | | | | | |
| | 62 컴퓨터 프로그래밍, 시스템 통합 및 관리업 | | | | | | | | | | | |
| | 63 정보서비스업 | | | | | | | | | | | |

| 대분류 | 중분류 | 소분류 | 세분류 | 세세분류 | 20~49 | 50~99 | 100~299 | 300~499 | 500~999 | 1000~3999 | 4000~4999 | 5000이상 |
|---|---|---|---|---|---|---|---|---|---|---|---|---|
| K 금융 및 보험업(64~66) | | | | | | | | | | | | |
| L 부동산업(68) | 68 부동산업 | 681 부동산 임대 및 공급업 | | | | ▲ | ▲ | ▲ | ▲ | ■▲ | ■▲ | ■▲ |
| | | 682 부동산 관련 서비스업 | 6821 부동산 관리업 | | | ▲ | ▲ | ▲ | ▲ | ■▲ | ■▲ | ■▲ |
| | | | 6822 부동산 중개, 자문, 자료 및 감정 평가업 | | | ▲ | ▲ | ▲ | ▲ | ■▲ | ▲ | ■▲ |
| M 전문, 과학 및 기술 서비스업(70~73) | 70 연구개발업 | | | | | ▲ | | | ▲ | ■▲ | ■▲ | ■▲ |
| | 71 전문 서비스업 | | | | | | | | ▲ | ■▲ | ■▲ | ■▲ |
| | 72 건축 기술, 엔지니어링 및 기타 과학기술 서비스업 | | | | | | | | | | | |
| | 73 기타 전문, 과학 및 기술 서비스업 | 731 수의업 | | | | | | | | | | |
| | | 732 전문 디자인업 | | | | | | | | | | |
| | | 733 사진 촬영 및 처리업 | 73301 | 인물 사진 및 행사용 영상 촬영업 | | | | | | | | ■▲ |
| | | | 73302 | 상업용 사진 촬영업 | | | | | | | | |
| | | | 73303 | 사진 처리업 | | | | | | | | |
| | | 739 그 외 기타 전문, 과학 및 기술 서비스업 | | | | | | | | | | |
| N 사업시설 관리, 사업 지원 및 임대 서비스업(74~76) | 74 사업시설 관리 및 조경 서비스업 | | | | | ■ | ■ | ■ | ■ | ■ | ■ | ■ |
| | 75 사업 지원 서비스업 | | | | | | | | | | | |
| | 76 임대업; 부동산 제외 | | | | | | | | | | | |
| O 공공 행정, 국방 및 사회보장 행정(84) | | | | | | | | | | | | |
| P 교육 서비스업(85) | 85 교육 서비스업 | 851 초등 교육기관 | | | | ■▲ | ■ | ■ | ■ | ■▲ | ■▲ | ■▲ |
| | | 852 중등 교육기관 | | | | ■▲ | ■ | ■ | ■ | ■▲ | ■▲ | ■▲ |
| | | 853 고등 교육기관 | | | | ■▲ | ■ | ■ | ■ | ■▲ | ■▲ | ■▲ |
| | | 854 특수학교, 외국인학교 및 대안학교 | | | | ■▲ | ▲ | ▲ | ▲ | ■▲ | ■▲ | ■▲ |
| | | 855 일반 교습학원 | | | | | | | | | | |
| | | 856 기타 교육기관 | 8561 스포츠 및 레크리에이션 교육기관 | 85611 태권도 및 무술 교육기관 | | | | | | | | |
| | | | | 85612 기타 스포츠 교육기관 | | | | | | | | |
| | | | | 85613 레크리에이션 교육기관 | | | | | | | | |
| | | | | 85614 청소년 수련시설 운영업 | | ■▲ | ▲ | ▲ | ▲ | ▲ | ■▲ | ■▲ |
| | | | 8562 예술학원 | | | | | | | | | |
| | | | 8563 외국어학원 및 기타 교습학원 | | | | | | | | | |
| | | | 8564 사회교육시설 | | | | | | | | | |
| | | | 8565 직원 훈련기관 | | | | | | | | | |
| | | | 8566 기술 및 직업 훈련학원 | | | | | | | | | |
| | | | 8569 그 외 기타 교육기관 | | | | | | | | | |
| | | 857 교육 지원 서비스업 | | | | ▲ | | | | | | |
| Q 보건업 및 사회복지 서비스업(86~87) | 86 보건업 | | | | | ▲ | ▲ | ▲ | ▲ | ■▲ | ■▲ | ■▲ |
| | 87 사회복지 서비스업 | | | | | | | | | | | |

| 대분류 | 중분류 | 소분류 | 세분류 | 세세분류 | 20-49 | 50-99 | 100-299 | 300-499 | 500-999 | 1000-3999 | 4000-4999 | 5000 이상 |
|---|---|---|---|---|---|---|---|---|---|---|---|---|
| R 예술, 스포츠 및 여가관련 서비스업 (90~91) | 90 창작, 예술 및 여가관련 서비스업 | | | | | | ■ | ■ | ■ | ■■ | ■■ | ■■ |
| | 91 스포츠 및 오락관련 서비스업 | 911 스포츠 서비스업 | 9111 경기장 운영업 | | | | | | | ■■ | ■■ | ■■ |
| | | | 9112 골프장 및 스키장 운영업 | 91121 골프장 운영업 | ■ | ■ | ■ | ■ | ■ | ■■ | ■■ | ■■ |
| | | | | 91122 스키장 운영업 | ▲ | ▲ | ▲ | ▲ | ▲ | ■▲ | ■▲ | ■▲ |
| | | | 9113 기타 스포츠시설 운영업 | | | | | | | ■▲ | ■▲ | ■▲ |
| | | | 9119 기타 스포츠 서비스업 | | | | | | | ■■ | ■■ | ■■ |
| | | 912 유원지 및 기타 오락관련 서비스업 | | | | | | | | ■▲ | ■▲ | ■▲ |
| S 협회 및 단체, 수리 및 기타 개인 서비스업 (94~96) | 94 협회 및 단체 | | | | | | | | | ■▲ | ■▲ | ■▲ |
| | 95 개인 및 소비용품 수리업 | 951 컴퓨터 및 통신장비 수리업 | | | ▲ | ▲ | ■▲ | ■▲ | ■▲ | ■▲ | ■▲ | ■▲ |
| | | 952 자동차 및 모터사이클 수리업 | 9521 자동차 수리 및 세차업 | 95211 자동차 종합 수리업 | ▲ | ▲ | ■▲ | ■▲ | ■▲ | ■▲ | ■▲ | ■▲ |
| | | | | 95212 자동차 전문 수리업 | ▲ | ▲ | ■▲ | ■▲ | ■▲ | ■▲ | ■▲ | ■▲ |
| | | | | 95213 자동차 세차업 | ▲ | ▲ | ▲ | ▲ | ▲ | ■▲ | ■▲ | ■▲ |
| | | | 9522 모터사이클 수리업 | | | | | | | | | |
| | | 953 개인 및 가정용품 수리업 | | | | | | | | ■▲ | ■▲ | ■▲ |
| | 96 기타 개인 서비스업 | 961 미용, 욕탕 및 유사 서비스업 | | | | | ■▲ | ■▲ | ■▲ | ■▲ | ■▲ | ■▲ |
| | | 969 그 외 기타 개인 서비스업 | 9691 세탁업 | | | | | | | ■■ | ■■ | ■■ |
| | | | 9692 장례식장 및 관련 서비스업 | | | | | | | ■▲ | ■▲ | ■▲ |
| | | | 9699 그 외 기타 분류 안된 개인 서비스업 | | | | | | | ■■ | ■■ | ■■ |
| T 가구 내 고용활동 및 달리 분류되지 않은 자가 소비 생산활동(97~98) | | | | | | | | | | | | |
| U 국제 및 외국기관(99) | | | | | | | | | | | | |

※ 건설업 안전관리자 선임기준 : 공사금액 800억원 이상 8000억원 미만 1명 이상 / 공사금액 800억원 이상 1,500억원 미만 2명 이상 / 공사금액 1,500억원 이상 2,200억원 미만 3명 이상 / 공사금액 2,200억원 이상 3천억원 미만 4명 이상 / 공사금액 3천억원 이상 3,900억원 미만 5명 이상 / 공사금액 3,900억원 이상 4,900억원 미만 6명 이상 / 공사금액 4,900억원 이상 6천억원 미만 7명 이상 / 공사금액 6천억원 이상 7,200억원 미만 8명 이상 / 공사금액 7,200억원 이상 8,500억원 미만 9명 이상 / 공사금액 8,500억원 이상 1조원 미만 10명 이상 / 1조원 이상 11명 이상

## 공공행정 등에서 현업업무에 종사하는 사람의 기준

[고용노동부 고시 제2020-62호]

1. 공공행정에서 현업업무에 해당하는 업무내용
   (공무직, 공무원 여부와 무관하게 업무내용으로 결정됨)
   ① 청사 등 시설물의 경비, 유지관리 업무 및 설비·장비 등의 유지 관리 업무
   ② 도로의 유지·보수 등의 업무
   ③ 도로·가로 등의 청소, 쓰레기·폐기물의 수거·처리 등 환경미화 업무
   ④ 공원·녹지 등의 유지관리 업무
   ⑤ 산림조사 및 산림보호 업무
   ⑥ 조리 실무 및 급식실 운영 등 조리시설 관련 업무

2. 초등·중등·고등 교육기관, 특수학교·외국인학교 및 대안학교에서 현업업무에 해당하는 업무내용
   ① 학교 시설물 및 설비·장비 등의 유지관리 업무
   ② 학교 경비 및 학생 통학 보조 업무
   ③ 조리 실무 및 급식실 운영 등 조리시설 관련 업무

# 제4장

# 건설공사 안전보건대장

## 01 건설공사 안전보건대장의 작성 등에 관한 고시 (고용노동부)

[시행 2024. 4. 1.]
[고용노동부고시 제2024-80호, 2020. 1. 15., 제정]

### 제1조 목적

이 고시는 「산업안전보건법」 제67조 및 같은 법 시행규칙 제86조제4항에 따라 건설공사 발주자(이하 "발주자"라 한다)가 건설공사 근로자의 산업재해 예방을 위하여 실시하여야 하는 건설공사의 계획, 설계 및 시공 단계별 조치에 관하여 필요한 사항을 정함을 목적으로 한다.

### 제2조 정의

이 고시에서 사용하는 용어의 뜻은 다음과 같으며, 이 고시에 특별한 규정이 없으면 「산업안전보건법」 (이하 "법"이라 한다), 같은 법 시행령(이하 "영"이라 한다), 같은 법 시행규칙(이하 "규칙"이라 한다) 및 「산업안전보건기준에 관한 규칙」이 정하는 바에 따른다.

1. "설계자"란 다음 각 목의 어느 하나에 해당하는 자를 말한다.
   가. 「건설기술 진흥법」 제2조제9호에 따른 건설엔지니어링사업자 중 설계용역을 영업의 목적으로 하는 자
   나. 「건축사법」 제2조제3호에 따른 설계를 하는 자
   다. 「전력기술관리법」 제2조제3호에 따른 설계를 하는 자
   라. 「정보통신공사업법」 제2조제8호에 따른 설계를 하는 자
   마. 「소방시설공사업법」 제2조제1항제1호가목에 따른 설계도서를 작성하는 자

바. 「문화재수리 등에 관한 법률」 제2조제6호에 따른 실측설계를 하는 자
2. "총공사금액"이란 발주자가 하나의 건설공사를 완성하기 위하여 발주한 공사금액의 합계액을 말한다.
3. 삭제

### 제3조 적용범위

① 이 고시는 영 제55조에 따라 총공사금액이 50억원 이상인 건설공사에 적용한다.
② 제1항에도 불구하고 시간적 · 장소적으로 분리된 건설공사를 일정기간 총액으로 계약한 공사는 개별 공사금액이 50억원 이상인 경우에 한하여 적용한다.

### 제4조 안전보건대장의 작성방법

① 발주자가 하나의 건설공사를 두 개 이상으로 분리하여 발주하는 경우에는 발주자, 설계자 또는 발주자로부터 건설공사를 최초로 도급받은 수급인(이하 "수급인"이라 한다)은 안전보건대장을 각각 작성하여야 한다.
② 제1항에도 불구하고 발주자는 두 개 이상으로 분리하여 발주하는 건설공사의 기본안전보건대장을 통합하여 작성할 수 있으며, 설계자 또는 수급인이 같은 건설공사의 설계안전보건대장 또는 공사안전보건대장을 통합하여 작성할 수 있다.

## 제5조 기본안전보건대장의 작성 등

① 발주자는 건설공사 계획단계에서 규칙 제86조제1항에 따른 사항을 포함한 별지 제1호서식의 기본안전보건대장을 작성하여야 한다.

② 발주자는 설계자와 설계계약을 체결할 경우 기본안전보건대장을 설계자에게 제공하여야 한다.

## 제6조 설계안전보건대장의 작성 등

① 설계자는 발주자로부터 제공받은 기본안전보건대장을 반영하여 규칙 제86조제2항에 따른 사항을 포함한 별지 제2호서식의 설계안전보건대장을 작성하여야 한다.

② 설계자는 작성이 완료된 설계도서(설계도면, 설계명세서, 공사시방서 및 부대도면과 그 밖의 관련 서류를 말한다. 이하 같다)를 기준으로 설계안전보건대장을 작성하여 발주자에게 제출하여야 한다.

③ 설계안전보건대장을 제출받은 발주자는 법 제67조제2항에 따라 안전보건 분야의 전문가에게 설계안전보건대장에 기재된 내용의 적정성 등을 검토하게 하여야 한다. 이 경우 발주자 및 설계자는 설계도서 등 설계안전보건대장의 검토에 필요한 자료를 제공하여야 한다.

④ 설계안전보건대장의 적정성 등의 검토를 의뢰받은 안전보건 분야의 전문가는 설계자가 예상한 시공단계의 유해·위험요인과 이의 위험성 감소방안, 공사기간 및 공사비 산정 내역의 적정성 등을 검토하고 그 결과를 발주자에게 제출하여야 한다.

⑤ 발주자는 제4항에 따른 검토 결과 설계안전보건대장의 개선이 필요하다고 인정되는 경우에는 설계자에게 보완·변경을 요청하거나 공사기간 또는 공사비를 조정하는 등 필요한 조치를 하여야 한다.

⑥ 발주자는 건설공사 수급인 선정을 위한 입찰 시 설계안전보건대장을 미리 고지하고, 건설공사 계약 체결 시 설계안전보건대장을 수급인에게 제공하여야 한다.

## 제7조 공사안전보건대장의 작성 등

① 수급인은 발주자로부터 제공받은 설계안전보건대장을 반영하여 규칙 제86조제3항에 따른 사항을 포함한 별지 제3호서식의 공사안전보건대장을 작성하여야 한다.

② 수급인은 건설공사의 착공(대지 정리 및 가설사무소 설치 등의 공사 준비기간은 착공으로 보지 않는다. 이하 같다) 전날까지 공사안전보건대장을 작성하여 발주자에게 제출하여야 한다.

③ 공사안전보건대장을 제출받은 발주자는 법 제67조제2항에 따라 안전보건 분야의 전문가에게 공사안전보건대장에 기재된 내용의 적정성 등을 검토하게 하여야 한다. 이 경우 발주자 및 수급인은 설계도서(시공상세도면, 시공계획서, 공정계획서 등 수급인이 작성하는 문서를 포함한다) 등 공사안전보건대장의 검토에 필요한 자료를 제공하여야 한다.

④ 공사안전보건대장의 적정성 등의 검토를 의뢰받은 안전보건 분야의 전문가는 수급인이 작성한 유해·위험요인별 안전보건조치 이행계획의 적정성 등을 검토하고 그 결과를 발주자에게 제출하여야 한다.

⑤ 발주자는 제4항에 따른 검토 결과 공사안전보건대장의 개선이 필요하다고 인정되는 경우에는 수급인에게 보완·변경을 요청하여야 한다.

⑥ 수급인은 착공 이후 설계변경 또는 공법의 변경으로 인하여 공사안전보건대장을 변경할 필요가 있는 경우에는 이를 변경하고 발주자에게 제출하여야 한다.

## 제8조 공사안전보건대장의 이행 확인

① 발주자는 수급인이 공사안전보건대장에 따른 안전보건 조치계획을 이행하였는지 여부를 건설공사의 착공 후 매 3개월마다 1회 이상 확인하여야 한다. 다만, 3개월 이내에 건설공사가 종료되는 경우에는 종료 전에 확인하여야 한다.

② 발주자는 수급인이 공사안전보건대장에 따른 안전보건 조치 등을 이행하지 아니하여

산업재해가 발생할 급박한 위험이 있을 때에는 수급인에게 작업중단을 요청할 수 있다.

## 제9조 재검토기한

고용노동부장관은 이 고시에 대하여 2024년 7월 1일 기준으로 매 3년이 되는 시점(매 3년째의 6월 30일까지를 말한다)마다 그 타당성을 검토하여 개선 등의 조치를 하여야 한다.

## 부 칙

### 제1조 시행일

이 고시는 2024년 4월 1일부터 시행한다.

### 제2조 적용례

이 고시는 시행일 이후 건설공사발주자가 건설공사의 설계에 관한 계약을 체결하는 경우부터 적용한다.

## 주요 개정 내용

**가. 설계안전보건대장 작성 시점 명확화 (안 제6조)**
- 설계의 종류나 명칭과 관계없이 작성이 완료된 설계도서를 기준으로 설계안전보건대장을 작성하도록 작성시점 명확화
- 시공사의 위험요인 파악 및 안전조치 마련을 위한 사전 정보제공 목적을 고려하여 시공사 입찰 전까지 작성하도록 기한 설정

**나. 공사안전보건대장 작성 기한 구체화 (안 제7조)**
- 공사안전보건대장은 건설공사의 착공 전날까지 작성하여 발주자에게 제출하도록 작성 기한 구체화

**다. 기본안전보건대장 작성 방법 간소화(안 제5조 및 별지 제1호 서식)**
- 산업재해 예방을 위한 안전조치와 관련이 적은 내용은 작성항목에서 제외
- 사망사고 주요 위험요인별 안전보건조치 내용과 「산업안전보건법」상 발주자의 의무를 확인하는 형식으로 서식 개정

**라. 설계안전보건대장 작성 방법 개편 (안 별지 제2호 서식)**
- 설계단계에서 시공 절차와 방법이 확정되는 가설구조물의 위험성 감소조치를 작성하도록 작성대상 구체화
- 유해·위험방지계획서 작성계획 등 산재예방을 위한 안전조치와 직접 관련 없는 내용은 작성대상에서 삭제

**마. 공사안전보건대장 작성 항목 개편 및 변경절차 완화 (안 제7조 및 별지 제3호 서식)**
- 설계안전보건대장의 위험성 감소방안에 따라 시공사가 시행할 구체적인 안전조치 이행계획과 공사 초기에 사용하는 주요 기계·장비의 안전조치 계획을 작성하도록 작성 대상 명확화
- 설계변경 등의 사유로 공사안전보건대장의 내용을 변경하는 경우에는 변경 후에 발주자에게 제출하도록 변경 절차 완화

**바. 안전보건대장 적정성 확인 시 발주자의 책무 명확화 및 확인자의 자격요건 정비 (안 제6조, 안 제7조)**
- 안전보건대장의 적정성 검토 시 발주자가 전문가에게 검토에 필요한 관련 자료를 제공하도록 하고, 적정성 검토 결과에 따른 발주자의 조치사항을 구체화
- 안전보건대장의 적정성을 확인하는 전문가의 자격요건 삭제

**사. 부칙**
- 2024년 4월 1일부터 시행, 시행일 이후 건설공사발주자가 건설공사의 설계에 관한 계약을 체결하는 경우부터 적용

1. 기본안전보건대장 개요
2. 사업 개요
3. 현장 제반 정보
4. 안전보건 목표와 참여조직
5. 안전보건계획 수립 시 고려할 주요사항
6. 주요 유해·위험요인과 위험성 감소대책 수립을 위한 설계조건
7. 과업지시서와 입찰설명서에 반영할 내용
8. 설계자와 시공자의 안전보건역량 평가방법
9. 기본안전보건대장 작성 참여자, 발주자 확인 및 변경이력

❖ **공사단계의 발주자 안전보건활동 process**

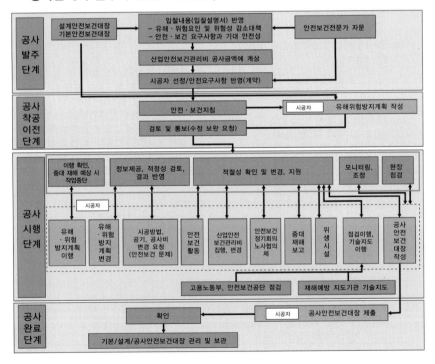

1. 설계안전보건대장 개요
2. 사업 개요
3. 안전보건 목표와 참여 조직
4. 산업안전보건관리비 산출계획
5. 공사금액 및 공사기간 산출서
6. 주요 유해·위험요인 및 감소대책에 대한 위험성평가
   6.1 유사 건설공사 주요 사고사례 분석 결과
   6.2 발굴 유해·위험요인 및 설계반영 여부
   6.3 위험성 평가기준[발생가능성(빈도), 중대성(강도), 허용위험성 기준]
   6.4 유해·위험요인별 위험성평가 및 위험성 감소대책
   6.5. 위험성 평가 결과 요약표
   6.6. 잔존 유해·위험요인 및 공사시 반영할 내용
7. 안전보건조정자 배치계획
8. 유해·위험방지계획서 작성대상 및 재해예방전문지도기관 기술지도
9. 작성(변경)일자 및 확인

# 제5장

# 공공기관 안전관리에 관한 지침
## [기획재정부]

[제정 2019. 3. 28.]
[일부개정 2020. 6. 5.]
[일부개정 2021. 1. 18.]
[일부개정 2022. 8. 31.]
기획재정부 (공공안전정책팀)

## 제1장 총칙

### 제1조 목적

이 지침은 「공공기관의 운영에 관한 법률」 (이하 "법"이라 한다) 제15조에 따라 공공기관 사업 및 시설의 안전관리에 필요한 사항을 정하는 것을 목적으로 한다.

### 제2조 적용범위

이 지침은 이 지침에 별다른 규정이 있는 경우를 제외하고는 법 제4조 및 제6조에 따라 공공기관으로 지정된 모든 기관에 적용한다.

### 제3조 기본원칙

① 공공기관은 국민의 생명과 안전을 경영의 최우선 가치로 두어야 하며 이를 위해 최선의 노력을 다하여야 한다.

② 공공기관은 소속 임직원뿐 아니라 안전관리 대상 사업·시설의 종사자에 대하여도 생명과 안전을 지키기 위해 최선의 노력을 다하여야 한다.

③ 공공기관은 안전사고 예방 및 대응을 위한 안전관리 체계를 구축·운영하여야 한다.

④ 공공기관은 도급, 용역, 위탁 등의 계약을 체결하거나 집행하는 경우에는 계약상대자가 안전 관련 법령을 준수하게 하는 등 안전사고 예방을 우선적으로 고려하여야 한다.

### 제4조 정의

이 지침에서 사용하는 용어의 뜻은 다음과 같다.

1. "안전관리"란 각종 사고로부터 사람의 생명과 신체를 보호하고 시설의 안전을 확보하기 위해 하는 모든 활동을 말한다.

2. "안전관리 중점기관"이란 공공의 안전을 위해 특별한 관리가 필요한 기관으로서 제5조에 따라 기획재정부장관이 지정한 기관을 말한다.

3. "안전관리 전문기관"이란 「산업안전보건법」, 「시설물의 안전 및 유지관리에 관한 특별법」, 「연구실 안전환경 조성에 관한 법률」 또는 「건설기술진흥법」에 따른 권한을 위탁받아 안전관리 업무를 종합적으로 수행하는 기관을 말한다.

4. "안전관리 대상 사업·시설"이란 다음 각 목의 사항을 말한다.

   가. 공공기관이 「산업안전보건법」에 따라 안전조치 의무를 지는 사업 및 사업장

   나. 공공기관이 「시설물의 안전 및 유지관리에 관한 특별법」에 따라 관리주체로서 관리하는 시설물

   다. 공공기관이 「재난 및 안전관리 기본법」에 따라 관리하는 국가핵심기반

   라. 공공기관이 「연구실 안전환경 조성에 관한 법률」에 따라 안전환경을 확보할 의무를 지는 연구실

   마. 공공기관이 발주한 건설공사의 현장

## 제5조 안전관리 중점기관의 지정 등

① 기획재정부장관은 다음 각 호의 어느 하나에 해당하는 기관을 안전관리 중점기관으로 지정할 수 있다.

　1. 안전관리 대상 사업·시설에서 직전 연도부터 과거 5년간 산업재해 사고사망자가 1명 이상 발생한 기관

　2. 중대재해 발생의 위험성이 높은 작업장 또는 일정규모 이상의 건설현장, 시설물, 연구실 등을 보유한 기관으로서 공공의 안전을 위해 특별한 관리가 필요한 기관

　3. 산업재해 현황과 업무의 위험 정도 등을 고려하여 주무기관의 장이 지정을 요청하는 기관

② 안전관리 중점기관은 제1항 각 호의 지정 요건이 없어진 경우에는 주무기관의 장을 거쳐 기획재정부장관에게 지정 해제를 요청할 수 있고, 이 경우 기획재정부장관은 안전을 위한 관리 필요성 등을 고려하여 지정을 해제할 수 있다.

③ 동조 제1항 각호에 의해 안전관리 중점기관으로 지정된 공공기관은 제6조의 공공기관 안전관리등급제 대상기관으로 지정하여야 한다.

## 제6조 안전경영책임계획 수립

① 공공기관은 매년 12월 말까지 안전관리 대상 사업·시설의 안전관리를 위해 다음 연도 안전경영책임계획을 수립하여야 한다.

② 제1항에 따른 안전경영책임계획에는 다음 각 호의 내용이 포함되어야 한다.

　1. 전년도 안전경영 활동 실적 및 평가

　2. 안전경영 방침 및 안전경영 활동 계획

　3. 안전 조직 구성·인원 및 역할

　4. 안전에 관한 시설 및 예산

　5. 그 밖에 안전관리에 관한 계획

③ 안전관리 중점기관은 안전경영책임계획에 산업재해 및 안전사고 감축목표를 포함하여야 한다.

④ 공공기관은 주무기관의 장과의 협의를 거쳐 안전경영책임계획을 수립하고 이사회

의 승인(이사회가 없는 공공기관은 제외한다)을 거쳐 확정한다.

⑤ 공공기관은 안전경영책임계획의 이행 상황을 주기적으로 점검하여야 하며, 매년 1월 말까지 전년도 안전경영책임계획의 이행 실적을 주무기관의 장에게 점검 받아야 한다.

## 제6조의1 안전경영책임보고서 작성 및 공시

① 공공기관은 매년 2월말까지 당해 연도 안전경영책임계획의 주요내용 및 전년도 안전경영책임계획에 대한 점검내용, 전년도 재해현황 등 별표1에서 정하는 사항을 포함하여 안전경영책임보고서를 작성하여야 한다.

② 공공기관은 주무기관과의 협의를 거쳐 안전경영책임보고서를 작성하여야 하며, 제22조에 따라 공시하여야 한다.

③ 기획재정부장관은 제25조에 따라 각 공공기관의 안전관리등급을 심사함에 있어 안전경영책임보고서 내용의 적정성 및 주요 내용 등을 반영할 수 있다.

## 제2장 인력 · 조직구성

## 제7조 인력확충

　공공기관은 기관의 규모, 업종 및 안전 위험 요소 등을 종합적으로 고려하여 해당 기관에 필요한 안전 관련 인력을 확보하고 적재적소에 배치하기 위해 노력하여야 한다.

## 제8조 전문성 강화

① 공공기관은 안전 관련 분야 전공자 또는 경력자를 채용하거나, 전보 제한 기간 설정, 전문 교육 이수 등 안전 분야 근로자의 전문성을 높이기 위해 노력하여야 한다.

② 공공기관은 소속 임직원의 안전 관련 근무 경력, 전문성, 성과 등을 근무평정, 성과평가 등에서 우대할 수 있다.

### 제9조 안전보건교육

① 공공기관은 소속 경영진, 관리자 및 현장근로자 등을 대상으로 하는 안전보건교육 계획을 수립하고 정기적으로 안전보건교육을 실시하여야 한다. 다만, 제6장의 공공기관 안전관리등급제 대상기관의 장 및 안전관련 임원은 임기 중 1회 이상 안전관리 전문기관에서 실시하는 교육을 이수하여야 한다.

② 공공기관은 근로자를 채용하거나 근로자의 업무가 변경된 경우에는 해당 근로자에 대해 담당업무와 관련한 안전보건교육을 실시하여야 하며, 유해하거나 위험한 작업을 담당하는 경우에는 추가적인 안전보건교육을 실시하여야 한다.

### 제10조 안전관리 책임자 및 전담조직

① 안전관리 중점기관은 임원(임원에 상당하는 자를 포함한다) 중 한명을 안전관리의 책임자로 지명하여야 한다.

② 안전관리 중점기관은 안전 관련 업무를 총괄하는 전담조직을 기관장 또는 부기관장(부기관장이 없는 경우 이에 상당하는 자를 포함한다) 직속으로 설치하여 운영하여야 한다.

### 제11조 안전경영위원회

안전관리 중점기관은 안전에 관한 사항을 심의하기 위해 근로자, 전문가 등이 참여하는 안전경영위원회를 구성·운영하여야 한다.

### 제12조 안전근로협의체

안전관리 중점기관이 「산업안전보건법」에 따라 산업안전보건위원회를 설치·운영하여야 하는 경우에는 사업장 안전에 관한 중요 사항을 협의하기 위해 원·하청 노사 등이 참여하는 안전근로협의체를 별도로 구성·운영하여야 한다.

## 제3장 안전관리

### 제13조 안전관리 규정 작성

공공기관은 안전관리 대상 사업·시설의 안전을 유지하기 위해 다음 각 호의 사항이 포함된 안전관리 규정을 작성하여야 한다.

1. 안전에 관한 관리조직과 그 직무에 관한 사항
2. 안전교육에 관한 사항
3. 사업 및 시설의 안전관리에 관한 사항
4. 사고 조사 및 대책 수립에 관한 사항
5. 그 밖에 안전에 관한 사항

### 제14조 안전조치

① 공공기관은 주기적으로 안전에 관한 자체점검을 실시하고 그 결과와 개선계획을 주무기관의 장에게 보고하여야 한다.

② 공공기관은 근로자가 작업장에 출입하기 전에 필수 안전조치 사항에 대하여 점검하게 하고 안전조치를 준수하지 않은 근로자에 대해서는 퇴거 조치를 하는 등 작업장 안전조치를 철저히 이행하기 위해 노력하여야 한다.

③ 공공기관은 근로자가 2인 1조로 근무하여야 하는 위험 작업과 해당 작업에 대한 근속기간이 6개월 미만인 근로자가 단독으로 수행할 수 없는 작업에 관한 기준을 마련하여 운영하여야 한다.

④ 공공기관은 폭염, 한파 등 이상기후가 발생하거나 발생할 우려가 있는 경우에는 현장 근로자가 작업을 중지하고 휴식을 취할 수 있도록 하여야 한다.

⑤ 공공기관은 산재 위험에 상시로 노출되는 근로자에 대한 심리치료를 실시하는 등 안전보건 관리를 위해 노력하여야 한다.

⑥ 공공기관은 소속 직원 및 작업장 근로자가 안전을 위한 개선과제를 제시할 수 있도록 내부 제안제도를 운영하여야 한다.

## 제15조 위험성평가

① 공공기관은 「산업안전보건법」에 따라 위험성평가를 실시하고 위험요인을 발굴하여 필요한 조치를 하여야 한다.

② 공공기관이 사업을 도급하는 경우에 「산업안전보건법」에 따른 도급인의 사업장과 발주공사의 현장에 대해서는 계약의 조건을 통하여 수급인(하청 사업주를 포함한다)이 실시하는 위험성평가 결과를 점검하고 필요한 보완 조치를 요구하여야 한다.

③ 공공기관은 제1항에 따른 위험성평가 결과, 제2항에 따른 조치 결과를 주무기관의 장에게 제출하여야 한다. 다만, 최근 3년간 안전관리 대상 사업·시설에서 사고 사망자가 발생한 공공기관은 안전관리 전문기관의 검토를 받아 주무기관의 장에게 제출하여야 한다.

## 제16조 시설물 안전점검

공공기관은 「시설물의 안전 및 유지관리에 관한 특별법」에 따라 소관 시설물의 안전과 기능을 유지하기 위해 정기적으로 안전점검(안전관리 전문기관에 의뢰하여 실시하는 정밀안전점검을 포함한다)을 실시하여야 한다.

## 제17조 작업중지 요청제

① 공공기관은 안전관리 대상 사업·시설에 대하여 근로자가 위험상황을 인지하였을 때 근로자가 발주자 또는 원청에게 직접 일시 작업중지를 요청할 수 있는 제도를 운영하여야 한다.

② 공공기관은 근로자가 작업중지를 요청한 경우 안전 및 보건에 관하여 필요한 조치를 하여야 하며, 요청 내용과 조치 결과를 기록하고 보존하여야 한다.

③ 공공기관은 근로자가 위험상황이 있다고 믿을 만한 합리적인 이유가 있을 때에는 작업중지를 요청한 근로자나 근로자가 소속된 수급인에게 불리한 처우를 하여서는 아니 된다.

## 제18조 안전투자

공공기관은 예산을 편성하거나 집행하려는 경우에는 안전관리 및 재해예방 관련 사업을 적극적으로 지원하고 투자하여야 한다.

## 제19조 안전기술 개발 등

① 공공기관은 사물인터넷, 무인화 기술 등을 활용한 안전 신기술 및 신제품의 개발을 지원하고 이에 대한 이용을 확대하기 위해 노력하여야 한다.

② 안전관리 중점기관은 안전경영 시스템 인증을 받도록 노력하여야 한다.

③ 공공기관은 안전·보건관리 및 건설재해예방 업무 등을 민간 전문 기관 등에 위탁하고자 할 경우, 산업안전보건법령에 따라 고용노동부에서 실시하는 민간 전문기관에 대한 평가결과가 우수한 기관이 선정될 수 있도록 노력하여야 한다.

## 제4장 임원의 책임

## 제20조 임원의 직무

공공기관의 임원은 법령과 본 지침에 따른 안전관리 책무와 그 밖에 근로자의 안전과 보건을 위해 필요한 조치를 하여야 하며, 소속 직원이 이를 준수하도록 지시·감독하여야 한다.

## 제21조 임원의 책임

① 주무기관의 장은 공기업·준정부기관의 임원이 고의나 중과실로 제20조에 따른 임원의 직무를 불이행하거나 게을리한 결과로 안전관리 대상 사업·시설에서 다음 각 호의 어느 하나에 해당하는 사고가 발생한 경우에는 법 제35조에 따라 해당 임원을 해임하거나 해임을 건의할 수 있다.

1. 「산업안전보건법」 제2조제2호에 따른 중대재해

2. 「산업안전보건법」 제44조에 따른 중대산업사고

3. 「시설물의 안전 및 유지관리에 관한 특별법」 제58조제4항에 따른 일정한 규모 이상의 사고
4. 「중대재해 처벌 등에 관한 법률」 제2조제2호에 따른 중대산업재해
5. 「연구실 안전환경 조성에 관한 법률」 제2조제13호에 따른 중대연구실사고
6. 그 밖에 이에 준하는 경우로서 근로자와 국민의 안전에 중대하고 현저한 위해를 발생시킨 산업재해 또는 사고
② 주무기관의 장이 기타공공기관의 설립에 관한 법률 또는 정관에 따라 기타공공기관의 임원을 해임하거나 해임을 건의하고자 하는 경우에는 제1항의 기준을 준용할 수 있다.
③ 기획재정부장관은 경영실적이 부진한 공기업·준정부기관의 임원이 제1항에 따라 해임 또는 해임 건의의 대상이 되는 경우에는 법 제48조제8항에 따라 해임을 건의하거나 요구할 수 있다.

## 제5장 투명경영

### 제22조 안전공시

공공기관은 법 제11조와 제12조 및 「공공기관 통합공시에 관한 기준」에 따라 안전과 관련한 항목을 공시하여야 한다.

### 제23조 산업재해 통합관리

공공기관이 다음 각 호의 어느 하나에 해당하는 사업장을 운영하는 경우에는 사업장의 규모와 관계없이 「산업안전보건법」 제10조에 따른 공표의 대상이 된다.
1. 제조업
2. 철도운송업
3. 도시철도운송업
4. 전기업(발전업, 송전 및 배전업, 전기판매업을 포함한다)

### 제24조 사고 기록 및 보존

공공기관은 안전사고가 발생했을 때에는 그 발생 사실을 은폐하여서는 아니 되고, 사고의 발생 원인을 면밀히 파악하여 기록하고 보존하여야 한다.

### 제24조의1 사고사망 등 자료 제출

기획재정부장관은 공공기관 안전관리 대상 사업·시설의 발주·도급·직영 현장에서 발생한 사망사고(중대재해 포함) 및 사후조치 현황 자료제출을 요청할 수 있다. 이 경우 공공기관은 정당한 이유없이 이를 거부할 수 없다.

## 제6장 공공기관 안전관리등급제

### 제25조 안전관리등급 결정

① 기획재정부장관은 공공기관의 안전수준 향상 및 안전문화 정착을 위해 공공기관의 안전관리 전반을 심사하여 안전관리등급을 부여할 수 있다.
② 안전관리등급은 공공기관의 안전역량, 안전수준, 안전성과를 종합적으로 심사하여 5등급으로 결정한다.
③ 안전관리등급은 안전관리등급 심사단 합의로 결정하며, 안전관리등급 결정전에 공공기관에 이의신청의 기회를 주어야 한다.
④ 기획재정부장관은 안전관리등급의 심사 및 결정을 위해 관련 부처, 안전 전문기관 및 민간 안전전문가 등으로 구성된 안전관리등급 심사단을 구성하여 운영한다.

### 제26조 안전관리등급의 확정 및 공개

① 안전관리등급 심사단이 합의한 각 공공기관의 안전관리등급은 공공기관운영위원회의 의결로 확정한다. 다만, 공공기관운영위원회는 안전관리등급이 불합리하다고 판단되는 경우 안전관리등급 심사단의 의견을 들어 조정할 수 있다.
② 기획재정부장관은 공공기관운영위원회의 의결이 있은 후 안전관리등급을 공개한다. 다만, 공공기관운영위원회는 안전관리등

급의 공개로 공익을 현저히 해하거나, 공공
기관에 중대한 손실이 발생할 우려가 있는
경우에 전부 또는 일부에 대하여 비공개할
것을 의결할 수 있다.

### 제27조 공공기관의 의무

① 안전관리등급 심사와 관련하여 안전관리등
급 심사단은 공공기관에 필요한 자료의 제
출 및 현장검증을 요구할 수 있다. 이 경우
공공기관은 정당한 이유 없이 이를 거부할
수 없다.

② 심사에 필요한 자료를 제출하지 않거나,
지연 제출 또는 현장검증 방해 등으로 심사
에 지장을 초래한 경우에는 심사결과에 대
하여 제25조 제3항에 따른 이의를 신청할
수 없다.

### 제28조 운영지침

기획재정부장관은 안전관리등급제 대상기
관의 범위, 심사기준, 안전관리등급 심사단의
구성, 안전관리등급 결정의 절차 등 공공기관
안전관리등급제의 운영에 필요한 세부적인 사
항을 운영지침으로 정한다.

## 부칙 [2022.8.31]

### 제1조 시행일

이 지침은 공공기관운영위원회에서 의결한
후 공공기관에 통보한 날부터 시행한다.

### 〈별표1〉 안전경영책임보고서 포함 내용

#### Ⅰ. 전년도 기본현황

1. 안전관리 대상 시설 및 작업장 (보안상
   공개가 불가한 경우 제외)
2. 산업재해 및 안전사고 감축 목표·실적
3. 안전 조직 구성·인원 현황 및 역할
4. 안전 예산 현황
5. 위험성평가 이행·추진 현황
6. 안전보건경영시스템 운영 현황

#### Ⅱ. 전년도 실적 및 평가

1. 안전경영 방침 및 활동·실적
2. 주무부처의 안전경영책임계획 점검
   결과 및 조치계획
3. 외부평가기관의 최근 안전평가 결과
4. 대국민 안전 가치 실현 노력과 성과
5. 그 밖에 안전관리에 관한 실적

#### Ⅲ. 당해년도 안전경영책임계획의
주요 내용

# 공공기관 안전보건수준평가 기준
## [고용노동부]

## 가. 평가지표 총괄표 (2023년 6월)-기간산업형

| 분야 | 평가 지표 | 배점(점) ❶ | 배점(점) ❷ | 지표적용(개) 종합평가 | 지표적용(개) 현장작동성 |
|---|---|---|---|---|---|
| | 합 계 | 1000 | 1000 | 30 | 19 |
| Ⓐ 안전보건 경영체제 (5항목) | 소 계 | 250 | 250 | 5 | 0 |
| | 1. 최고경영자의 안전보건경영 리더십 | 60 | 60 | O | X |
| | 2. 안전보건경영체제 구축 및 역량 | 60 | 60 | O | X |
| | 3. 안전보건경영 투자 | 50 | 50 | O | X |
| | 4. 안전관리 규정 및 절차·지침 | 50 | 50 | O | X |
| | 5. 안전경영계획 수립 | 30 | 30 | O | X |
| Ⓑ 안전보건 관리 (8항목) | 소 계 | 250 | 250 | 8 | 5 |
| | 1. 근로자 건강 유지·증진 | 30 | 30 | O | X |
| | 2. 위험성평가 | 40 | 40 | O | O |
| | 3. 안전보건교육 | 20 | 20 | O | X |
| | 4. 관리자 및 근로자 등의 안전보건활동 참여 | 40 | 40 | O | O |
| | 5. 비상시 대비 및 대응 | 20 | 20 | O | X |
| | 6. 재해조사 및 재발방지 | 20 | 20 | O | X |
| | 7. 도급사업의 안전보건관리 | 50 | 50 | O | O |
| | 8. 수급업체 인프라 지원 | 30 | 30 | O | O |
| Ⓒ 안전보건 활동 (14항목) | 소 계 | 300 | 300 | 14 | 14 |
| | [Ⓒ-1 직영 및 도급(건설포함) 사업장] | 120 | 300 | 7 | 7 |
| | 1.1. 기본 안전보건관리 | 10 | 40 | O | O |
| | 1.2. 기계·기구·설비에 의한 위험방지 조치 | 15 | 40 | O | O |
| | 1.3. 전기기계·기구로 인한 위험방지 조치 | 15 | 40 | O | O |
| | 1.4. 추락·낙하 등 위험방지 조치 | 25 | 50 | O | O |
| | 1.5. 화재 등의 위험방지 조치 | 25 | 50 | O | O |
| | 1.6. 화학물질 중독 및 질식사고 예방활동 수준 | 15 | 40 | O | O |
| | 1.7. 위험작업 및 상황 안전관리 | 15 | 40 | O | O |
| | [Ⓒ-2 건설발주 사업장] | 180 | – | 7 | 7 |
| | 2.1. 건설발주현장 안전보건관리업무 체계 | 20 | – | O | O |
| | 2.2. 건설공사 계획 수립 시 안전보건활동 | 20 | – | O | O |
| | 2.3. 설계자 안전보건활동 관리 | 20 | – | O | O |
| | 2.4. 시공자 안전보건활동 관리 | 25 | – | O | O |
| | 2.5. 안전보건조정자 활동 및 조치 | 20 | – | O | O |
| | 2.6. 건설발주현장 안전보건조치 | 50 | – | O | O |
| | 2.7. 건설발주현장 안전보건환경 조성 | 25 | – | O | O |
| Ⓓ 안전보건 성과 (3항목) | 소 계 | 200 | 200 | 3 | 0 |
| | 1. 안전보건경영 핵심 성과측정 | 60 | 60 | O | X |
| | 2. 안전문화 확산 | 80 | 80 | O | X |
| | 3. 사고사망 감소 성과 | 60 | 60 | O | X |

❶ 건설공사 발주사업장 평가를 받는 경우 / ❷ 건설공사 발주사업장 평가를 받지 않는 경우

## 나. 분야별 평가지표

### (1) 안전보건경영체제

공공기관의 최고경영자의 안전보건경영 리더십 및 안전보건경영체제·역량, 안전투자, 안전관리 규정, 안전경영계획 등으로 구성

| 분야 | 배점 | 평가 항목 | 세부 평가내용 |
|---|---|---|---|
| Ⓐ 안전보건 경영체제 (Safety & Health Management System) 5개 항목 | 60 | A.1. 최고경영자의 안전 보건경영 리더십 | 1. 최고경영자의 리더십과 안전경영 실천의지<br>2. 안전보건경영방침 수립 및 공유<br>3. 최고경영자의 안전보건활동 참여 |
| | 60 | A.2. 안전보건경영체제 구축 및 역량 | 1. 안전관리조직의 구성 및 권한<br>2. 안전관리조직 역량과 구성원의 전문성 향상<br>3. 안전경영위원회 및 안전근로협의체 [안전관리 중점 기관 해당], 산업안 전보건위원회 운영<br>4. 안전보건경영시스템 구축 및 운영 |
| | 50 | A.3. 안전보건경영 투자 | 1. 안전보건 예산 편성<br>2. 안전보건 예산 집행 |
| | 50 | A.4. 안전관리 규정 및 절차·지침 | 1. 안전관리규정의 내용과 구성, 제·개정 절차 및 최신화<br>2. 안전관련 절차·지침위 내용과 구성 및 최신화 |
| | 30 | A.5. 안전경영계획 수립 | 1. 안전경영계획의 목표 및 전략 수립<br>2. 안전경영계획의 구성 및 이행수준 |

## (2) 안전보건관리

근로자의 건강 유지·증진, 위험성평가, 교육, 안전보건활동 참여, 비상 시 대비, 재해조사, 도급사업의 안전보건관리, 수급업체 인프라 지원 등으로 구성

| 분야 | 배점 | 평가 항목 | 세부 평가내용 |
|---|---|---|---|
| ⑧<br>**안전보건관리**<br>(Safety &<br>Health<br>Administrati<br>on)<br>**8개 항목** | 30 | B.1. 근로자 건강 유지·<br>증진 | 1. 유해요인에 의한 작업병 예방활동<br>2. 작업 관련성 질환 예방 활동<br>3. 근로자 건강 증진 활동 |
| | 40 | B.2. 위험성평가 | 1. 위험성평가 지침·실행계획 및 위험<br>요인 파악<br>2. 위험성평가 실행 및 참여<br>3. 위험성평가 이행 섬검 빛 결과 공유 |
| | 20 | B.3. 안전보건교육 | 1. 안전보건교육 계획 수립<br>2. 안전 관련법 및 지침에 따른 안전보건<br>교육 실시<br>3. 안전보건교육 관리 및 지원 |
| | 40 | B.4. 관리자 및 근로자<br>등 안전보건활동<br>참여 | 1. 관리자 안전보건 인식과 참여수준<br>2. 근로자(수급업체 포함) 안전보건<br>인식과 참여수준<br>3. 안전보건 신고·제안·포상(아차사고<br>발굴 등) 제도 운영 |
| | 20 | B.5. 비상시 대비 및<br>대응 | 1. 비상시 대비·대응 관련 지침<br>2. 비상시 대비·대응 교육 및 훈련<br>3. 비상시 대비·대응 관련 시설·장비 관리 |
| | 20 | B.6. 재해조사 및<br>재발방지 | 1. 재해(산업재해 및 안전사고) 원인조사<br>지침 등 절차의 관리<br>2. 재해조사 및 동종 재해 재발방지를 위한<br>노력 |
| | 50 | B.7. 도급사업의<br>안전보건관리 | 1. 도급사업의 안전보건관리 계획·지침<br>수립<br>2. 적격 수급업체 선정절차 이행·환류<br>수준<br>3. 도급사업의 혼재작업 관리활동 및<br>안전보건협의체 구성· 운영<br>4. 도급인 순회 점검, 합동안전보건점검<br>및 위험성평가 이행점검 등 이행·환류 |
| | 30 | B.8. 수급업체 인프라<br>지원 | 1. 관계수급인 근로자에 대한 안전보건<br>교육 지원· 실시확인<br>2. 관계수급인에 대한 위생시설 지원<br>수준<br>3. 수급인에 대한 안전보건정보 제공 |

## (3) 안전보건활동

사업장 관리상태 및 시정조치 활동 평가를 위한 직영 및 도급사업장과 건설발주 사업장으로 구분하여 구성

□ 직영 및 도급사업장

| 분야 | 배점 | 평가 항목 | 세부 평가내용 |
|---|---|---|---|
| ⓒ<br>안전보건활동<br>(Safety&Health Activity)<br>14개 항목 | 【ⓒ-1. 직영 및 도급사업장】 | | |
| | 10<br>(40) | C.1.1.<br>기본 안전보건관리 | 1. 통로 확보 및 정리정돈, 적정 조도확보, 출입문 및 비상구 등의 유지·관리<br>2. 안전보건표지 부착, 화학물질 경고표지 부착 등 관리<br>3. 작업근로자 개인보호구 지급 및 착용 |
| | 15<br>(40) | C.1.2.<br>기계·기구·설비에<br>의한 위험 방지 조치 | 1. 기계·기구·설비에 대한 위험방지조치<br>2. 기계·기구·설비에 대한 법정검사 실시 및 자체점검 등 유지관리<br>3. 기계·기구·설비에 대한 비정형작업 시, 불시가동에 의한 위험방지조치 |
| | 15<br>(40) | C.1.3.<br>전기기계· 기구에<br>의한 위험 방지 조치 | 1. 전기기계·기구·설비·배선 등에 의한 위험방지 조치<br>2. 전로 및 근접 작업 등 전기 작업에 따른 위험방지 조치 |
| | 25<br>(50) | C.1.4.<br>추락·낙하 등 위험방지<br>조치 | 1. 작업장소 및 통로 등에서의 추락 및 낙하 위험 방지조치<br>2. 구축물 또는 이와 유사한 시설·설비 등의 붕괴· 도괴 등 위험 방지조치 |
| | 25<br>(50) | C.1.5.<br>화재 등의 위험 방지<br>조치 | 1. 일반화재 및 위험물, 유해화학물질, 가연성물질 등의 화재·폭발·누출예방 조치<br>2. 인화성 액체·가스 등 제조·취급·저장설비 지역의 폭발위험장소 설정 및 적정 기계기구 선정 구분 |
| | 15<br>(40) | C.1.6.<br>화학물질 중독 및 질식<br>사고 예방활동 수준 | 1. 화학물질 중독사고 예방조치<br>2. 질식위험 작업·공간에 대한 안전관리 |
| | 15<br>(40) | C.1.7.<br>위험 작업 및 상황 안전<br>관리 | 1. 주요 고위험 작업에 대한 안전작업 허가제도 운영 수준<br>2. 유해·위험작업의 작업계획서 작성 및 관리감독<br>3. 작업중지 요청제 운영 |

※ 괄호 안의 배점은 건설발주 사업장 평가를 받지 않는 경우

□ 건설발주 사업장

| 분야 | 배점 | 평가 항목 | 세부 평가내용 |
|---|---|---|---|
| ⓒ | | 【ⓒ-2. 건설발주 사업장】 | |
| 안전보건활동 (Safety & Health Activity) 14개 항목 | 20 | C.2.1. 건설발주현장 안전보건관리업무 체계 | 1. 건설발주현장에 대한 안전보건관리기준 및 활동 체계<br>2. 건설발주현장 안전보건관리 인프라 구축 운영<br>3. 발주자의 안전보건역량강화 활동 |
| | 20 | C.2.2. 건설공사 계획 수립 시 안전보건활동 | 1. 공사금액과 공사기간 산정 및 검토<br>2. 중점관리 유해 위험요인 발굴 수준<br>3. 중점관리 유해·위험요인의 설계조건 도출<br>4. 계획단계의 발주자 안전보건활동 (해당 시) |
| | 20 | C.2.3. 설계자 안전보건 활동 관리 | 1. 설계자의 위험성평가 지원 및 검토<br>2. 설계자의 위험성 감소대책 설계반영<br>3. 설계단계의 발주자 안전보건활동관리 (해당 시) |
| | 25 | C.2.4. 시공자 안전보건 활동 관리 | 1. 시공자의 위험성평가 지원 검토<br>2. 시공자의 위험성평가 이행점검<br>3. 시공단계의 발주자 안전보건 활동관리 (해당시) |
| | 20 | C.2.5. 안전보건조정자 활동 | 1. 안전보건조정자 배치 및 업무수행체계<br>2. 안전보건조정자 활동 및 결과 조치 |
| | 50 | C.2.6. 건설발주현장 안전보건조치 | 1. 건설공사 발주현장의 안전보건조치 상태<br>2. 건설공사 작업계획서 작성 및 이행 관리<br>3. 건설공사 작업지휘자 배치 및 활동 관리<br>4. 건설 발주현장의 상시 안전보건모니터링 결과 |
| | 25 | C.2.7. 건설발주현장 안전보건환경 조성 | 1. 산업안전보건관리비 계상 및 사용<br>2. 건설공사 산업재해 예방지도 관리<br>3. 위생시설 및 휴게시설 관리<br>3. 근로자의 안전보건 확대 조치 |

## (4) 안전보건성과

안전보건경영 핵심 성과측정 및 안전문화 확산, 사고사망 감소 성과로 구성

| 분야 | 배점 | 평가 항목 | 세부 평가내용 |
|---|---|---|---|
| Ⓓ 안전보건성과 (Safety & Health Performance) 3개 항목 | 60 | D.1. 안전보건경영 핵심 성과측정 | 1. 안전보건관리 목표 및 실행과제에 대한 성과측정<br>2. 안전보건활동 성과측정 결과에 대한 근본원인 파악, 개선대책 수립 및 환류 |
| | 80 | D.2. 안전문화 정착·확산 | 1. 안전문화 및 안전의식 파악 조사 수준<br>2. 안전문화 정착·확산과 안전의식 제고를 위한 계획 및 활동<br>3. 주요사업·사고사망예방 등과 연계한 노무를 제공 하는 사람·이해관계자 안전문화 확산 사례 |
| | 60 | D.3. 사고사망 감소 성과 | 1. 기관의 직영사업소·발주현장·수급업체에 노무를 제공 하는 사람(사업주 포함)의 사망재해 감소성과 |

## 제4장 사법경찰관의 직무

### 제44조 범죄의 내사 및 범죄인지 기준

① 감독관은 직무범위에 속하는 범죄에 관한 신문·방송 그 밖의 보도매체의 기사, 익명의 신고 또는 풍문이 있는 경우에는 출처에 주의하여 진상을 내사할 수 있고, 범죄의 혐의가 있다고 인정되는 때에는 즉시 수사에 착수하여야 한다.〈신설 2019.8.30〉

② 감독관은 사업장감독 또는 신고사건 처리, 노동동향 파악 등 직무수행 중에 발견한 법 위반사실이별표 3및별표 4의 위반사항 조치기준에 따라 시정이 필요한 경우에는 사용자에게 이에 대한 시정을 서면으로 지시하고, 기한 내 이행하지 아니한 때에는 즉시 범죄인지서를 작성하고 수사에 착수하여야 한다.〈개정 2023.7.24.〉

③ 제1항의 법 위반사실이별표 3및별표 4의 위반사항 조치기준 중 "즉시 범죄인지"에 해당하는 경우에는 즉시 범죄인지서를 작성하고 수사에 착수하여야 한다.〈개정 2023.7.24.〉

### 제45조 범죄인지보고

① 감독관이 수사에 착수할 때에는별지 제31호서식에 따라 범죄인지서를 작성하여 지방관서장에게 보고한 후 범죄사건부에 기록하여야 한다.〈개정 2023.7.24.〉

② 제1항의 범죄인지서에는 피의자의 성명·주민등록번호·직업·주거·범죄경력·죄명·범죄사실·적용법조를 기재하고, 범죄사실에는 범죄의 일시·장소·방법 등을 명시하고 특히 수사의 단서 및 인지하게 된 경위를 명백하게 기재하여야 한다.〈개정 2023.7.24.〉

### 제46조 사건의 수사

① 감독관은제45조에 따라 범죄를 인지하거나 고소·고발을 접수하였을 때에는 「특별사법경찰관리 수사준칙」이 정하는 바에 따라 범인과 범죄사실을 수사하고 그에 관한 증거를 수집하여야 한다.〈개정 2023.7.24.〉

② 감독관은 범죄를 수사하거나 그 수사를 보조하는 때에는 검사의 지휘를 받아야 한다.

③ 감독관이 범죄수사에 관하여 사용하는 문서와 장부는 「특별사법경찰관리 수사준칙」이 정하는 바에 따른다.〈개정 2023.7.24.〉

④ 감독관은 「형사소송법」 제241조부터 제243조까지, 제243조의2, 제244조, 제244조의2부터 제244조의5까지의 규정 및 「특별사법경찰관리 수사준칙」 제44조에 따라 피의자를 신문하여야 한다. 특히 피의자신문조서는 지방관서 사무실에서 작성한 후 피의자에게 작성한 날짜 및 성명을 직접 기재하도록 하여야 하며, 부득이한 사유로 그 이외의 장소에서 피의자신문조서를 작성할 경우에는 과장의 사전 결재를 받아야 한다.〈개정 2023.7.24.〉

⑤ 감독관은 「형사소송법」 제243조의2및 「특별사법경찰관리 수사준칙」 제10조와 제11조에 따라 정당한 사유가 없는 한 변호인을 참여하게 하여야 한다.〈신설 2023.7.24.〉

## 제47조(수사개시 통보 등)

① 감독관은 공무원에 대하여 수사를 개시하거나 종료(송치)한 경우에는 「국가공무원법」 제83조제3항 및 「지방공무원법」 제73조제3항에 따라 그 사실을 별지 제32호서식으로 10일 이내에 해당기관의 장에게 통보하여야 한다. 〈개정 2023.7.24.〉

② 감독관은 「특별사법경찰관리 수사준칙」 제25조제10호바목 및 같은 조 제11호에 해당하는 범죄에 대하여 수사를 개시했을 때에는 관할 지방검찰청 검사장 또는 지청장에게 보고하여야 한다. 〈개정 2023.7.24.〉

## 제48조 범죄경력 조회

① 감독관은 범죄를 인지하거나 고소·고발을 접수하여 수사에 착수한 경우 피의자의 범죄경력을 조회하여야 한다. 다만, 고소·고발사건 중 "혐의없음, 공소권없음, 죄가안됨, 각하, 참고인중지" 의견으로 송치하는 경우에는 그러하지 아니하다.

② 감독관은 피의자의 범죄경력을 조회하는 경우 별지 제33호서식의 범죄경력조회대장에 기록하여야 한다.

## 제49조 노동쟁의 중 불법행위에 대한 사법경찰권 행사

① 감독관은 노동쟁의과정에서 발생한 불법행위가 노동관계법이 아닌 형사법에 위반된다고 판단될 때에는 즉시 검사의 지휘를 받아 관할경찰이 수사하도록 통보하여야 한다.

② 감독관은 노동쟁의와 관련하여 고소·고발·진정을 받았을 때에는 지체없이 조사 처리하여야 하며, 그 내용이 형사법 위반인 때에는 즉시 검사의 지휘를 받아 관할경찰서로 이송하여야 한다.

## 제50조 수사공조

감독관은 노동쟁의과정에서 발생한 불법행위가 노동관계법 위반의 죄와 형사법 위반의 죄가 경합될 경우에는(「형법」 제40조의 상상적경합을 포함한다) 구속을 요하는 사건은 검사의 지휘를 받아 경찰과 공조수사하고 불구속사건은 각각 수사함을 원칙으로 하되, 공조수사를 할 경우에는 다음 각 호의 사항에 따라야 한다.

1. 참고인 진술조서나 피의자 신문조서를 일건으로 공동작성한 경우에는 조사자 란에 연명으로 각각 서명·날인하여야 한다.
2. 의견서 작성은 모든 범죄사실을 일건으로 기재하고 사법경찰관 란에 연명으로 각각 서명·날인하여야 한다.
3. 기록목록은 서류접수 또는 작성순서에 따라 편철하여야 한다.
4. 구속 지휘요청 및 영장신청은 근로감독관과 경찰수사책임자가 연명으로 서명·날인하여야 한다.

## 제51조 구속영장 신청기준

① 감독관은 피의자가 제2항 각 호의 어느 하나에 해당하는 죄를 범하였다고 의심할만한 상당한 이유가 있고 다음 각 호의 어느 하나에 해당하는 사유가 있는 경우에는 검사에게 구속영장을 신청하여야 한다.
1. 피의자가 일정한 주거가 없는 때
2. 피의자가 증거를 인멸할 염려가 있는 때
3. 피의자가 도망하거나 도망할 염려가 있는 때

② 제1항에 따라 구속영장을 신청하여야 할 기준은 다음 각 호 각 목의 어느 하나와 같다.
1. 근로기준법 위반
   가. 재산은닉 등에 따른 체불행위
   나. 3개월분 이상의 임금이 누적되어 체불되거나 1회의 체불기간이 30일 이상으로 연간 5회 이상의 체불을 하는 등 상습적인 체불로 인하여 노사분규를 야기한 경우
   다. 근로자를 착취하는 반사회적 체불행위

라. 임금, 퇴직금 등을 집단체불하고
　　도주하였다가 검거되었을 경우
마. 폭행·협박·감금 등 신체상의 자유
　　를 부당하게 구속하는 수단으로서
　　근로자의 자유의사에 반하여 근로
　　를 시킨 경우
바. 확정된 노동위원회의 부당해고 구
　　제명령을 불이행하여 노동위원회
　　로부터 고발이 있는 경우(부당해고
　　인원이 5명 이상인 경우에만 해당
　　한다) 〈개정 2011.12.23〉
사. 여성과 18세 미만인 자를 도덕상
　　또는 보건상 유해위험한 사업에
　　사용한 경우
2. 노동조합 및 노동관계조정법 위반
　가. 노동쟁의과정에서 법적 절차와 수
　　　단을 준수하지 아니하고 불법행
　　　위를 주동하는 경우
　나. 부당노동행위가 중대·명백한 경우
③ 제1항 및 제2항에도 불구하고 구속영장 신
　청을 하지 않아도 될 합리적인 사유가 있어
　지방관서장의 결재를 득한 경우에는 구속
　영장을 신청하지 않을 수 있다.
　〈신설 2011.12.23〉

### 제52조 구속영장신청 상황 보고

　감독관은 노동관계법 위반으로 구속영장을
신청할 때와 피의자를 구속하였을 때에는 다
음 각 호의 사항을 본부 근로기준정책관에게
즉시 보고하여야 한다.〈개정 2023.7.24.〉
　1. 피의자 인적사항
　2. 범죄사실(수사결과 보고서 사본)
　3. 구속사유
　4. 구속영장 발부 및 집행일시

### 제53조 경찰장구의 사용

① 감독관은 체포·구속영장을 집행하여 호송
　하거나 수용하기 위하여 필요한 때에는 최
　소한의 범위 안에서 수갑·포승 또는 호송용
　포승을 사용할 수 있다.
② 감독관은 노동관계법령을 위반한 피의자가
　다음 각 호의 어느 하나에 해당하는 때에는

필요한 한도 내에서 수갑·포승 또는 호송용
포승을 사용할 수 있다. 이 경우 감독관은
지방관서장의 승낙을 받아야 하고, 긴급을
요하여 사전승낙을 받지 못할 경우에는 사
용 후 지체 없이 보고하여야 한다.
　1. 사형·무기 또는 장기 3년 이상의 징역이
　　나 금고에 해당하는 범죄를 범한 자로서
　　도주하거나 도주하려고 할 때
　2. 자살 또는 자해행위를 하고자 하는 때
　3. 다른 사람에게 위해를 가하거나 가하고
　　자 하는 때
　4. 공무집행에 대한 항거의 억제를 위하여
　　필요하다고 인정되는 상당한 이유가 있
　　는 때
③ 제1항 및 제2항에 따라 경찰장구를 사용한
　경우에는 그 사유내역을 별지 제34호서식
　의 경찰장구관리대장에 기재하여야 한다.
④ 경찰장구는 언제든지 사용가능한 상태를
　유지할 수 있도록 관리책임자를 지정하여
　관리하여야 하고, 감독관들을 상대로 사용
　요건 및 사용방법에 관한 교육을 연간 1회
　이상 실시하여야 한다.

### 제54조 피의자 출국금지·정지 및 해제

① 감독관은 범죄 수사를 위하여 출국이 적당
　하지 않은 피의자 등에 대하여 근로기준정
　책관에게 출국금지(외국인의 경우 출국정
　지) 조치를 요청할 수 있다.
　〈개정 2023.7.24.〉
② 출국금지(정지) 조치 요청 시에는 「출입국
　관리법」 제4조에 따른 "출국금지 등 요청
　서"(출국정지의 경우 제29조에 따른 "출국
　정지 등 요청서")와 출국금지(정지) 기간을
　명시한 검사의 수사지휘서를 첨부하여야
　한다. 다만, 제3항 각 호에 따라 1개월 이상
　조치 요청이 필요한 경우 "기소중지결정서"
　또는 "체포영장" 사본을 추가로 첨부하여
　야 한다.〈개정 2023.7.24.〉
③ 출국금지(정지) 기간은 1개월 이내로 요청
　할 수 있다. 다만, 다음 각 호에 해당하는
　자는 그 호에서 정한 기간으로 한다.
　〈개정 2023.7.24.〉

1. 소재를 알 수 없어 기소중지 또는 도주 등 특별한 사유가 있어 수사진행이 어려운 경우는 3개월 이내
2. 기소중지된 경우로서 체포영장이 발부된 자는 영장 유효기간 이내

④ 출국금지(정지) 기간을 초과하여 계속 출국금지(정지)가 필요한 경우 출국금지(정지) 기간이 끝나기 7일 전까지 근로기준정책관에게 연장 조치를 요청할 수 있으며, 출국금지(정지) 사유가 없어진 경우에는 즉시 근로기준정책관에게 해제 조치를 요청하여야 한다. 〈개정 2023.7.24.〉

⑤ 감독관은 출국금지(정지)를 요청하였거나 해제요청한 경우에는 별지 제35호서식(출국정지의 경우 이에 준하는 서식)의 출국금지 및 해제요청 대장에 기재한 후 그 변동사항을 기록하여야 한다. 〈개정 2023.7.24.〉

## 제55조 입국 시 통보 및 해제

① 감독관은 피의자가 국외로 출국한 경우 피의자의 성명, 국적, 주민등록번호(외국인의 경우 외국인등록번호), 담당 감독관 연락처, 요청사유 등을 기재하여 근로기준정책관에게 입국 시 통보 조치를 요청할 수 있다. 〈개정 2023.7.24.〉

② 감독관은 제1항에 따른 입국 시 통보 조치 요청 시 요청기간을 입국 시까지로 하며, 입국 시 통보요청 사유가 해소되었을 때에는 즉시 근로기준정책관에게 입국 시 통보 해제를 요청하여야 한다. 〈개정 2023.7.24.〉

③ 감독관은 입국 시 통보를 요청하였거나 해제를 요청한 경우에는 별지 제36호서식의 입국 시 통보 및 해제요청 대장에 기재한 후 그 변동사항을 기록하여야 한다. 〈개정 2023.7.24.〉

④ 〈삭제 2023.7.24.〉

## 제56조 지명수배·통보 및 해제

① 감독관은 소재가 불명한 노동관계법 위반 피의자에 대하여는 대검찰청 예규 「기소중지자 지명수배·통보 지침」에 따라 관할경찰관서에 지명수배·통보를 의뢰한 후 관련 서류를 동 사건서류에 편철하여 기소중지 의견으로 검찰에 송치하여야 한다.

② 감독관은 제1항에 따라 지명수배·통보를 한 피의자가 다음 각 호의 어느 하나에 해당하는 경우에는 지체 없이 관할 경찰관서에 지명수배·통보의 해제를 의뢰하여야 한다.
1. 피의자가 자수한 경우
2. 피의자가 검거된 경우
3. 공소시효가 만료된 경우
4. 사망 등으로 공소권이 소멸된 경우 등

③ 감독관은 제1항 및 제2항에 따라 지명수배·통보하였거나 지명수배·통보를 해제한 경우에는 별지 제37호서식의 지명수배·통보 및 해제 대장에 그 내용을 기록·유지하여야 한다.

④ 감독관은 제1항 및 제2항에 따른 지명수배·통보 및 그 해제현황을 별지 제38호서식에 따라 매 다음 해 1월 10일까지 근로기준정책관에게 보고하여야 한다. 〈개정 2023.7.24.〉

## 제57조 지명수배자 신병인수 등 협조

① 수배관서 담당감독관은 경찰관서에서 지명수배자 소재발견 통보가 있는 경우에 지체 없이 피의자의 신병을 인계받아 조사를 실시하고 체포한 때부터 36시간 이내에 구속영장을 신청하거나 검사의 신병지휘를 받아야 한다.

② 관할지역 이외에 소재한 경찰관서에서 지명수배자 소재발견 통보가 있는 경우에는 그 경찰관서의 관할 지방관서장과 사전 협의하여 신병인수 및 피의자 조사 등을 의뢰할 수 있다. 이 경우에 의뢰받은 지방관서장은 적극적으로 협조하여야 한다.

## 제58조 기소중지사건 전담감독관 지정

① 과장은 기소중지사건을 효율적으로 관리·운영하기 위하여 전담감독관을 지정하여야 한다.

② 기소중지 전담감독관은 경찰서 등의 기소중지자 소재발견통보서를 접수(온나라시

스템)한 경우에 전산(노사누리시스템)에 입력한 후 결재를 받아야 한다. 〈신설 2010.4.13〉

③ 전담감독관은 경찰서의 소재발견 통보문서 및 기소중지자 지명수배·통보 현황 등을 매월 1회 이상 확인·점검하고, 미조치 사항을 독려하는 등필요한 조치를 하여야 한다.

## 제59조 수사자료표 작성

① 감독관은 수사 중인 피의자에 대해 「형의 실효 등에 관한 법률」 및 같은 법 시행령, 「지문을 채취할 형사 피의자의 범위에 관한 규칙(법무부령)」 등에 따라 수사자료표를 작성하여야 한다. 다만, 다음 각 호의 어느 하나에 해당하는 경우에는 제외한다.
  1. 고소·고발사건 중 불기소(혐의없음, 죄가안됨, 공소권 없음, 각하, 참고인 중지) 의견 피의자
  2. 형사 미성년자인 피의자
  3. 인지 사건의 피의자가 사망한 경우
  4. 피의자가 법인인 경우
② 감독관은 수사자료표를 작성한 경우 수사자료표 송부대장에 관서별·연도별 일련번호 등을 기재한 후 경찰청에 송부하여야 한다.

## 제60조 범죄통계원표 작성

① 감독관은 사건을 송치하기 전에 범죄통계원표를 작성하여야 한다.
② 범죄통계원표 중 피의자표는 피의자별로 각 1부, 발생 및 검거원표는 사건별로 각 1부를 작성하여 별지 제39호서식 범죄통계원표대장에 기록한 후 송치서류 마지막에 편철하여야 한다.

## 제61조 사건의 송치

① 감독관은 고소·고발사건과 노동관계법령 위반으로 범죄인지하여 수사한 사건은 수사완료 즉시 그 결과를 지방관서장에게 보고하여야 한다.
② 감독관은 「특별사법경찰관리 수사준칙」이 정하는 바에 따라 송치서류를 작성하고 별지 제40호서식의 사건송치부에 기록하고 관할 검찰청에 송치하여야 한다. 〈개정 2023.7.24.〉
③ 감독관은 사건을 송치한 후 그 사실을 신고인과 피신고인에게 회시한 후 별지 제28호서식의 민원서류처리전으로 결재를 받아 종결 처리하여야 한다.

## 제62조 〈삭제 2023.7.24.〉

# 제8장

# 중대산업재해 발생 시 제출 서류

## 중대재해발생 사업장 서류요청 목록

2022.4 고용노동부 광역중대재해관리과

- 사업자등록증(원·하청)
- 법인등기부등본(원·하청)
- 공사도급계약서(원·하청)
- 조직도. 업무분장표
- 안전보건관리비 계상 및 사용내역(원·하청)
- 안전보건관리(총괄)책임자 선임서류 (원·하청)
- 안전보건관리자 선임계, 관리감독자(원·하청) 선임(지정)서류. 직무교육서류
- 안전보건분야 세부 업무분장표
- 원.하청 근로자명부(이름, 담당업무, 입사일, 퇴사일, 야간근무여부 포함)
- 작업일보, 출역일부
- 재해자 근로계약서, 출근부(최근 3개월), 재해자 근로시간 내역 등
- 사고현장 사전, CCTV 자료
- 사고작업 관련 작업계획서(중량물, 차량계 하역운반기계등), 신호수 지정서 등
- 사고작업 관련 근로자 교육일지
- 기계·기구 관리대장 또는 설비사양서, 화학물질관리대장, 작업환경측정 결과보고서, 작업계획서

- 정관, 이사회규정, 공시된 사업보고서 또는 기업지배구조 보고서
- 연간 사업계획서 및 투자계획서, 임금협상 단체협약서 결재서류

- 이사회 최종 의사결정자료(샘플) 인사, 노무, 회계 등 내부결재자료(샘플)
- 안전보건관리규정, 위임전결규정
- 대표이사 안전보건계획수립 및 이사회보고/ 승인내역
- 대표이사 주관 안전보건관련 회의개최 및 결과보고 자료
- KOSHA-MS 인증 관련 자료
- 취업규칙, 성과평가규정
- 안전보건경영매뉴얼, 공종별 안전관리 매뉴얼
- 안전보건경영방침, 안전보건목표 및 세부추진문서
- 건설공사 안전관리계획서(건진법상 대상인 경우)

- 위험성평가실시규정(본사, 사업장)
- 사고 작업에 대한 위험성평가 실시 서류 (최초, 정기, 수시, 상시)
- 순회 합동점검 일지등 위험요인 개선사항 확인서류
- 위험작업. 구역관리규정, 작업허가제 시행 규정등

- 사업장(현장) 안전보건계획 및 예산계획서
- 예산 편성내역서, 예산 집행내역서, 결산보고서, 기성청구내역, 기성집행내역
- 사업장(현장)구매요구서 및 품의서, 견적서
- (현장)안전관리비 편성 및 내역서
- (현장)안전관리비 집행 실적 및 사용계획
- (현장)안전보건 예산 편성 및 내역서(인력, 시설 및 장비의 구비, 유해·위험요인개선 등 구분)
- 수주·매출액·영업성과 관련 문서

- 사고기인물 및 작업관련 유해위험요인 개선 비용

- 안전보건관리 책임자, 관리감독자의 업무분장 및 평가기준(인사고과기준)
- 업무보고자료(일, 주, 월)

- 안전관리자, 보건관리자, 안전보건관리담당자, 산업보건의 선임서
- 안전관리자, 보건관리자, 안전보건관리담당자, 산업보건의 배치내역, 임명근거

- 사내 안전보건 참여제도 운영규정등
- 협의체 회의, 산업안전보건위원회(노사협의체)회의록 등 안전보건관련 운영자료

- 재해발생시(급박한 위험시) 비상대응매뉴얼(시나리오)

- 도급업체 선정기준 및 평가자료(산재예방능력)
- 도급업체의 안전보건을 위한 관리비용 산정기준
- 도급업체 공사기간 산정기준

- 산업재해 재발방지대책, 산재발생기록(산재표, 산재처리 관련자료), 사고조사보고서(본사, 사업장), 재발방지대책수립 및 이행내역, 공상처리 내역

- 중앙부처, 지자체등 공문서 접수 및 처리대장

- 안전보건관계기관의 컨설팅, 진단, 점검보고서
- 유해위험방지계획서, 공정안전보고서(해당 시), 밀폐공간 작업 프로그램(해당 시)
- 본사 점검보고서(안전점검, 교육점검, 현장점검 등)

- 연간 안전보건교육계획, 자체교육관련 규정, 교육대장(일지) 및 교육자료
- 특별교육, MSDS교육 등 교육실시자료 (원·하청)
- 교육실시여부 점검자료 및 결과보고 자료 (본사)
- 연차휴가 사용내역(최근 1년)

2024년
중대재해감축 로드맵의 핵심 전략!!

# 중대재해처벌법 관계법령총람

**초판인쇄** | 2024년 2월 16일
**초판발행** | 2024년 2월 23일

**엮 은 이** | 오병섭 · 지성갑 · 오세철 · 오경용
**발 행 인** | 정 옥 자
**임프린트** | HJ골든벨타임
**등 록** | 제 3-618호(95. 5. 11)
**I S B N** | 979-11-91977-45-5
**가 격** | 25,000원

**이 책을 만든 사람들**

편 집 · 디 자 인 | 조경미, 박은경, 권정숙    제 작 진 행 | 최병석
웹 매 니 지 먼 트 | 안재명, 서수진, 김경희    오 프 마 케 팅 | 우병춘, 이대권, 이강연
공 급 관 리 | 오민석, 정복순, 김봉식    회 계 관 리 | 김경아

㉾04316 서울특별시 용산구 원효로 245(원효로1가) 골든벨빌딩 5~6F
● TEL : 도서 주문 및 발송 02-713-4135 / 회계 경리 02-713-4137
내용 관련 문의 obsok@naver.com / 해외 오퍼 및 광고 02-713-7453
● FAX : 02-718-5510    ● http : // www.gbbook.co.kr    ● E-mail : 7134135@ naver.com

이 책에서 내용의 일부 또는 도해를 다음과 같은 행위자들이 사전 승인없이 인용할 경우에는
저작권법 제93조 「손해배상청구권」에 적용 받습니다.
① 단순히 공부할 목적으로 부분 또는 전체를 복제하여 사용하는 학생 또는 복사업자
② 공공기관 및 사설교육기관(학원, 인정직업학교), 단체 등에서 영리를 목적으로 복제·배포하는 대표,
또는 당해 교육자
③ 디스크 복사 및 기타 정보 재생 시스템을 이용하여 사용하는 자

※ 파본은 구입하신 서점에서 교환해 드립니다.

Hj 골든벨타임